# 突破瓶颈
## 成为日语达人

回り道に見える近道、学校では教えてくれない日本語上達法

屾 著

哈尔滨工业大学出版社
HARBIN INSTITUTE OF TECHNOLOGY PRESS

## 内 容 简 介

本书旨在帮助读者突破日语学习过程中不同阶段遇到的瓶颈。成为"达人"以前,在日语学习中,不进则退是常态。怎样才能做到拒绝原地踏步,一步一个脚印,不断取得突破呢?作者通过自身长年学习和作为工作语言使用日语的经验和体会,总结出以"名词+""动词+"和"添加剂"为整体框架,以精读为主要载体,以"套路"(=单词+配套的语法+常用的语境)为核心突破点的一整套方法体系,并结合大量贴近现实生活、时代感强、多场景多维度的例句,简明易懂地汇总和解析了初、中、高级各个阶段常见的语法难点。

本书主要适用于具备一定日语基础的高校学生、留学生以及日常工作中使用日语沟通的人群。对于初学者来说,上篇可作为日语自学的学习指南。中篇重在梳理和解析日语中的高频词汇和基础语法,旨在帮助读者实现从"学过"到"会用"的跨域,也可作为日语能力测试(JLPT-N2及N1)的备考辅助材料。下篇主要聚焦高级语法中的难点,通过语义辨析并结合各种实用场景,帮助读者完成"有驾照但不会开不敢开"到驾轻就熟的飞跃。

**图书在版编目(CIP)数据**

突破瓶颈,成为日语达人/张岫著.—哈尔滨:哈尔滨工业大学出版社,2020.10
ISBN 978-7-5603-9016-1

Ⅰ.①突… Ⅱ.①张… Ⅲ.①日语-语法-自学参考资料 Ⅳ.①H364

中国版本图书馆 CIP 数据核字(2020)第 159836 号

| | |
|---|---|
| 策划编辑 | 许雅莹 |
| 责任编辑 | 苗金英 |
| 封面设计 | 刘长友 |
| 出版发行 | 哈尔滨工业大学出版社 |
| 社　　址 | 哈尔滨市南岗区复华四道街 10 号　邮编 150006 |
| 传　　真 | 0451-86414749 |
| 网　　址 | http://hitpress.hit.edu.cn |
| 印　　刷 | 哈尔滨博奇印刷有限公司 |
| 开　　本 | 720 mm×1 020 mm　1/16　印张 17.5　字数 331 千字 |
| 版　　次 | 2020 年 10 月第 1 版　2020 年 10 月第 1 次印刷 |
| 书　　号 | ISBN 978-7-5603-9016-1 |
| 定　　价 | 39.00 元 |

(如因印装质量问题影响阅读,我社负责调换)

# 前言

本书是笔者长期学习并作为工作语言使用日语的经验总结。

笔者自身学习和使用日语的经历大致可分为三个阶段。第一阶段是在国内学习日语,以语法和单词为中心,以应对考试为导向,检验学习效果的唯一应用场景是考试。第二阶段是到日本留学,边学习边应用,从日常生活中的买东西、办手续,到大大小小的专业论文写作和答辩,日语的应用场景更加丰富。这个阶段,考试已经不再重要,但自身感受到的进步反而是最快的。第三阶段是从业之后。笔者从事金融行业,在日本的证券公司工作了近20年。这一阶段涉及大量的日常及专业日语的应用,包括工作上的沟通和参加会议、各行各业的日本上市公司访谈、各种各样的邮件和研究报告的写作、在日本各地举行的面向投资者的专题演讲,也包括在日本财经媒体上发表文章、接受媒体采访以及股票投资类书籍的编写等等。

形象地做个比喻,第一阶段可以说是"扫盲",第二阶段是"扫除",第三阶段则是"扫雷"。"扫盲"时期重在打基础,学大于用,大多数时候学了但不知该怎么用,从这个意义上讲,虽然顺利通过了N1考试,真实水平还停留在入门级。第二阶段的"扫除"重在有体系地打破瓶颈、取得突破,这一阶段学习和应用的成分大体相当,应用驱动学习,学到的立即可以派上用场。一旦用上了,便不会轻易忘记,学习方法上自然也会脱离原来的体系。第三阶段是完全以应用为主导的阶段,主动学习的成分开始退居次要,被动学习——自认为已经掌握但实际上理解还不够到位、实际应用中容易引起误解的知识点的拾遗补阙——变得更为重要。

经历了上述三个阶段,笔者最大的体会有两点。首先,以日语单词为例,如果不知道它应该在何种场景、哪些语境上使用,实际上等于不会。其次,写作是学日语当中最难的一个环节。

想在日语写作上有突破,花时间多练多写是唯一的途径。阅读、听力、会话也都是如此,唯有多练多用才能做到学之能用、用过不忘。

不过，每个人能用在学习上的时间是有限的。如何在有限的时间里，"实打实"地提升日语水平，笔者认为，首先需要解决学习方法、学习效率的问题。这里讲的"实打实"是不可逆的意思，即不能学完就忘。既然花了时间就要有相应的提升，否则，隔一段时间就要重新来过，学习效率会大打折扣。

本书当中，笔者对自身与日语打交道前后 30 多年的经验、体会做了系统的梳理，总结出一系列可以避免走弯路从而提高学习效率的方法。在介绍方法的同时，笔者整理了大量的实例，涵盖了大部分中高级学友已经碰到过、学过，但又模棱两可、实际运用当中容易出错的难点。如需参考更多的例句，可以关注笔者的公众号"Beta 猫日语 Navi"。

本书由三部分构成——上篇、中篇和下篇。

上篇讲学习日语的方法。笔者把日语句子分解成"名词＋"（名词，助词）、"动词＋"（动词的实用形态，包括动词的变形、时态、敬语形式，同时涵盖复合动词）和"添加剂"三个部分。所谓"添加剂"，是指那些不用它并不会改变基本句意，用了则能更精确地体现说话人意图的"调味料"，如「のだ」「ものだ」「ことだ」之类，当然也包括用在句尾的语气词。

基于上篇的框架和方法，中篇以初级（包括应对考试，或出于兴趣，以及在购物等特定场景下有日语使用需求）和中级水平（已经有一定的日语基础，但还不够扎实、全面）的学友为对象，重点放在"名词＋"和"动词＋"的部分。我们常说的日语惯用型，在这里相当于"名词＋"和"动词＋"的交集。

下篇以中高级水平（进入高阶之前的停滞期，似懂非懂的部分尚待突破；抑或日常的日语使用方面尚有瓶颈，比如普通的阅读和会话没有问题，但正式场合的日语发言、日语写作没有把握）的学友为对象，重点放在"动词＋"和"添加剂"的部分。

本书对大量词汇、语法所做的注解，基于笔者提倡的"实用至上"的原则，以及笔者自身的研究、理解和实用体会，可能与各类教科书、词典中给出的标准化解释不尽相同。由于笔者学识有限，书中难免会有疏漏、武断之处，希望广大读者批评指正。

张　岫

2020 年 9 月

# 目 录

~上篇~

第1章　突破瓶颈的三条铁律 ……………………………………………… 3
第2章　善用"套路",慎用创造力! ………………………………………… 7
第3章　"套路"的精髓——常用词! ……………………………………… 11
第4章　精读有多重要? …………………………………………………… 14
第5章　为什么说日语的难点在于"动词的使用"? ……………………… 17
第6章　善用网上资源 ……………………………………………………… 25

~中篇~

第7章　看似简单的コソアド,你能找到正确的语感吗? ……………… 31
　精读1　夏天的商机 …………………………………………………… 36
第8章　挣不脱、逃不过的「は」和「が」 ………………………………… 41
　精读2　日本的写字楼,哪儿的租金最贵? ………………………… 43
第9章　多义常用词——「気」のつく言葉・熟語 ……………………… 47
　精读3　クラフトビールの世界へようこそ! ……………………… 49
第10章　多义常用词——「いい」 ………………………………………… 58
　精读4　「令和」背后的故事 ………………………………………… 61
第11章　多义常用词——「受ける」 ……………………………………… 66
　精读5　大公司的税务筹划 …………………………………………… 68
第12章　多义常用词——「とる」 ………………………………………… 71
　精读6　会議は踊るされど進まず …………………………………… 75

第13章 「ている」,没那么简单?! ……………………………………… 79
　　精读7　小朋友迷上小视频 …………………………………………… 81
第14章 不用再为「た」烦恼 ……………………………………………… 86
　　精读8　长寿社会的烦恼 ……………………………………………… 91
第15章 攻克时态最难关——「ていた」 ………………………………… 94
　　精读9　便利店打造的爆款方便面 …………………………………… 98
第16章 「～そうだ・～ようだ・～らしい」,区别在哪儿? ………… 107
　　精读10　日本人名字的英文称谓 …………………………………… 109
第17章 语气词:锦上添花,还是画蛇添足? …………………………… 112
第18章 口头语和潜台词 ………………………………………………… 119
第19章 惯用型(1)——设定场景和范围 ……………………………… 122
　　精读11　与快销品属性唱反调的服装厂 …………………………… 127
第20章 惯用型(2)——讲原因,说理由 ……………………………… 131
　　精读12　2018年诺贝尔奖得主本庶佑轶事 ………………………… 134
第21章 惯用型(3)——正确表达对比与转折 ………………………… 143
第22章 惯用型(4)——并列事项的表达方式 ………………………… 149
　　精读13　补习学校"Z会"的发展历程 ……………………………… 151

## ～下篇～

第23章 教科书里见不到的常用形容词 ………………………………… 161
第24章 敬语:人际关系的润滑剂 ……………………………………… 163
　　精读14　日本新年号的决策人 ……………………………………… 165
第25章 「れる(られる)」——哪个是被动?哪个是可能、自发或尊敬? …… 169
　　精读15　按小时计的短租商办空间 ………………………………… 171
第26章 「ことになる」与「ことにする」 …………………………… 175
第27章 「ようになる」与「ようにする」 …………………………… 178
　　精读16　股东大会带来的商机 ……………………………………… 181
第28章 不可思议的「と思う」 ………………………………………… 185
第29章 常用词攻略——多义、百搭的「かける」 …………………… 189
　　精读17　向计算机学习有效利用时间的方法 ……………………… 194

| 第30章　复合动词之王——「～込む」 | 198 |
|---|---|
| 第31章　「のだ」的正确打开方式 | 202 |
| 第32章　「ものだ」——从原理到应用 | 206 |
| 　　精读18　"我的履历书" | 215 |
| 第33章　「あなたのことが好き」与「あなたが好き」 | 221 |
| 　　精读19　异端的成长 | 229 |
| 第34章　全方位解析「ところ」 | 233 |
| 　　精读20　日企高管和日本公务员的薪酬 | 239 |
| 第35章　提升表现力的诀窍——活用象声词 | 244 |
| 第36章　听力和口语——记者与高中生店员 | 250 |
| 第37章　听力和口语——駄洒落だらけの福袋 | 256 |
| 第38章　听力和口语——これを覚えて一人前！電話対応基本フレーズ | 260 |
| 第39章　口语中如何做到精准表达？ | 264 |
| **参考文献** | 266 |
| **常见词汇索引** | 267 |

# 上篇

回り道に見える近道、学校では教えてくれない日本語上達法

# 第 1 章
# 突破瓶颈的三条铁律

笔者跟日语打交道算下来前前后后有30多年了。如今回过头来看,这个过程当中实在是走了不少弯路。走过弯路,自然也积累了一些心得。

本书的初心就是分享这些心得体会,旨在帮助学日语过程中遇到瓶颈的学友,或希望速成但又挤不出时间,特别是已经接受培训,却因为各种理由坚持不下去的学友。

学日语按照从易到难的顺序大体是看(不出声的读)→读→听→说→日译中(口译)& 敢写→中译日(口译)& 能写(大意能通)→演讲(出镜)→独立写作(邮件、报告、论文)以及笔译、写书。简单地做个分类:看到读是初级;听到说是中级;日译中 & 敢写、中译日 & 能写是中高级;演讲是高级;写作以上是达人。

其实,很大一部分学过日语的人都停留在日译中 & 敢写(写得是否通顺无法保证)这个阶段,而在之后的各个阶段都很容易遇到瓶颈。如果没有合适的语言环境,没有大量的时间投入,这些瓶颈通常难以逾越。

笔者的基本理念,一言以蔽之就是实用至上。哪怕没有充足的语言环境去沉浸自己,也没有大量的时间可以投入,但只要做到以下三条就可以突破瓶颈!

第一条:重单词,轻语法!

第二条:学单词,不在记,而在用!

第三条:用单词,"套路"比单词本身更重要!

第一条,重单词,轻语法。对非外语专业的人来说,在学习语法上花费过多的时间,并不是一个注重效率的做法。从语法起步的学习,容易派生出语法上成立但与现实中地道的日语表达方式完全脱节的现象。

比如,我们要用日语表达一个想法。通常我们会先想好自己要说什么(中文腹稿),然后在脑子里把这段中文按我们所掌握的语法翻译成日语,最后说出来。这样造出来的句子,实际上往往词不达意。

第二条,学单词,不在记,而在用。我们查单词、学单词的出发点,应该放在怎样使用上面,而不是仅看一下词义解释或记住读音。

那么,到底该如何学单词、记单词才最有效率呢?答案在第三条,记"套路"比记单词本身更重要!简单来说,就是把单词连同与它经常同时出现的词语、语境——在日语里叫「文脈(ぶんみゃく)」——当作一个完整的"模块""套路"(パターン)记下来。这样一来,自然而然地,语法、语境的部分也被同时融入这个"模块""套路"当中,需要的时候可以直接拿来就用,而无须在脑子里再过一遍"翻译"流程。

当下流行的人工智能(AI)之所以在自然语言识别方面取得了前所未有的突破,无非是放弃了之前以语法为出发点的研究路径,转而通过机器学习算法,对大量的语料数据进行分析,进而找出那些常常一起出现的单词,以及它们通常在何种语境下出现。而这正是上面提到的第三条的含义所在:需要记忆的是"套路",而不是单词本身。

当然,人不是机器,不可能把日语语料库一次性装进脑子里进行分析、演算、存储和记忆。但我们完全可以借鉴机器学习的思路:从基础的常用词、高频词出发,掌握包含这些词的"套路",从而做到在实际应用中信手拈来。

打个比方,「世話(せわ)」这个词,大体是"照顾"的意思,但从实用角度来看,只了解到这个程度是不够的。建议牢记下面几个常用"套路"。

✽ お世話になります。

这句话跟"请多关照"意思相近,通常是跟初次见面、之后要打交道的人说的寒暄话、客套话,比如潜在客户、当天入住的民宿的老板等等。

✽ お世話になっております。

这句话大体是"感谢您一直以来对我(或我们公司、我的家人等)的关照"的意思,通常是对我们或我们的家人经常打交道的人说的寒暄话,比如我们的老客户、孩子的老师、家人的同事或上级等。此外,这句话也经常被用作信函、邮件开头的问候语。

注意上面两种用法中隐含的距离感:这句话的对象介于陌生人和熟人之间,所以,对家人的上级、孩子的老师可以这么说,对自己的同事、上级、老师这么说就显得生疏了。

✽ その節(せつ)は、大変お世話になりました。

跟曾帮过自己忙的人打招呼,含感谢之意,也是常见的寒暄语。

✽ 昔(むかし)、大変お世話になった先生です。

作为修饰语,可以用来介绍自己的恩师。

更进阶一点的用法还有两类:一个是指责对方多管闲事;另一个是照看的意思。比如:

❋ 余計(よけい)なお世話だ(大きなお世話だよ)。
——省省吧！别瞎操心行吗？
❋ A：誰が猫の世話をするのですか。
　B：私がやりましょう(＝私が世話しましょう)。
——A：(要出门旅游)猫谁管呢？
　B：我来吧。

下面对「世話」一词的几个常用"套路"做个总结。

**(一)见面时(或通过邮件、信件联系时)，用来打招呼的寒暄话、客套话**

❋ お世話になります。
❋ お世話になっております。
❋ お世話になりました。

**(二)指责对方多管闲事**

❋ 余計なお世話だ。
❋ 大きなお世話だよ。

**(三)照顾、照看**

❋ (誰・私)が(病人/子供/ペットなど)の世話をする?!

再举个例子：下面的短文节选自「日本経済新聞」(简称「日経＝にっけい」)的一篇关于商业车险的报道。「日経」对于日本各行业，特别是金融从业人员来说几乎称得上是"每日必读"，而经济类报道本身是最易懂、最实用也最容易上手的读写练习素材。

❋ 損害保険各社は任意で加入する自動車保険について、システムが運転の主体となる自動運転車の対人事故も補償の対象とする方針だ。政府が自動運転中の事故は車の所有者に責任があるとの考え方をまとめたのを受け、具体的な保険の設計に入る。

第一句话的基本架构(パターン)如下。

❋ 〈誰＝各大财险公司〉は、〈何＝商业车险〉について、〈何かをする＝将承保自动驾驶车辆造成的人身事故〉方針(ほうしん)だ。

这是表示公司或政府，在某方面，准备、将要采取某做法、方针的最常见的"套路"。

第二句话的基本架构也很有代表性。

❋ 〈政府〉が、〈自动驾驶车辆造成事故的责任由车辆所有者承担，这一原则已经确定〉を受(う)け、〈细则制定、政策落地〉に入る(＝に着手する)。

这里的「(た)を受け」，表示承前启后的顺序关系，同时也含有较弱的因果

关系,有"鉴于某种情况,下一步要……"的意思,是极其常用的一个"套路"。

建议通过下面这个例子(同样出自「日経」的报道)再体会一下「を受け」的用法。

✸ 東風ホンダは16日、リコール計画の受理(じゅり)を受けて「今後も信頼される製品とサービスを提供することで支持に報(むく)いたい」とするコメントを発表した。

上文可以译为:"16日,召回计划获批的东风本田在随后发表的声明中称:今后会继续通过提供值得信赖的产品和服务,回馈广大车主的支持。"

# 第 2 章
## 善用"套路",慎用创造力!

从已经掌握的"套路"出发,才能熟能生巧,有效地用日语沟通。而初学者基于往语法里塞单词形式的"创新",往往词不达意。

### 一、从翻译练习说起

先做一个汉译日的练习,把下面这句话翻译成日语。

——抛开人品不提,就工作而言,目前的高管里面他最能干。

这里会用到一个非常典型的"套路",即「Aはさておき(は別として)、Bについて(に限って)いうなら」,意为"先抛开 A 不说,仅就 B 而言……"。

✤ 人柄(ひとがら)はさておき、仕事の点についていうなら、今の役員(やくいん)連中(れんちゅう)の中では、彼が一番よくできる。

与此类似,我们还可以举出下面几个例子。

——花色的好坏先不说,就质量而言这两种几乎没什么区别。

✤ 柄(がら)のよしあしは別として、品質(ひんしつ)について言うなら、どちらもほとんど変わらない。

——这所大学里有很多有名的老师,但在经济学领域,不能不提的是 A 老师。

✤ この大学には有名な先生が大勢(おおぜい)いるが、経済学に関していうなら、まずA先生の名(な)をあげなければならない。

——仅就这两三天的情况而言,他的病情没有恶化的倾向。

✤ 彼の病状(びょうじょう)はここ二、三日に限っていうなら、特に悪化(あっか)する傾向(けいこう)は認(みと)められない。

### 二、从"套路"出发

我们在表达某一特定意思时,使用现成的"套路"往往非常便捷、有效。

初学者经常容易陷入这样的怪圈:在自己所知道的有限的语法框架中,生硬

地套用各类单词,拼凑成句子,结果往往词不达意。而效果不佳时,就反复地去学语法和背单词。这是一种"语法＋单词"式的思维,即语法是语法、单词是单词的割裂的学习方法。这样的学习方法,在把单词套用进语法框架的过程中,必然需要发挥创造力。但对初学者来说,语法和单词两者本都是弱项,如此创造的效果可想而知。

笔者曾接触过这样的错误用例,比如把表示好的意思的「いい」的否定形式照搬语法说成「いくない」(正确说法是「よくない」);再比如把"这不像平常的你,这不是你的风格"这类意思的表述,使用「みたい」这个词说成是「君みたくない」(正确的说法是「君らしくない」)等等。

不夸张地说,没有一两个驾轻就熟的"套路"做储备,大部分初学者对任何一个句子都很难翻译出哪怕是"模糊正确"的水平(模糊正确是指没有明显的语法错误,大致可以表达某个特定意思)。

### 三、记住"套路"的窍门

笔者提倡的做法是:从"套路"出发,记住"套路",活用"套路"。本质上是把单词的含义连同与其搭档的常用词,作为特定语境下可以表达某种含义的扩大化词组一起记住并应用。

使用"套路"需要一定的记忆力,但不需要上面那样的"造词、造句"能力。

这里提示一个非常有用的方法,可以用来记住各种"套路":双向翻译练习。接触到新"套路"时,先在理解其含义的基础上,用自己的话把例句翻译成中文,单独记在笔记本上;之后,为检验一下自己有没有记住,会不会用,可以试着把翻译成中文的例句,在不看原文的情况下重新翻译成日语,并做一个比对。比如,现在我们开始接触一个新的"套路":「～というものは」,用来表示"所谓某某(某类人或事),从总体上来看,其实……"。如果去掉「というもの」而只用「は」,句子也成立,只是少了来自说话人自身深刻体会的那种劝诫的意味。

**(一)接触新"套路"**

「～というものは」是说话人关于某类人或事整体基于自身的体会做出概括、总结,希望听者引起注意或引以为戒等。

**(二)汉译日**

✲ サラリーマンというものは、会社のために自分を捨てなければならないのでしょうか。

——在公司里打工的人,一定要为公司利益牺牲自己吗?

### (三)日译汉

把"在公司里打工的人,一定要为公司利益牺牲自己吗?"这句话翻译成日语。如果能做到基本上与原文相符,说明你记住了这个"套路",下次可以拿来就用。

下面几个句子,都是「というものは」的用例,试着翻译成日语(参见本章"五、附注"),看看你对这个"套路"掌握得怎么样。

✿ 公司上市是件很花时间的事情。
✿ 抽烟毫无益处,只会对身体有害。
✿ 病痛,只有经历过的人才会了解。
✿ 朋友还是需要格外珍惜才行。
✿ 原子能对人类是福是祸,全看如何使用。

### 四、如何活用"套路"?

当你想用日语表达一个意思,不管是书面还是口头,建议首先想一下有哪个"套路"可用。能够下意识地找到合适的"套路",张口就来、提笔就写是最理想的。

如果你能很快在脑子里找到一个可以用得上的现成的"套路",十有八九你可以比较轻松而贴切地表达自己的想法。

反之,即使一下子找不到适当的"套路"可用,也千万不要回到"往你知道的语法里填单词"的老路。因为这里还存在另一种可能性:你知道的某个"套路"其实可以派上用场,只是你自己还没意识到。

无论哪种语言,表达一个意思,可以有很多种不同的说法。当你在找"套路"上遇到障碍时,完全没有必要一直找下去,尽量多变换几种表达方式,乃至对话题的方向稍加改变;只要有一定程度的"套路"的积累,一定可以找到一个合适的"替代品"!

举个例子,关于世界杯,如果你想表达"你看好哪个队最后夺冠?"这类意思,知道日语里「優勝(ゆうしょう)する」这个词就可以轻而易举地解决问题。

✿ どのチームが優勝すると思いますか?
——你认为哪个队能夺冠?
✿ 私はドイツに優勝してほしい。
——我希望德国夺冠。

即使你想不起「優勝」这个词,还有很多说法可以表达类似的意思,比如你希望德国队获胜,可以说:

✿ ドイツに頑張ってもらいたい。

- ✤ ドイツだったらうれしい。
- ✤ ドイツに勝ってほしい。
- ✤ 結局、ドイツでしょう。
- ✤ ドイツであってほしい。
- ✤ ドイツに期待したい。
- ✤ ドイツに決まってる。
- ✤ かけてもいい、絶対にドイツだ。
- ✤ 私はドイツ！

## 五、附注

以下为「というものは」例句的日语原文。

- ✤ 株式上場(かぶしきじょうじょう)というものは、とにかく時間がかかるんですね。
- ✤ たばこなどというものは、体(からだ)に害(がい)はあっても何の益(えき)もない。
- ✤ 病人(びょうにん)の苦(くる)しみというものは、経験(けいけん)した者(もの)にしかわからない。
- ✤ 友達(ともだち)というものは、もっと大切(たいせつ)にしなければいけないと思いますよ。
- ✤ 原子力(げんしりょく)というものは、使い方ひとつで人類に幸福(こうふく)をもたらしたり、不幸(ふこう)をもたらしたりする。

# 第 3 章
## "套路"的精髓——常用词！

"套路"是单词和语法、语境的混合体，是搭建句子的功能模块，有时甚至是句子本身。而常用词是各类"套路"的交汇点，是最高频的实际应用。

常用词是日语的必学内容，学好常用词是提高日语水平的捷径。

好多人学日语时有意无意地把大量时间花在学习生词上，这方面的极端例子是背词典。其实，把一些常用词弄清楚，从实用角度讲，效率更高。

「となる」和「になる」就是这样的高频用语。

通常在教科书里，会把「となる」和「になる」解释为"成为……"，这倒也没什么错，但无助于理解和使用。我们先看下面这个例子。

✻ 合計(ごうけい)で1500円になります。

✻ 230円のお返(かえ)しになります。

这是便利店的店员告诉你"您的消费一共是1 500日元""找您230日元"。这是最常见的日语对话。这里的「になる」意思上跟「です」没什么区别，说成「合計1500円です」「230円のお返しです」也没问题，总之，千万不要翻译成："合计成为1500日元""成为230日元的找零"！

「となる」和「になる」其实意思非常接近，只有细微的区别。硬要做个区分的话，可以说「になる」是代表，「となる」是特例。

代表的意思是指，当你忘了用哪个更合适的时候，用「になる」可以保证少出错或不出错；特例的意思是，在一些特定的场合，用「となる」比用「になる」更贴切、更地道。

那么什么情况下用「となる」更合适呢？一个大原则是：书面语以及正式场合的发言。比如下面这些例子：

✻ 来年からAが課税対象(かぜいたいしょう)となることが決定した。

——(新闻报道或会议发言)政府决定从明年开始对A收税。

❖ 復興（ふっこう）には長期的（ちょうきてき）な支援（しえん）が必要となる。
——灾后重建需要各方长期不懈地支援。

❖ それが事件（じけん）を解（と）く大きな手掛（てが）かりとなった。
——（推理小说）这（如监控录像等）成了破案的重要线索。

❖ 検証（けんしょう）したところ、次のような結果（けっか）となった。
——（报告、论文）我们做了验证，结果如下。

❖ 判定（はんてい）の結果、今の勝負（しょうぶ）は引（ひ）き分（わ）けとなった。
——（主持人宣布比赛结果）经裁判员表决，刚才的比赛结果为平局。

另一种用「となる」更恰当的情况是，文中包含了说话人本身的感情色彩。而「になる」更适合用来平铺直叙。

❖ 息子（むすこ）は来年、小学生になる。
——我儿子明年上小学。

❖ 開店（かいてん）は午前10時になります。
——（店员回答顾客）我们上午10点开始营业。

❖ 上海に来てから、もう3年になる。
——来沪已经快3年了。

❖ ちりも積（つ）もれば山となる。
——（强调）积少才能成多。

❖ 当初（とうしょ）予想（よそう）を覆（くつがえ）す結果となった。
——（意外）结果完全出乎意料。

❖ 長年（ながねん）苦労（くろう）の末（すえ）、社長（しゃちょう）となった。
——（点赞）辛苦奋斗多年终于当上了总裁。

还有一些特殊场合，比如硬性规定，也是用「となる」更为贴切。

❖ 朝食（ちょうしょく）は10時まで、となっております。
——（酒店前台提醒客人）早餐供应到上午10点。

❖ 店内（てんない）は全席（ぜんせき）禁煙（きんえん）となります。
——本店禁止吸烟。

❖ お支払いはクレジットカードのみとなります。
——（本店）仅接受信用卡支付。

此外，在商务日语当中，有一个常见的说法——「～運びになりました」或「～運びとなりました」，意指"目前的情况是这样的"，言下之意是有新进展、新情况，或与原计划、预期等相比有了新的变化。

✿ 先日(せんじつ)お伝(つた)えした会議(かいぎ)のスケジュールですが、同日(どうじつ)の13時から開始(かいし)する運びになりました。

——日前通知大家的会议日程现已确定，开始时间定为当天13时。

✿ 私どもは～年間、皆様のご愛顧(あいこ)のもと営業(えいぎょう)を続けて参(まい)りましたが、本日(ほんじつ)をもちまして閉店(へいてん)する運びとなりました。

——（在店面张贴告示，宣布本店决定停业）承蒙各位客户长期以来的支持，现决定今天起正式停业。

✿ この度(たび)、東京本社(ほんしゃ)へ転勤(てんきん)する運びとなりました。

——（用于给客户等的通知）这次我被调动到东京总部工作。

✿ 来月(らいげつ)、結婚(けっこん)する運びとなりました。

——我定于下个月结婚。

# 第 4 章
## 精读有多重要？

学日语，在阅读理解这个层面，无外乎精读（要选好素材）＋泛读（面要广）的"组合拳"。

精读是基础，重在掌握各种常见、基础的"套路"，以便在听、说、读、写中应用。泛读是补充，重在补充单词量和掌握一些不常见的"套路"。

这里的精读，指的并不仅仅是可以大致看懂一篇文章，还包括能弄懂文章中的每句话、每个细节，特别是包含单词在内的"套路"的含义和用法。

### 一、如何选择精读素材

本书绝大部分章节后面都附有相关的精读材料。精读文章的选材，主要着眼点有三个：一是素材的新鲜度；二是贴近日常使用；三是素材本身要有较强的逻辑性。

满足这三个条件的文章，最常见的一个类别就是财经新闻，它不仅适合用来学习日语的读和写，本身还有一定的信息量，让读者能够更多地了解日本，特别是与各行各业都有交集的财经这个侧面。毕竟，大家学日语的目的，绝大部分并不在于日语这门语言本身，而是在于不同场景下的应用和沟通。

另外一类好的精读素材是科普类文章。

所谓文以载道，学语言的同时，获得语言之外的新知也是非常重要的。这方面的典型是科普类文章。

写作是日语中最难的部分。现实当中，需要用到日语来写的绝大部分是有关日常业务的沟通和联络，以及报告、论文类文章，这些都是典型的说明文，重在简洁、有条理、有逻辑地把事情讲清楚，把观点阐述明白。对这类文章的写作最有帮助的就是财经类、科普类文章的精读。

### 二、精读，没那么简单！

笔者强烈建议读者多做精读。特别是对日语初级、中级程度的读者来说，

"少而精"地读,学习效率无疑更高!

这里的"精读"指的是掌握文章中所有的"套路",对文章熟悉到几乎能背下来。

当然,背诵只是学习方法之一,终极目的还在于掌握"套路"的用法。那么,怎样才算是"掌握"了呢?这里提供两条检验标准。

首先是"简易背诵":在完全读懂的基础上,把原文按你自己的理解,用自己的话翻译成中文,然后看着自己翻译出来的中文复述出原文。这个过程对提升日语会话和写作能力至关重要。

其次是"深度熟读":指的是反复读,熟到文章中没有任何地方让你觉得别扭——就好像这是你自己写的文章,再让你写一遍,你还是会这么写!

### 三、精读要发出声音

精读是需要发出声音的。如果仅仅扫一眼,不读出声音,效果会大打折扣。

对以日语为母语的人来说,在接触到一个新的"套路",比如一个网络流行语时,只要他弄懂了这个词的含义,读、听、说、写对他来说就没有任何难度了。但非日语母语的人不一样,同样接触到一个新的"套路"或词,看懂不等于听懂,听懂不等于会说,会说也不等于会写。

这里推荐一个简便易行的方法——跟读。如果你手里有带原文音频、视频的精读材料,建议跟着原文音频、视频一起读。这样你可以迅速积累自己的语感,知道哪里可以停顿,哪里需要连读,哪里应该重读。

### 四、另类的精读——「読解」及其应试技巧

无论是面向外国人的日语能力考试,还是日本国内各种升学考试中的国语科目,必然会碰到「読解」类试题,即阅读理解。

「読解」也是一种精读,但它与本章前述的精读有很大的不同,所以说,「読解」是一种另类的精读。

「読解」的"另类"体现在哪里呢?与笔者提倡的作为学习方法的精读相比,「読解」是一个以泛读的心态和时间投入来做的精读。面对「読解」,你的目的不是为了掌握其中的"套路"和写法,需要的只是在尽量短的时间里拿到尽可能多的分数。

下面是笔者总结出来的几点「読解」应试技巧。

**(一)应对「読解」试题的两大原则**

(1)你被测试的是"能否领会出题人意图"的能力。

(2)清空你自己。在这里,你不需要有自己的想法,不需要有想象力,更不能有任何个人观点或成见,原文就是一切,全盘接受它(在做题的时间段里),绝不妄加推测、诠释。

### (二)三条重要的应试技巧

(1)慢就是快!要仔细读,不要速读!

(2)初步排除法:总有那么几个选项是不假思索就能排除掉的,比如文中完全没有提及或说法过于绝对的选项。

(3)深度排除法:排除掉对原文忠诚度不够,有自由发挥、借题发挥成分的选项。

## 五、精读×多读

笔者建议重精读、轻泛读。先看懂、听懂别人,再有效地表达自我,这是一个由外及内的过程。看懂别人,最好的方法是精读×多读。这里用了乘号,是指多读的对象应该是精读材料,即对精读材料的反复阅读。在达到高级水平之前,不建议读日文小说,因为要把小说类文学作品完全读懂,需要大量的词汇和生活经验的积淀,以及掌握很多不常用,有时甚至是作者独创的词句,这类词句对非日语母语的人来说,很难在实际生活中碰到,更不要说用到。

# 第 5 章
# 为什么说日语的难点在于"动词的使用"?

日语句子通常由三部分组成:

日语句子＝(1)"名词及助词"＋(2)"动词的使用"＋(3)"添加剂"

"名词及助词"指动作的主体或对象,以及表明它在句中的"身份""地位"的助词,如「は」「が」「に」「を」等,以下简称为"名词＋"。

这里所说的"动词的使用",含义较广,既包括动词的各种变化形式、各种时态,也包括动词的敬语用法,还包括适于它出现的语境(比如经常一起出现的表示程度、样态等的副词),以下简称为"动词＋"。

"添加剂"是指那些不用它并不会改变句意,用了则能更精确地体现说话人意图的"调味料",如「のだ」「ものだ」「ことだ」等,当然也包括句尾的语气词。

## 一、日语中最难的部分——动词

日语最难的部分在句尾,日语中最难的部分是动词。

日语的句尾集中了太多重要的元素:肯定或否定,动词和时态,以及说话人(作者)想在基本架构和语义上附加的各种感情要素。

相比之下,在句子中间,用来把单词连接起来的各种助词,如「は」「が」「に」「で」「と」「を」等,虽然也有其多样、复杂的一面,但与句尾的各种成分相比,还是简单得多。

## 二、为什么要学"动词＋",而不是动词本身?

以常见的动词「知る」为例,在实际应用当中,这个词常以如下形式出现,比如「知る」「知った」「知っている」「知っていた」「知らない」「知らなかった」。但是,在真正应用时,到底应该用其中的哪一个呢?

关于这个问题,普通的教科书上很难找到答案。教科书中的介绍通常是:「知る」这个五段动词是"知道"的意思,它的否定形式是把「る」变成「ら」然后接

「ない」变成「知らない」,它后面接「て」时要变成「知って」。

我们真正需要掌握的是"动词＋",而不是动词本身。这里的"动词＋",指的是动词和它的各种时态连在一起构成的一个词,即「知る＝知ります」「知った＝知りました」「知っている＝知っています」「知っていた＝知っていました」「知らない＝知りません」「知らなかった＝知りませんでした」都是"动词＋"。

为什么要学"动词＋",而不是动词本身？因为它们每一个都有自己的特性——特定的含义和它适用的语境,只有了解了这些特性,才能正确自如地使用。

举个例子,比如我问你听说过疫苗造假这件事吗,你回答不知道。这时,自然的问答是这样的:

✿ A:不正(ふせい)ワクチン問題の話(はなし)、知ってた(「知っていた」的口语形式)?

✿ B:知らない。

上面的提问中,用「知っている?」也是可以的,但不如上面的用例自然。如果用「知りますか」「知りましたか」就很不自然。同样,回答当中,如果用「知っていない」「知っていなかった」就完全是误用了,因为「知る」一词,不管什么时态,否定的用法只有「知らない」和「知らなかった」,根本不存在「知っていない」这种用法。

可能有人会问:如果一个动词,比如「知る」,把它分成「知る」「知った」「知っている」「知っていた」「知らない」「知らなかった」这6种形式,当成6个单词来学,这不是化简为繁吗？

表面上是这样的。但是,学语言归根结底是为了学以致用。

表面上,我花了6倍的时间才学会「知る」一个词,而你用同样的时间,可能已经学了包括「知る」在内的6个词。但在实际应用方面,我在「知る」这个词上可以正确运用其6种形式,而你可能1种都用不对,这就是区别。这种区别,在常用词的用法上体现得尤为明显。再举个例子——「困る」,这个词常用形式包括「困る」「困った」。

✿ 店員:申し訳ありません。本日は予約でいっぱいでございます。

✿ 客:え、困ったなあ。どうしよう。

——不好意思,今天位子已经订满了。

——啊！这可怎么办呢。

✿ 店員:明日、休ませてもらいたいんですが。

✽ 店長：え、そんなこと、急に言われても困るよ。
——我想请假，明天休息一天。
——啊！怎么现在才说！

第一段对话当中，用「困る」也不算错，但不如用「困った」自然。而第二段对话中只能用「困る」。原因在于，这两个词之间有细微的差别——「困った」表现说话人"这下麻烦了，这可怎么办"这种类似自言自语的一种心情，而「困る」则表示"你让我怎么办？你这不是给我添乱吗"这种隐含的责怪。

类似的例子还有——「似(に)る」。这个词常以「似た」「似ている」「似ていない」等形式出现，几乎不用「似る」「似ない」。

而「似た」和「似ている」意思非常接近，很难区分。比如你看到一只流浪猫，跟你家的猫咪（比如名叫「トラ」）长得很像，这时无论你说「トラに似た猫」还是「トラに似ている猫」都是可以的，两者只有微妙的区别：如果你说「トラに似た猫」，这很可能是你在发朋友圈时描述这只流浪猫；而如果你说「トラに似ている猫」，很可能是你跟身边的人形容眼前看到的这只猫。

简单总结一下：「似た」用来修饰名词，「似ている」多用在句尾。「似た」是一种概略的描述，所以可以用「〜と似たような」这样的形式，而「似ている」更像是一种发现，有现场感，比如你看到朋友抱着他们家宝宝，你说宝宝跟他父母长得很像这类场合。

## 三、如何突破"动词＋"这个难关？

不仅日语，学任何语言的方法都只有一条：背单词！但笔者并不赞成机械地背词典。

笔者提倡的"背单词"是指记住这个词的（哪怕其中一个）用法，连同它出现的语境在内的"套路"，包括与之搭配的名词、助词，也包括动词的变形和时态。

"背单词"＝"记住套路"这个大原则之下，有没有什么更具体的方法，或者捷径，可以更有效率呢？当然有！主要有两条。

其一，关于"名词及助词"，日语里有很多"惯用型"或"文型"，掌握其中最常用的是捷径之一。

其二，关于"动词＋"，也就是"动词的使用"这个难点，建议重点掌握一些常见的多义词，并顺藤摸瓜，掌握由这些词构成的复合动词。

## 四、常用动词「かける」

下面我们来看一下日语中最常见的多义动词——「かける」的各种用法。

「かける」这个动词,大部分场合以"Aは(或が)——Bに——Cをかける"这样的形式出现。细说起来,它有不下几十种解释,很难记忆。

下面,我把「かける」的基本含义做个概括,进一步梳理出它的各种具体用法是如何从这个基本含义中衍生出来的。

基本含义:把某物C"放在、用在、给到"某物或某人B。

衍生含义:基本含义中的"放在、用在、给到",根据场合,可以解释、翻译成很多种意思。

**(一)悬、架、放**

基本含义在这里是把C"固定到、悬挂在、放在、放进"B上面的意思。

❀ 壁(かべ)に絵(え)をかける。

——把画"挂"在墙上。

❀ 戸口(とぐち)に表札(ひょうさつ)をかける。

——把写着户主姓氏的牌子"挂"在门口。

❀ 鍋(なべ)を火(ひ)にかける。

——把锅"放到"火上(传统上,日本是把锅挂在钩子上,在底下生火)。

❀ 肉(にく)を秤(はかり)にかける。

——称肉(老式的杆秤,是把东西钩住,靠移动另一端的秤砣位置来称重)。

❀ 椅子に腰をかける。

——"坐"在椅子上("把腰放在椅子上"之意)。

❀ 罪人(つみびと)を十字架(じゅうじか)にかける。

——把罪人"钉在"十字架上。

❀ 眼鏡(めがね)をかけた人。

——戴眼镜的人(直译为:把眼镜"架在"鼻梁上、"挂在"耳朵上)。

❀ 兎(うなぎ)をわなにかける。

——设套捉兔子(直译为:把兔子"放进"圈套)。

❀ 計略(けいりゃく)にかける。

——用计谋设圈套对付某人(直译为:把某人"放进"圈套)。

❀ 子供の将来(しょうらい)を気にかける。

——为孩子的将来操心(直译为:总是把孩子的将来"放在"心上)。

❀ ドアに鍵(かぎ)をかける。

——锁门(直译为:给门上加个锁,把门锁住)。

❀ 犯人(はんにん)に手錠(てじょう)をかける。

——给犯人戴手铐(直译为:把手铐固定在犯人身上)。

✿ 川に橋（はし）をかける。
——在河上架桥。
✿ 二階にはしごをかける。
——搭一个通到二楼的梯子。
✿ 予算案（よさんあん）を国会（こっかい）にかける。
——预算案提交国会审议（直译为：把预算案"放到、交由"国会审议）。
✿ 被告（ひこく）を裁判（さいばん）にかける。
——对被告提起诉讼（直译为：把被告"放进、诉诸"司法来审理）。
✿ 薬品（やくひん）を分析装置（ぶんせき・そうち）にかける。
——对药品进行成分分析（直译为：把药品"放进、交由"分析仪器来处理）。
✿ 自分に保険（ほけん）をかける。
——给自己上保险（直译为：把自己"放进、交由"保险来获得保障）。
✿ 私のコレクションをお目（め）にかける。
——给您看一下我的收藏（直译为：把收藏品"放到"您眼光所及之处）。

（二）盖、浇、打

基本含义在这里是：把 C "盖在、洒在、用在" B 的上面。

✿ 子どもに布団（ふとん）をかける。
——给孩子盖被。
✿ 床（ゆか）にワックスをかける。
——给地板打蜡。
✿ 部屋（へや）に掃除機（そうじき）をかける。
——用吸尘器打扫房间。
✿ 材木（ざいもく）にかんなをかける。
——用刨子加工木材。
✿ ワイシャツにアイロンをかける。
——用熨斗熨衬衫。
✿ 廊下（ろうか）に雑巾（ぞうきん）をかける。
——用抹布擦走廊。
✿ 背中（せなか）にお湯（ゆ）をかける。
——用热水冲背。
✿ 肉にコショウをかける。
——往肉上撒胡椒粉。

✻ ご飯に生卵(なまたまご)をかけて食べる。
——把生鸡蛋直接打到米饭上吃。

✻ ドアの取っ手(とって)に手をかける。
——把手搭在门把手上。

✻ 小包(こづつみ)に紐(ひも)をかける。
——用绳子系或捆包裹。

✻ たすきをかけて掃除(そうじ)をする。
——把和服的袖子挽起来打扫卫生。

**(三)用在、承担、发出、施加**

基本含义在这里延伸出如下语义。

(1)把负面的东西 C"给到"B,等于说让 B"承担、承受、蒙受"C。

✻ 妻にはずいぶん苦労をかけてきた。
——让老婆吃了不少苦。

✻ 他人(たにん)に迷惑(めいわく)をかける。
——给别人带来不便。

✻ 学生に負担(ふたん)をかける。
——给学生增加负担。

✻ 贅沢品(ぜいたくひん)に重い税をかける。
——对奢侈品课重税。

(2)把 C"用在"B 上。

✻ 犯人に情(なさ)けをかける。
——可怜犯人,同情罪犯(直译为:把感情、怜悯之心"用在"犯人身上)。

✻ Aさんに疑(うたが)いをかける。
——怀疑 A,认为 A 可疑(直译为:把疑心"用在"A 身上)。

✻ ひとり息子に期待をかける。
——对独生子寄予厚望(直译为:把希望"寄托在"独生子身上)。

✻ 得意(とくい)の英語にみがきをかける。
——强化自己擅长的英语(直译为:把打磨"用在"自己擅长的英语上)。

✻ 服装に金をかける。
——把钱花在买衣服上。

✻ 手間(てま)ひまかけて作った人形(にんぎょう)。
——费了不少工夫做的娃娃。

✼ 時間をかけてじっくり勉強(べんきょう)しよう。
——多花时间踏实地学习。
✼ 2に3をかけると6。
——2乘3得6。
✼ レグホンにコーチンをかける。
——让来航鸡与浦东鸡交配。
✼ 掛詞(かけことば)。
——双关语,一语双关。
(3)向 B"发出、施加"某物 C(或某种操作)。
✼ 部下(ぶか)に言葉(ことば)をかける。
——跟部下搭话(直译为:向部下发话)。
✼ 生徒(せいと)に声(こえ)をかける。
——跟学生打招呼;通知、号召、召集学生(直译为:向学生发声)。
✼ 新入生(しんにゅうせい)に誘いをかける。
——邀新生加入(直译为:向新生发出邀请)。
✼ 会社に電話をかける。
——打电话到公司(直译为:向公司发出电话)。
✼ おどしをかける。
——威胁某人(直译为:向某人发出威胁)。
✼ お姫様(ひめさま)に魔法(まほう)をかける。
——对公主施魔法。
✼ 患者(かんじゃ)に麻酔(ますい)をかける。
——给患者打麻醉药。
✼ 右足(みぎあし)に体重(たいじゅう)をかける。
——把身体重心放在右脚上。
✼ 相手(あいて)に技(わざ)をかける。
——向对方出招(直译为:在柔道、相扑等比赛中,向对手施展招数)。
✼ 反乱軍(はんらんぐん)に追(お)い討(う)ちをかける。
——乘胜追击叛军(直译为:对叛军施以"乘胜追击")。
✼ 自動車のエンジンをかける。
——把车发动起来(直译为:对引擎施加"操作"使其运转)。
✼ ブレーキをかける。
——踩刹车(直译为:对刹车施加"操作"使其运转)。
✼ レコードをかける。

——放唱片（直译为：对唱片施加"操作"使其运转）。

✿ ラジオをかけっぱなしにする。

——一直开着收音机。

(4) にかけて。

这种用法有两个意思，一个是以「～から～にかけて」的形式用来表示时间、地点的跨度；另一个是以「～にかけて(は)」的形式表示在某方面特别……

✿ 夏から秋にかけて咲く花。

——在夏天到秋天这段时期开的花。

✿ 宮城県(みやぎけん)から青森県(あおもりけん)にかけて大雪(おおゆき)だ。

——从宫城县直到青森县都下大雪。

✿ 暗算(あんざん)にかけては彼の右に出る者がない。

——在心算方面，没有人比得上他。

通过以上的梳理可见，有多种意思的「かける」，其实可以变得非常简明、易懂。以「かける」结尾的复合动词，也是一个超大的"家族"。举例如下：

✿ 立てかける、ひっかける、もたれかける、つっかける、しかける、浴びせかける、投げかける、ふっかける、振りかける、語りかける、問いかける、話しかける、働きかける、呼びかける、持ちかける、笑いかける、見せかける、畳みかける、押しかける、詰めかける、出かける、追いかける、見かける……

# 第 6 章
# 善用网上资源

本书的内容涉及从初级到高级各个阶段。每个部分的内容都是以"实用至上"为出发点,让读者在准确理解各类"套路"(＝单词＋配套的语法＋常用的语境)的基础上,尽可能以"套路"为单位来学习和使用,做到拿来就用,从而高效地掌握地道的日语。

上面说到的初级至高级的各个阶段的定义,来自于笔者学习和使用日语的心得体会,并非基于各类教材或日语能力考试中的级别划分。在本书第 1 章中我们提到——"看到读是初级;听到说是中级;日译中 & 敢写、中译日 & 能写是中高级;演讲是高级;写作以上是达人"。

以上述对日语水平的阶段划分来看,本书的内容涵盖了绝大部分初级、中级以及中高级的常用词和语法,特别是其在理解和应用上的难点。举个例子,本书中没有具体涉及动词变形的规则,比如「する」一词,其各种变形包括「する(します)－した(しました)－して(しまして)－すれば－される－なさる－致す」等。但这并不意味着本书不重视这部分内容,只是笔者提倡的是把动词变形后的形态当作一个独立的词来记忆和使用。笔者本身在日常使用日语的过程中,无论是说还是写,并没有经历根据规则把「する」变换成「すれば」这样一个过程,而是根据实际应用场景,直接调用「どうすれば(いい)」＝"该怎么办(好呢)"、「そうすれば(なんとかなる)」＝"这样的话(应该问题不大)"这样的"套路"。

当然,限于篇幅,本书中未能提及的语法、"套路"还有很多。希望在日语上有更多突破、更丰富的学习素材的朋友,可以参阅包括笔者公众号"Beta 猫日语 Navi"在内的各种网上资源。以下列举几类笔者常用的网上资源。

## 一、词典类

✻ Weblio 国语辞典(https://www.weblio.jp/),類語辞典(https://thesaurus.weblio.jp/),实用日本語表現辞典(https://www.weblio.jp/cat/dictionary/jtnhj)。

✿ 朝日新闻コトバンク(https://kotobank.jp/)。
✿ 三省堂 Web Dictionary(https://www.sanseido.biz/)。
✿ DICT.ASIA 日语在线词典(https://dict.asia/♯)。

## 二、教学类及语料库

✿ 日本語教師のN1et・JLPT文法解説(https://jn1et.com/category/jlpt/)。
✿ 国際交流基金・文法を楽しく(https://www.jpf.go.jp/j/project/japanese/teach/tsushin/grammar/backnumber.html)。
✿ 基本動詞ハンドブック(https://verbhandbook.ninjal.ac.jp/headwords/)。
✿ 国語研日本語ウェブコーパス(https://bonten.ninjal.ac.jp/nwjc/string_search)。

## 三、门户及新闻网站

门户网站、搜索引擎当中首推谷歌和雅虎日本,以及微软 Bing 国际版,新闻媒体类当中首推「日経」。

为方便阅读,下面列出了本书的内容框架。

| 阶段 | 类别 | "名词+" | "动词+" | "添加剂" |
| --- | --- | --- | --- | --- |
| 初级中级 | 中篇 | 第7章(コソアド)<br>第8章(「は」と「が」)<br>第9章(「気」のつく言葉) | 第10~12章(常用词攻略——いい、受ける、とる)<br>第13~15章(动词时态——ている、た、ていた) | 第16章(语义辨析——そうだ、ようだ、らしい)<br>第17章(语气词)<br>第18章(口头语) |
| | | 第19~22章,惯用型<br>精读11~13 | | |
| | 实战提升<br>(精读练习) | 精读1~3 | 精读4~9 | 精读10 |

**续表**

| 阶段 | 类别 | "名词+" | "动词+" | "添加剂" |
|---|---|---|---|---|
| 中级中高级 | 下篇 | | 第23章（常用形容词）<br>第24章（敬语）<br>第25～28章（语义辨析——れる（られる）、ことになる与ことにする、ようになる与ようにする、と思う）<br>第29～30章（复合动词——かける、込む）<br>精读14～17 | 第31～34章（のだ、ものだ、ことだ、ところ）<br>第35章（オノマトペ）<br>精读18～20 |
| | 实战提升（精读与听力练习） | 第36～40章（听力和口语）<br>听力练习音频：见各章链接 | | |

# 中篇

回り道に見える近道、学校では教えてくれない日本語上達法

# 第 7 章
## 看似简单的コソアド，你能找到正确的语感吗？

以「ここ」「これ」为代表的「コソア」系列指示代词是初学者最早接触到的日语单词。越是看似简单的词，往往含义越丰富；含义越丰富的词，越适合锤炼语感。

下面这段话出自 Kiroro 的歌曲「未来へ」的歌词。

❀「ほら足元を見てごらん
　これがあなたの歩む道
　ほら前を見てごらん
　あれがあなたの未来
　母がくれたたくさんの優しさ
　愛を抱いて歩めと繰り返した
　あの時はまだ幼くて意味など知らない
　そんな私の手を握り
　一緒に歩んできた」

这段歌词中一共出现了 4 个「コソア」系列的词，分别是「これ」「あれ」「あの時」和「そんな」，它们每一个都很有代表性，后面我们会逐一拆解。这里先介绍「コソア」大家族的主要成员。

❀ これ・それ・あれ
❀ こう(いう・いった・した)・そう・ああ
❀ ここ・そこ・あそこ
❀ こちら(こっち)・そちら・あちら
❀ この(人、時)・その・あの
❀ こいつ・そいつ・あいつ
❀ こんな・そんな・あんな
❀ このような・そのような・あのような

「コソア」系列指示代词的基础用法是指示位置关系（物理上的距离），「コ」指说话人的近处，「ソ」指听话人的近处，「ア」则指离两者都不近的地方。上面歌词中的「これ」就是这种用法。

　　除了指示位置关系，「コソア」更常见也更有内涵的是它的语境指示功能（心理上的距离）。

### 一、你知我知的「ア」系

　　「ア」系在指示位置方面，是指离说话人和听者都不近的地方，而在语境指示方面，「ア」需要说话人和听者都知道指的是什么，或表示说话人的回忆。

　　上面的例子中，「あれがあなたの未来」（那就是你的未来）这句话中的「あれ」，必须是听者也能领会的内容。

　　再比如，同学 A 和 B 私下聊天时提起同学 C，C 是 A 和 B 都熟悉的人，那么他被提到时会被说成「あいつ」。

✽ A：あいつ何考えてんのか、わかんない。
　　——搞不懂他在想什么！
✽ B：また何かをしでかすんじゃない？
　　——保不准他又会干出点什么让人意想不到的事。

　　下面这个例子也是类似的用法：当你一时想不起某个人的名字，需要旁边人提示的时候，首先要保证听者能够理解你指的是谁。

✽ この間（あいだ）テレビに出ていたんだけど、名前なんていうんでしたっけ、あの人。
　　——前一段上过电视的那个人（一时忘了名字），名字叫什么来着？

　　与之类似，「あの時」（或「あの頃」「あの年」「あの夜」）必须是指过去，表示说话人对亲身经历的回忆。

✽ あの頃は良かった。
　　——（回忆往昔）那时候多好啊！

### 二、"万能"的「ソ」系

　　汉语里，代指什么人或物或事情，我们有"这"和"那"两个就够用了，而日语里有三套指示代词：「コソア」。与汉语中"那"对应的有「ソ」和「ア」，这是使用上容易让人纠结的根源。

#### （一）「ソ」系的基础用法

　　为什么说「ソ」系是万能的呢？答案存在于「コソア」三者的关系当中。相对

而言,「コ」和「ア」系各有自己较明确的使用范围,而「ソ」系则须覆盖「コ」「ア」系之外的所有领域。

例如,上面提到过,说话人和听者都知道指的是什么的时候用「ア」,其中只要有一方不了解,包括双方都不了解的时候只能用「ソ」。

下面这个例子中,听说职场要来一位新同事,A向B打听新同事的情况,但B毫不关心。

✱ A:その人、いつ入社(にゅうしゃ)するの?
——那个新同事什么时候入职?

✱ B:そんなの、知(し)らんよ。
——我怎么知道?!(「知らん」是「知らない」的口语形式)

接下来这个例子当中,A向B吹嘘自己一个亲戚有多富有,但B不感兴趣。

✱ A:うちの親戚(しんせき)にXという御曹司(おんぞうし)がいるんですが、そいつ、スーパーカー3台も持っているんですよ。
——我有个亲戚X,富二代,光超跑就有3辆。

✱ B:あ、そう。
——呵呵。

**(二)「ソ」系的泛指功能**

✱ どの国にも、その国を代表する料理がある。
——无论哪个国家,都有那个国家最具代表性的料理。

这个一般性的表述,也是一个典型的用「コ」和「ア」都不行,而只能用「ソ」的例子。用于一般性表述,即其所指的对象不是特定的,还有这样一些例子。

✱ その日(ひ)の気分(きぶん)で眼鏡(めがね)を替える。
——根据当天的心情戴不同的眼镜。

✱ 入学希望者数より定員(ていいん)のほうが多いのだから、極端(きょくたん)な話、答案用紙(とうあんようし)に名前さえ書けば入(はい)れる時代がすぐそこまでやってきている。
——因为名额招不满,只要在试卷上写个名字就能考上的时代已经离我们不远了。

与上面的一般性表述类似,关于历史事件的表述,也是多用「ソ」。

✱ (頼朝挙兵入鎌倉)そのころの鎌倉は草深(くさぶか)かった。
——那时候的镰仓还是一片田园风光。

**(三)「その時」「そのうち」讲的是未来**

「その時」和「そのうち」都表示未来的某个时点。这种表示未来的用法,是

「コ」和「ア」所不具备的(当然,描述过往的历史事件时「その時」与上面的「そのころ」一样,是偏中性的"那时候"的说法,不在此列)。

✿ 来月も討論会がありますね。その時またお会いしましょう。

——我们下个月的讨论会上再见。

✿ またそのうちお伺いします。

——我过一段儿再来拜访。

### (四)代指的「それ」

下面的「それ」的用法,指代前文中出现的某个词(比如下面例句中的「平均身長」和「男女差別」),写作上经常可以用到。

✿ 男性の平均身長は女性のそれより高い。

——就平均身高而言,男性超过女性。

✿ 大学における男女差別は、企業におけるそれ以上だ。

——大学里的男女不平等(性别歧视)比企业里更严重。

### (五)「その」的特别用法

「その」有个含有转折意味的特殊用法,以「その(某人)が」的形式,表现这个人物有出人意料的一面。

✿ 田中さんは"経理部のAI"と呼ばれるほど仕事はできるが地味(じみ)で暗く社交性(しゃこうせい)も乏(とぼ)しい。しかし、その田中さんが実はアスリート並みに引(ひ)き締(し)まったスタイルの持ち主(ぬし)であることに気づき……

前文强调田中像个机器,不开朗,没情趣;后来才发现她原来有着运动员一样的体魄。

### (六)「そんな私」是怎样的我

「そんな」包含较浓的感情色彩,多出现于偏消极、否定的语境。

✿ 体力はない。根性(こんじょう)も愛想(あいそ)もない。そんな私にできる仕事などあるのだろうか。

——我一没体力,二没耐性,又不讨喜,有我(这样的人)能干的工作吗?

前面歌词中的「そんな私の手を握り」也是类似的用法,意指妈妈拉着我的手。什么样的我呢? 年少不懂事,听不进妈妈话的我。类似的例子还有很多,也很常用。

✿ そんなものはどうでもいい。

——那点小事儿无足轻重。

❀ そんなことは分かっている。
——那点事儿我还不懂吗？用得着你提醒？啰唆！
❀ 人生なんて、どうせそんなものだ。
——人生就那么回事儿，想开了就好。
❀ そんな大切なことをどうして今まで黙っていたのだ。
——这么重要的事儿你怎么不早说！
❀ そんなくだらない話。
——那么无聊的事儿。
❀ そんな馬鹿げた考え。
——这么愚蠢的想法。
❀ そんなつまらないミス。
——愚蠢的无谓失误。
❀ そんな古い手。
——老掉牙的招数。
❀ そんな馬鹿な！
——不会吧，蠢到家了！
❀ 約束を忘れてしまったのですか。そんな！
——约好的事给忘了？亏你干得出来。

下面的例子，讲的是父亲让儿子帮自己抓痒（同样的例子也适用于患者想告诉医生自己哪里不舒服），能理解最后父亲为什么说「そこ」吗？反复多看几遍，你的语感或许会上到一个新的台阶！

❀ 父：背中がかゆいな、ちょっと背中を掻（か）いてくれないか。
❀ 息子：いいよ、どこ？
❀ 父：ここ。
❀ 息子：ここでいい？
❀ 父：そう、そこ。
——爸爸：背上痒，帮我抓抓背。
——儿子：行！抓哪儿？
——爸爸：这里。
——儿子：是这儿吗？
——爸爸：对，就那儿。

上面的例子中，最后父亲回答「そう、そこ」。用「そこ」是因为父亲意识到：在那之前，已经可以确认痒点离听者（儿子）的距离更近。我们开头讲过，离听者近的时候用「ソ」系。

## 精读1　夏天的商机

　　每到夏天总需要一些清凉的话题。下面的精读材料节选自「日経MJ」的一篇专栏文章，题目是「クールビズ時代のポコ対策」。

　　クールビズ是2005年开始的，自那以后，上班族的男士们夏天才可以名正言顺地不用穿西装上衣，不用打领带，也不用再系衬衣领口最上面那颗扣子了。

　　本篇专栏文章讲的是：夏天，单穿一件衬衣或POLO衫（特别是浅色衬衣）的男士身上，不时可见「あれ」形状甚至颜色外露的现象，有时，这会让他本人感到尴尬，更多的时候，不小心把这个看在眼里的人会感觉不舒服。

　　不舒服、不自在的感觉可以成为潜在的需求，有需求就会有人挖掘其中的商业机会。下面，就让我们看看日本哪些商家，凭敏锐的商业嗅觉，抓住了这个商业机会。

　　✤本格的な夏が近づき「クールビズ」を導入する職場が増えた。と同時に、静かに存在感を増し始めるのが、男性の胸元に現れる、アレ——シャツの下からポッコリ浮き上がる乳首だ。職場の身だしなみとしてはNGだと考える女性が多数という。クールじゃない「ポコ」問題を解決しようと、戦いを挑む男たちが現れた。

　　✤「人に見られたくないな、といったん思い始めたらずっと気になって」。川尻大介さんは「ポコ」に悩まされてきた1人だ。結婚を機に太ったことで、インナーシャツを着てもワイシャツごしに突起が分かる状態になったという。厚手のTシャツを着てみたり、ばんそうこうを貼ったり工夫したが、うまく隠れなかった。地球温暖化も川尻氏にさらなる追い打ちをかける。「既製品のインナーが、どんどん薄くなっていくんです。」

　　✤思いあまった川尻氏は一念発起し、2017年6月にゼロプラス（現・天煌堂、東京・中央）を起業。浮き上がる乳首を隠すインナー「NoPoints（ノーポイ

ンツ)」の開発に着手した。特徴はインナーの内側、肩から胸部分に貼り付けたメッシュ生地。素材の凹凸が突起部分「チクポコ」を隠す。

✤ マクアケ(東京・渋谷)が運営するクラウドファンディング(CF)サイトで製作資金を調達。今治市にある衣料品メーカーと組み、ノーポインツの製作を始めた。CFの目標金額を達成した後もマクアケストアで販売を続け、9 640円(送料込み)と高額にもかかわらずほぼ完売した。

✤ ノーポインツを3枚購入した東京都の専門商社役員、飯田大三郎さんは「これで堂々と上着を脱げる」と胸をなで下ろす。これまでは「ポコ」を気にして真夏でも暑さをガマンして上着で隠していた。「ゴルフの際もポロシャツの下に愛用している」と話す。

✤ 海外在住の会社員、平田裕さんも「下着にしては高いが、機能性下着という認識」だ。川尻さんは反響の高さを受け、7日から再びマクアケでCFを始めた。「分厚い」「値段が高い」という課題を解決すべく、生地を薄くした上で隠せる「バージョン2」を製作した。価格も送料込みで7 500円に下げ、販売数も前回の200着から8倍、黒とベージュの2色あわせて1 600着を用意する。

✤ 仕事着が軽装になり、オフィスでシャツ1枚で過ごす男性が多くなった。と同時に、乳首の「ポコ」が働く男女の間で隠れたホットトピックスになっている。

✤ 都内で働く40代女性は、「女性だけの飲み会で『アレ、最悪だよね』と話題になる」と明かす。女性の勤務先はクールビズ推奨。夏はノージャケットが基本なので、なおさら目に付くようになった。「だけど、本人に指摘したことはない。他人だし言いづらい」。

✤ 別の40代女性会社員は「ポコ」状態の同僚にやんわりと指摘したところ、意図が伝わらなかったどころか「ワイシャツは本来下着。下に何も着ないのが海外では礼儀」だと逆に諭された。「だったら海外マナーにのっとって上着も脱がずにいてほしい……」とぼやく。

✤ 都内在住の塚本泰正さんは「夏場とか満員電車で見ちゃうとちょっと不快ですよね。『うわぁ、出てるなぁ』って」と話し、自身も気をつけようと思うそうだ。

✤ 結婚相手紹介サービスのオーネット(東京・世田谷)が5月に20～34歳の男女3 255人を対象にした調査では、「夏の身だしなみでNGだと思うもの」として「乳首の目立つシャツ」が堂々の1位に。全体では44％だが女性に絞ると58％にのぼった。女性の冷ややかな目線をきっかけに、男性が自覚する側面

もありそうだ。兵庫県の20代男性会社員はそれまでばんそうこうを貼るなどして「ポコ」を隠してきたが、この夏、ドット（東京・渋谷）が販売する「メンズニップル」（5セット1 080円）を知った。「貼ると完全に隠れた。違和感もない」と喜ぶ。

✣ 同商品は13年の発売以来、累計で13万個売れたヒット商品。「Tシャツ着用時や、ゴルフやサーフィンなどスポーツ目的の購入が多い」（ドットの永田翔社長）。かぶれにも配慮し医療現場でも使うテープを使った。小久保工業所（和歌山県海南市）のメンズニップノンは3セット189円。「部活動にいそしむティーンエージャーも購入しているようだ」（同社）。グンゼのTシャツ専用インナー「in. T（インティー）」のヒットも、「ポコ」問題に悩む男性の心をつかみヒットにつながった。これからますます暑くなる。小さいけれど無視できない悩みを解決して、クールな夏を送りませんか？

（1）注意这里为了强调，特意把「あれ」写成片假名。这里的「あれ」是你知我知，但又不方便直接说时的常见说法。

（2）本格的（ほんかくてき）：正式、像模像样的。

（3）胸元（むなもと）：胸口、胸前之意。

（4）乳首（ちくび）：乳头。

（5）ポッコリ：形容比起周围某个部分呈凸起状（或凹陷状）。

（6）存在感（そんざいかん）を増（ま）す：指变得显眼，让人注意到其存在，地位提升。比如说「世界で存在感を増す中国」指中国的国际地位上升，地位开始变得举足轻重。

（7）身（み）だしなみ：着装打扮。

（8）NG：读作「エヌジー」，"和制"英文单词，代表No good，不好、不合适之意。

（9）人に見られたくない：不想被人看到。

（10）結婚を機（き）に太（ふと）ったことで：结婚以后有点胖了，所以……

（11）突起（とっき）：突起。

（12）厚手（あつで）のTシャツ：厚一点的衬衫。反义词是「薄手（うすで）」，注意读音。

（13）～に追い打ちをかける：本意为追击，通常指"本已处于不利情形之下，此时另一不利情况又发生了"，有点"祸不单行"的意味。

(14)思い余る：烦恼，找不到出路。
(15)一念発起（いちねんほっき）：顿悟，痛下决心。
(16)起業（きぎょう）：创业。与「企業（きぎょう）」的读法不同，「企業」是第一个假名重读。
(17)インナー：内衣，还有「肌着（はだぎ）・下着（したぎ）・アンダーウェア」等同义词。
(18)メッシュ生地（きじ）：指本身带有凹凸的网格状布料。
(19)今治（いまばり）：地名，在爱媛县。
(20)〜と組（く）む：与……合作。
(21)高額（こうがく）：价格高昂。
(22)完売（かんばい）：售罄。
(23)胸（むね）をなで下ろす：安心，放下心来。
(24)上着（うわぎ）：上衣、上装。
(25)愛用（あいよう）：指平常爱用的（物品）、爱穿的（衣服）、爱戴的（饰品）等。
(26)〜在住（ざいじゅう）の：指居住、生活在……的（某人）之意，是「〜に住んでいる」的书面语。
(27)分厚い（ぶあつい）：日语里，如果说「あつい」，一定是指"热"，虽说「あつい」也有厚的意思。为了区分，表示"厚"的意思，大部分场合都说「ぶあつい」。
(28)〜（す）べく：是指为了做到……而采取行动之意。比如"为了容纳尽可能多的患者而加班加点抢时间盖医院"，可以说「できるだけ多くの患者を収容すべく、病院の突貫（とっかん）工事が行われている。」
(29)送料（そうりょう）込（こ）み：含运费，包括运费在内之意。
(30)ベージュ：米黄色。
(31)ホットトピックス：热议的话题。
(32)最悪（さいあく）：最要不得，不能再差了。注意这个词在实际当中多发音成「さいやく」，这是因为这样发音更方便、更自然，类似的例子还有很多，比如「洗濯機」口语中读作「せんたっき」等。
(33)目につく：显眼、扎眼。
(34)やんわりと指摘（してき）：指以委婉的方式告知、指出来。
(35)諭（さと）す：点醒、指点迷津。
(36)夏場（なつば）：夏季。日语里还有「秋場（あきば）」・「冬場（ふゆば）」，分别表示秋季、冬季，唯独没有「春場」这个说法。此外，早春说「春先（はるさき）」，初秋说「秋口（あきぐち）」。

(37)違和感(いわかん)：不自然,不协调,不相称,"总感觉哪里有点不对劲儿,有点别扭"之意。这个词的常见用法包括「(～に)違和感を覚える」「違和感がある」「違和感を抱く」「違和感を感じる」等等。

(38)堂々(どうどう)の1位に：用来表达"在某方面独占鳌头",这里的「堂々」指堂堂正正,不卑不亢,言下之意是实至名归。

(39)～をきっかけに：极其常用的表达"以……为契机,自……以来"的"套路"。

(40)ヒット商品：爆款产品,走红、热销的产品。

(41)(13万個)売れた(ヒット商品)：「売れる」是个考验语感的词,有畅销、走红、吃得开之意。本句中的「売れた」勉强可以用「販売(はんばい)した」或「売った」来代替,但语感上不如「売れた」自然。因为这两个词都是他动词,而「売れる」可以认为是这两个词对应的自动词。因为是自动词,所以更能体现畅销的意味——自然而然的,不用费力就销售出去了。此外,「売れる」还有使用其原型的用法,如「高値で売れる」(能卖个高价,卖个好价钱),「よく売れる新製品」(卖的不错的新产品);而「売れている」的用法常见于比如「業界で顔が売れている」(在业内小有名气,知道他的人很多之意),「最近売れている小説家」(最近很受欢迎的作家)这样的例子当中。

(42)部活動にいそしむティーンエージャー：「部活動」指学生课余小组活动,主要是体育活动以及文化类,简称「部活(ぶかつ)」,比如踢球的小组叫「サッカー部」。「ティーンエージャー」是Teen－ager的外来语,更标准一点的说法是「十代(じゅうだい)の少年少女」。「～にいそしむ」跟「～に励(はげ)む」意思相近,指热衷于什么事,热衷、沉迷的程度更深一些的话,可以用「～に没頭(ぼっとう)する」「～に余念(よねん)がない」「～に明け暮れる(毎日)」这类的"套路"来表达。

(43)～問題に悩む：用来表达「因某问题而烦恼」的"套路"。

(44)心をつかむ："抓住……的心,打动……"之意的"套路"。

(45)(ヒット)につながった："结果上造成了……",一种表达间接因果关系的常用"套路",这里的结果通常是正面或中性的事情。

(46)クールな夏を送りませんか：意思上与「クールな夏を送りましょう」相同,"何不……,让我们过一个清凉的夏天"之意。

# 第 8 章
# 挣不脱、逃不过的「は」和「が」

学日语,「は」和「が」的区别是绕不过去的一道坎儿。

反过来讲,当你能够比较自信地区分开「は」和「が」,你的日语水平已经到达了一个新的高度。

掌握了本章里提到的几个区分方法之后,你会发现考试中出现的「は」和「が」的区别,其实并不复杂。真正有难度的,还是你能正确且不假思索地用「は」和「が」表达,无论书面还是口头,而这只能在掌握了基本的方法之后,通过尽可能多的练习来积累,没有捷径可走。

## 一、区分「は」和「が」的出发点

区分「は」和「が」的一个基本原则,是看「は」和「が」前面出现的词(话题、主语等),对听者或读者来说,是已知的(包括说话人推测听者应该知道)还是第一次听说,已知的用「は」,新话题用「が」。

### (一)「は」**的两大功能**

「は」的功能主要有两个,两者是递进的关系,可以表示为"说明"→"说明＋"。

「は」最基础的功能是"说明",即在确认过话题为双方已知的基础上,由说话人一方就这个话题进行说明,发表意见。

「は」的第二个功能是"对比",可以表示为"说明＋"。如「明日は晴れだ」,「私はこう思う」这样的说明用法当中,隐含着的是对比的意味:后天我不清楚,但我知道明天是晴天;别人我不清楚,我自己是这么想的。

### (二)「が」**的两大功能**

「が」的基本功能也有两个,一个是对眼前场景的"描述",另一个是"(无遗漏地全部)列举"。两者都要求「が」的前面是新信息,区别在于"描述"要求「が」后面也是新信息,"列举"则没有这个要求。

"描述"的「が」,含有「その時だけ」「いつもはそうじゃない」的意味,如在「のどが渇いた」这样的例子当中,你可以体会到,虽然平常并不总是这样,但现在呢——口渴了。

「は」的"说明"与「が」的"描述"看似相近其实不然。用视频打个比方,「は」的"说明"是讲座类小视频,受众事先知道讲座的主题是什么;而「が」的"描述"类似抖音类小视频,受众事前无从得知接下来的画面里会发生些什么。

## 二、区分「は」和「が」的两个维度

这里给出区分「は」和「が」的两个常见维度。下面的每个例子,都可以找到与之对应的、上面提到过的「は」和「が」的基本功能。

### (一)新与旧

❀ 企画2年、製作期間5年に及んだ大作「港」は(が)完成し、その試写会を行うことになりました。

——策划了2年、拍摄过程长达5年的大片「港」已经完成,这次准备试映。

上面的例子当中,如果读者关于这部新片已经有所了解则用「は(说明)」,否则用「が(描述)」。

❀ 山根さんは(が)校長です。

这个例子当中,已知山根这个人,介绍他的职务用「は(说明)」,即山根是已知的旧信息,他的校长职务是新信息;而如果用「が(列举)」,则表示校长是旧信息(之前有人提起,问谁是校长),而山根是新信息,即在场的人物当中,不是别人,山根才是校长。

### (二)长与短

「は」可以一直作用到句末(注意是可以,不是必然),而「が」通常只在从句的范围内起作用,或与紧接其后的动词、表述发生关系。

❀ 父が晩酌(ばんしゃく)をするとき、つきあう。

——爸爸晚上小酌时,通常我会陪着。

这里描述的「が」只作用到「とき」,「とき」后面的动作主体便不再是老爸,而是说话人。

❀ 彼の本は面白いから、きっと売れるよ。

——他写的书很有意思,肯定会畅销。

这里说明的「は」一直作用到句子末尾。

## 三、文学作品中的「は」和「が」

以下例句摘自东野圭吾的短篇小说,作为一个练习,请用上述的方法,区分

文学作品中的「は」和「が」。

❋ 俺がアルバイトを始めたきっかけは、片岡だった。片岡は、俺と一緒に今の会社に入った同期生だ。ただし、職場は違っていて、俺は資材部、奴は経理部である。（摘自『寝ていた女』）

——我开始打零工,起因是片冈。片冈是我在公司的同事,跟我同一年进的公司,只是所在部门不同,我在材料部,他在财务部。

❋ 僕が座っているのは、壁際に置かれたお粗末のソファだった。そして小さなテーブルをはさんで彼が座っている。（摘自『灯台にて』）

——我坐的是放在墙角处的一张简陋的沙发。隔着一张小桌子,他坐在我对面。

❋ 智美は写真に目を近づけた。写っている顔はそれほど小さくない。男女の上半身が並んでいるのだ。バックに見えるのは金沢城か。（摘自『結婚報告』）

——志美把眼睛凑近照片仔细端详。照片上人的面孔并没有小得看不清楚,那是一男一女的半身照。两个人身后的背景像是金泽城。

❋ 近所の主婦から奇妙な話を聞いたのは、事件から十日が過ぎた日のことだった。その主婦は我が家の裏に住んでいる。彼女によると、あの朝尚美が灯油タンクを裏口から運び入れているのを見たというのだ。（摘自『甘いはずなのに』）

——就在案发十天之后,我从街坊的家庭主妇那里听说一件怪事。那位主妇住在我家的后身,据她讲,那天早上,她看到尚美从后门往家里搬灯油桶。

# 精读2　日本的写字楼,哪儿的租金最贵？

下面的精读材料,节选自「日経」「価格は語る」栏目的一篇文章,题为「日本一のオフィス街は渋谷、賃料で千代田区を抜く」。

文章在标题中就直截了当地写道:日本平均租金最贵的CBD,不是皇城根儿的千代田区,而是素来被认为是"年轻人扎堆"的地方——涩谷区！

进入正题之前,提醒一点:栏目名「価格は語る」是个非常值得细心体会的地方。如果是你,这个栏目名该如何翻译才恰当？它为什么是「価格は語る」,而不是「価格を語る」,也不是「価格が語る」呢？

「語（かた）る」通常用来表示有条理地讲述一个故事或一个成熟的想法,换

言之,它所涉及的对象必须是个"有故事,有深度,需要仔细听、细细品味"的东西。故而,听到「人生(じんせい)を語る」这种说法你会觉得很自然。

在这里,「価格は語る」可以认为是「価格は、実にいろんな面白いことを語ってくれる、教えてくれる」的略语,翻译成"价格会说话"较为贴切。

✱ 日本一のオフィス街は千代田区ではなく「渋谷」。違和感を覚えるかもしれないが、賃料でみると、今夏以降、大企業が本社を連ねる「丸の内」を擁する東京都千代田区よりも、渋谷区の方が高くなっている。都心部で大規模な再開発ラッシュが続く中、渋谷が抜き出たのはIT(情報技術)を基盤とする「テック企業」の隆盛にほかならない。都心の賃料相場はIT企業の動向で決まる様相だ。地形と若者が集まるという特性も渋谷が躍り出る一因となっている。

✱「渋谷ヒカリエで空くフロアを、坪(3.3平方メートル)5万円で募集するようだ」。ある仲介会社の営業担当者がささやく。再開発が進む渋谷駅前に立地する同ビルは、ディー・エヌ・エーが本社を構え、LINEもかつて入居していた、エリアを代表する物件の一つだ。坪5万円とは、どの程度の水準なのか。仲介大手の三鬼商事(東京・中央)によると、9月の渋谷区の平均賃料は2万4607円(3.3平方メートルあたり、共益費は除く)で、2倍以上となる強気の賃料設定だ。それでもすぐ後継テナントが決まってしまう状況だという。

✱ 現在、港区の「六本木ヒルズ森タワー」を本拠地とするグーグル日本法人も2018年開業の「渋谷ストリーム」に丸ごと入る予定だ。年内完成見込みの渋谷パルコ再開発ビルはデジタルガレージなどが入り、満室で稼働しそうだという。旺盛な需要は賃料が上がるペースにも表れている。9月の千代田区の平均賃料は2万3954円で前年同月に比べ6%(1363円)高くなっているが、渋谷区はこの1年間で12%(2668円)上昇と急ピッチだ。賃料水準も千代田区を3%(653円)上回る。

(1)違和感:参见精读1的解说。

(2)日本一(にっぽんいち)の:指"日本国内第一位的……",类似意思的说法还有「日本トップの〜、日本随一(ずいいち)の、日本屈指(くっし)の、(日本)国内ナンバーワンの」等等。

(3)オフィス街(がい):指写字楼集中的地区,即CBD,也称「オフィスエリア」,但日语里极少用「CBD」这个词。

(4)表达"不是……而是……"这个意思的书面语是「……ではなく、……(である)」,口语表达形式是「〜じゃなくて、〜」。

(5) 今夏(こんか)："今年夏天",「今夏以降(いこう)」指"今年夏天以来"。

(6) 大企業(だいきぎょう)が本社を連(つら)ねる：指"大公司总部鳞次栉比,一个挨着一个"之意,与之意思相近的还有"一家挨着一家,连成一片"之意的「軒(のき)を連ねる」。此外,「連ねる」还有「(～に)名(な)を連ねる」这个用法,指"成为其中的一员",通俗地讲,就是"某人在某领域,是个有来头、排得上、数得着的响当当的人物"之意,如「理事に名を連ねる」,指的是某人是理事会成员。

(7) ～を擁(よう)する：在日语文章中表示"拥有、有着……的……"之意（如"拥百万大军的曹操"这样的语境）,类似说法当中,常用的除了「～を擁する」,还有「～を有(ゆう)する、～を抱える」。

(8) ～ラッシュが続(つづ)く中(なか)：通常可译为"在……的浪潮中"。而所谓「都心部(としんぶ)」通常是指东京都的中心区,即千代田区、中央区、港区、新宿区以及涩谷区这5个区。

(9) ～が抜(ぬ)き出(で)たのは、～にほかならない：这是一个标准的可以拿来就用的句型,指"之所以(涩谷区能崭露头角),究其原因,无外乎是……"。

(10) ～相場(そうば)は、～で決まる：指"……(此处为写字楼租金)的行情、价格取决于……"。

(11) ～も～一因(いちいん)となっている：指"……也是……的原因之一"。

(12) 坪(つぼ)5万円：1坪约合3.3平方米,每月「坪5万円」的租金,按国内常见的租金报价方式折合成人民币,大约是30元每平方米每天,也就是说租一间100平方米的办公室,每月租金近10万元,这还没把「共益費(きょうえきひ)」,也就是物业费算进去。

(13) 募集(ぼしゅう)：日语里的募集一词用途非常广泛,比如：招生可以说「生徒を募集する」,招租可以说「テナントを募集する」,而在IPO的时候,「株式募集」特指发行新股的募集（上市时与新股一同发售的老股称为「売(う)り出(だ)し」）。

(14) 立地(りっち)：常以「～に立地する～」的形式,表示"所在地位于……"。该词还可以作为名词使用,比如「立地条件がいい」指"地段好"。我们常说"决定房地产价值的因素,第一是地段,第二是地段,第三还是地段",这句话在日语里可以说成「不動産に重要な事柄(ことがら)を3つあげると、1に立地、2に立地、3に立地だ」。

(15) ～とは、どの程度の水準(すいじゅん)なのか：……这个数字到底是怎样一个水平,到底有多高？这个数字应该如何理解？

(16) 強気(つよき)の賃料設定(ちんりょう・せってい)：这里指把租金定的很高。说某人在某事上「強気」,指的是"看法、做法比较激进,信心爆棚,相信自

己的看法、做法一定行得通",多用来指人在做预测、设定价格、或谈判时的态度。

（17）〜てしまう：有两种意思，一个是表示动作完成，这时的「てしまう」与「ている」表示的完成不同，「ている」强调完成后的状态的持续，而「てしまう」强调"完成"本身，就像在本例当中，租金很贵，但一有空楼面，马上就会被下家（租客称「テナント」）租"掉"。「てしまう」的另一个意思是，做出了某事，因不可挽回而心生悔意。

（18）涩谷区之所以能够超越千代田区，一个很重要的原因在于它吸引了包括谷歌在内的众多互联网公司。该区2019年9月的写字楼平均租金折合人民币约16元每平方米每天，大体与上海目前最高端的写字楼租金水平相当。

（19）年内完成見込みの〜：预计年内完工的（某建筑、某工程）。

（20）〜にも表（あら）れている："也表现在……上，从……上也能看出"之意。此处指需求之旺盛还表现在租金上涨速度上。形容上涨等变化速度、事情的进度非常快时，「急（きゅう）ピッチ」是个常见"套路"。

（21）〜を上回（うわまわ）る：日语里讲"超越了……，高于……多少"之意的常用"套路"。这里"涩谷区的租金比千代田区高3％"是个既成事实，本应用「上回った」，但文中以「上回る」这种形式结句，原因在于新闻报道的用词追求简练、动感，这是新闻的写法与普通文章不同的地方，不必刻意模仿。

# 第 **9** 章
## 多义常用词——「気」のつく言葉・熟語

2019 年,泰格伍兹(タイガーウッズ)在奥古斯塔球场上演了令人难忘的王者归来。

✺ 病気や狂気を経て、やっと彼の眼には、覇気が戻ってきた!

上面这句话,是笔者为那场比赛的一幅图片配的日语解说,一句话用了三个"気"字。

日语里的「気」字,比其在汉语里的应用要广泛得多。一来,这个字本身跟气体、气味、天气有关,这些都是日本人在日常寒暄当中涉及较多的话题;此外,「気」字的可扩展性很强,能够比较容易地与其他字结合在一起,派生出很多用来表达人的精神、气质及心理活动的抽象词汇。

笔者在本书中会反复强调,提高日语水平的捷径是——把时间尽可能花在学习常见词,连同其用法(与其搭配的词、语境)上面。带「気」的单词和熟语,就是这样一类常见词。

### 一、带「気」的词

#### (一)跟气体、呼吸、气味有关

✺ 換気(かんき)・気化(きか)、気体(きたい)・気球(ききゅう)・大気(たいき)・水蒸気(すいじょうき)・気圧(きあつ)・気管(きかん)・湿気(しっけ)・気絶(きぜつ)

#### (二)跟节气、气象、自然现象有关

✺ 天気(てんき)・気候(きこう)・気象(きしょう)・磁気(じき)・電気(でんき)

#### (三)跟状态、趋势有关

✺ 気運(きうん)・景気(けいき)・雰囲気(ふんいき)・人気(にんき)・熱気(ねっき)・気配(けはい)・病気(びょうき)

### (四)跟人的精神头儿、心理活动、脾气秉性有关

❈ 元気(げんき)・活気(かっき)・気力(きりょく)・気分(きぶん)・気持ち・やる気・気合(きあい)・気迫(きはく)・勇気(ゆうき)・陽気(ようき)・士気(しき)・気軽(きがる)・気楽(きらく)・気遣い(きづかい)・短気(たんき)・生意気(なまいき)・狂気(きょうき)・根気(こんき)・正気(しょうき)・堅気(かたぎ)・殺気(さっき)・悪気(わるぎ)

## 二、带「気」字的词组

❈ 気が合う：彼とは不思議に気が合う(＝馬が合う)。
——投缘、投机、合得来。

❈ 気がある：本当に勉強する気あるのか。彼は彼女に気があるらしい。
——有某种想法、中意。

❈ 気が置けない：気が置けない間柄。
——能说心里话、不用设防。

❈ 気が重い：今だにショックであの時のことは思い出そうとすると気が重い。
——心情沉重。

❈ 気が利く：若いのによく気が利く。
——懂事儿、会来事儿、情商高。

❈ 気が気でない：不合格だったらどうしようかと気が気でない。
——心绪烦乱、坐立不安。

❈ 気が済む：あんたは何回、同じことを言われたら気が済むの）
——尽兴、肯作罢。

❈ 気が散る：テレビがうるさくて気が散る。
——注意力被分散,无法专注。

❈ 気を取られる：話に気をとられて、あやうく乗り越すところだった。
——注意力被吸引到别的事情上。

❈ 気がする：やばい気がするね。
——觉得,感觉。

❈ 気がつく＝気づく：間違いに気が付いた。
——注意到,发觉。

❈ 気になる：まわりの人の目がいつも気になってしまう人は、「視線恐怖症」かもしれません。テレビで好きな映画が始まったので、気になって勉強に

集中できない。
　——总觉得是个事儿，在意。
❇ 気に掛かる：明日は先日受診した健康診断の結果が送られてくるので、気に掛かって仕方がない。
　——放在心上，放心不下。
❇ 気を配る＝気を遣う：受験勉強をしている兄の邪魔にならないように、気を遣ってテレビの音を小さくして見ている。
　——在意别人的感受，留意周围的情况。
❇ 気を付ける：失礼のないように気をつけろよ。
　——注意、当心。
❇ 気が向く：彼は旅行が好きなので、気が向くと雨だろうと風だろうと出かけていくのです。
　——兴趣来了，兴头上来了。
❇ 気が変わる：外出の予定だったが、気が変わって取りやめた。
　——想法变了，主意变了。
❇ 気に入る：駅前に新しくできた喫茶店は、コーヒーがおいしいし、インテリアも素敵で、とても気に入っている。
　——喜欢、中意。
❇ 気に食わない＝気にいらない：私が介入したことがよほど気に食わなかったのか、彼女は明らかに機嫌を損ねた顔になっている。
　——不满意、看不上、不称心。
❇ 気が遠くなるような：徒歩で世界一周なんて、気が遠くなるような話だ。
　——无法想象，简直能让人背过气去。
❇ 気を失う＝気絶する。
　——失去意识，晕过去。

# 精读 3　クラフトビールの世界へようこそ！

　这是「日経」的一则关于「クラフトビール」的深度报道，题目是「地ビールの名を捨てたクラフトビールの伝道師」。

篇首的一段,概括地讲述了「クラフトビール」在日本近25年来的兴衰史——从流行到衰落,再到眼下出现的复苏。「クラフトビール」也叫「地(じ)ビール」,指的是大型品牌啤酒厂商如麒麟、朝日、三得利以外的小酒厂甚至是某家店酿造的个性化、地方性啤酒。「クラフト」(craft)在英语里有技术、工艺、匠人打造之意,故名。

✣ 規制緩和で地ビールが誕生して四半世紀。雨後のたけのこのごとく全国にメーカーが乱立したのもつかの間、ブームは数年で泡と消えた。そして今、幾多の危機を乗り越えたメーカーが、品質とマーケティングを磨き上げ「クラフトビール」の名の下に、停滞するビール市場で気を吐いている。米国ではすでに原料や製法にこだわった草の根のクラフトビールが、メガブランドのシェアを食う存在に育つディスラプション(創造的破壊)が起きている。日本でも動き出した「クラフトビール革命」の立役者を追う。

✣ 香港随一の繁華街、コーズウェイベイにあるビアレストラン「コエドタップルーム香港」。6月中旬、コエドビールの朝霧重治は店で出されるクラフトビールの味を確かめていた。義理の父、幸嘉が始めた地ビール事業を継いで切り盛りする重治こそが、クラフトビールの呼び名を日本で広めた伝道師だ。昔ながらの街並みを残していることから「小江戸」とも呼ばれる埼玉県川越市で、1996年に地ビールメーカーとして産声を上げたコエドビール。今や世界20カ国・地域で売られている。香港での売り上げも順調だ。重治はほぼ毎月、海外での商談をこなしている。埼玉の小さな醸造所が、まさにクラフトビール革命の現場となっている。これまでは大量生産するメガブランドが販売と広告の物量作戦で大きなシェアを取ってきた。こういった20世紀モデルを変えたのがネットやスマホの普及。規制緩和を引き金にした1990年代後半の地ビールブームと違う点は、まさにここだ。小さなブランドが消費者の目に触れる機会が大幅に増えた。多様な選択肢の中から個性の強いクラフトビールを選ぶ消費者は確実に増えている。米国ではすでに販売数量ベースで1割、金額ベースの実に2割をクラフトビールが占める。すでにメガブランド「バドワイザー」を持つ世界最大手アンハイザー・ブッシュ・インベブ(ベルギー)の業績を脅かす存在に育っている。この流れに乗って日本発のクラフトビールも、世界からの熱い視線を集め始めているという。

✣ ただコエドビールがここまで育つ道のりは、平たんではなかった。川越出身の重治と地ビールを結びつけたのは、妻の志保だ。重治は一橋大学商学部を卒業して97年に三菱重工業に入社。広島製作所(広島市)で製鉄機械の

輸出を担当していた。98年7月、夏休みに帰省していた重治に、幼なじみで、遠距離恋愛中だった志保が連絡してきた。「お父さんとおすしでも食べない?」そこでひとりで待っていたのが幸嘉だった。幸嘉は当時、有機野菜を産地直送する会社を経営していた。その地ビール部門として96年に「コエドブルワリー」を開いたばかりだった。「見た目が悪いというだけで捨てられているサツマイモを何とかしたい」。川越は江戸時代から続くサツマイモの産地。強い地元愛が、幸嘉を地ビールへと突き動かした。ビール原料といえば麦とホップが定番だが、幸嘉が最初に売り出したのは全国でも珍しいサツマイモを原料に使った地ビールだった。幸嘉はすでに重治を後継者に、と考えていた。すし屋で重治は猛アタックを受ける。「三菱重工を辞めて、うちの会社に来ないか」有機野菜の産直や地ビールを通じ、地元の農業を元気にしたい——。こんな幸嘉の思いが重治の心をとらえた。「ビールは農作物なんだ」。気付けば重治にも地元愛がわき上がっていた。安定した大企業サラリーマンの道を捨て、3カ月後には幸嘉の会社に入社、2002年には志保と結婚。志保の「朝霧の姓を残したい」という願いを聞き、重治は姓を「小野」から朝霧へと変えた。「サザエさんの実家で暮らすマスオさんに近いかな」。

　✽ ただその頃にはもう、地ビールブームはピークアウトしていた。ブームのきっかけは1994年の規制緩和だった。ビールの最低製造量が年2000キロリットルから60キロリットルに引き下げられた。日本ではアサヒ、キリン、サッポロ、サントリーの大手4社の寡占が長く続いてきたが、一気に全国各地で地ビールメーカーが乱立。ピーク時の2000年前後、醸造所は300軒に上った。物珍しさはすぐにうせ、長くは続かなかった。ビール醸造に精通した職人が少なかったため品質管理が甘かった。みやげ物と位置づけ、値段を高く設定するメーカーも多かった。ビアライターの富江弘幸は「おいしくなくて高いというマイナスイメージが付いてしまった」と指摘する。醸造所は10年頃には約200軒にまで減った。ブームの終わりとともに、コエドビールも迷走していた。ビール自体は本格派を目指していた。ドイツの国家資格「ブラウマイスター」を持つビール職人のクリスチャン・ミッターバウアーを醸造責任者に据え、5年間みっちり日本人スタッフにドイツ流のビール造りを教え込んでもらった。ただそうやってつくった本格的なドイツビールは、当時の大手メーカーのキレのいいビールに慣れた日本人にはなじみがない。しかも原料が高く少量生産のため、おのずと値段も高くなり、なかなか見向きされない。そこで売り上げを増やすために観光みやげ用のビールや、低価格の発泡酒をつくるな

どの試行錯誤を繰り返し、ブランド戦略と商品展開がちぐはぐになる悪循環を生んでいた。ある日、幸嘉が首をうなだれて会社に帰ってきた。タクシーの運転手に自分の素性を告げずにサツマイモを使ったコエドビールの感想を聞いたのだという。返ってきた答えは「あんなイモビール、飲めたもんじゃないよ」。看板商品だっただけにショックは大きかった。長引く不景気で幸嘉の本業も厳しくなる中、地ビールは完全にお荷物の赤字事業となっていた。

✻ 合理的に考えれば一刻も早く撤退すべきだったが、重治には確信があった。「無個性な商品が多かった日本のビールのなかで、味わいの良さが際立っていた」。何かやりようがあると思っていた。そこですべての責任を副社長の重治がひとりで背負う体制に改め、背水の陣を敷いて再建に着手した。そして知人を介してブランド戦略コンサルタントの西沢明洋と出会う。西沢は京都工芸繊維大学の大学院を修了、東芝でデザイナーとして働いた後に独立してコンサルを始めた。ほぼ同世代、重厚長大企業からの転身組という共通点もあってか、重治とはすぐさま意気投合。1年半かけブランド戦略を練り直した。その中で重治は大きな決断をする。「川越という地域性、地ビールという呼び名を捨て去ろう」。大手メーカーの画一的な味ではなく、イメージが地に落ちた地ビールでもない「職人による手づくりのビール」としてブランドを確立すれば、新たな市場を生み出せる。こんな読みがあった。この頃、重治は米国で大きなブームとなっていたクラフトビールの存在を知る。日本国内でクラフトビールの呼び名は浸透していなかったが、職人による小規模生産のクラフトビールこそが「コエドビールを体現する呼び名だった」。地ビールの看板を下ろし、クラフトビールの名を前面に打ち出した。ブランドロゴも変えた。川越を思い起こさせる「小江戸ビール」だったのを「COEDO」にした。重治はコエドという名前そのものを変えてもいいと思っていたが、関西出身の西沢がとめた。「コエドって響きはかっこええし、発音を聞いても小江戸って文字は思い浮かばへんしね」。アルファベット表記にしたのは、すでに海外市場を視野に入れていたからだったという。それまでの約10種類のビールの販売を全て終了。5種類に絞り込んだ。赤みがかった琥珀（こはく）色が特徴のサツマイモのビールは「紅赤」、深い黄褐色のインディア・ペール・ラガーは「伽羅（きゃら）」とビールに縁遠い女性や外国人にも受けそうな名前に刷新。それぞれのラベルには日本の伝統色を使い、たとえばピルスナーの「瑠璃（るり）」は深い青色をあしらった。西沢は五感に訴えるビンや缶のデザインを目指した。そして2006年10月13日、新生「コエドビール」として再出発した。重治

はスーツケースにビールを詰め込み、単身で米国のクラフトビール展示会を渡り歩いた。海外の品評会で賞を取るなど実績を重ね、少しずつ海外の販路が広がっていった。折しも日本では本格志向の味わいを求めるプレミアムビールの裾野が広がり始めていた。コエドはうまくその波に乗り、売り上げは右肩上がりで伸びた。身を捨てた起死回生のブランド戦略が、功を奏した。コエドがいわば露払いの役割を果たす形で、日本でもクラフトビールの市場が本格的に立ち上がった。醸造所数は増加に転じ、2000年前後のピーク時を超え、約400軒に達した。クラフトビールの認知が高まる中、重治が今取り組んでいるのは、一度は捨てたはずの地元への回帰。ねらいはブームの定着だ。2016年に埼玉県東松山市にあった電機メーカーの研修施設を買い取り、工場を移した。義理の息子の奮闘を側面支援し続けた幸嘉は、新工場が開く直前、病に倒れ死去した。雑木林に囲まれた自然豊かな新工場には「義父が目指した、ビールを通して農業を活性化するという理念も込めている」。昨年からは地域の住民やファンを招き、工場見学をしながらビールの魅力について学んでもらう「ビール学校」を定期的に開いている。地元の百貨店や料理店と組んだ限定ビールにも力を入れる。地域に根ざしながらビールの素晴らしさを伝えていきたいという。クラフトビールが日本でもようやく広がってきたとはいえ、いまだシェアは1％程度に過ぎない。一過性のブームに終わり、かつての地ビールの二の舞いを演じるのか、こうした地道な取り組みを通じて「革命」が広がり、日本でも新たなビールのジャンルとして根付くのか。勝負はこれからだ。

（1）規制緩和（きせいかんわ）：放松监管，是多年来日本为了搞活经济而采取的主要政策措施之一。

（2）四半世紀（しはんせいき）：日语里的季度说成「四半期」（しはんき），比如第3季度是「第三四半期」，「四半世紀」（しはんせいき）指的是一个世纪的四分之一，即25年。日本的「クラフトビール」是以1994年修订酒税法、放松管制为契机产生的。

（3）雨後の筍（うごのたけのこ）のごとく：雨后春笋般地……这里的「のごとく」=「のように」。

（4）～（した）のも束（つか）の間（ま）：「束の間」形容持续时间短暂，昙花一现。「～のも束の間」用来表示"(辉煌过,可惜)好景不长"之意。

(5)幾多(いくた)の危機を乗り越えた：屡经磨难的。

(6)マーケティングを磨き上げる：「マーケティング」指的是促销、品宣等市场活动。

(7)～の名の下(もと)に：在"……的名号、旗帜之下"。

(8)気を吐(は)く：指的是扬眉吐气、意气风发。

(9)～にこだわった：对……精益求精、执着追求之意，通常可以跟匠人精神、匠心联系在一起。

(10)立役者(たてやくしゃ)を追う：「立役者」是对促成、成就某事起到决定性作用的人，关键人物、功勋人物之意。这里的「追う」是新闻里对某人某事件进行深度报道时的常用说法。

(11)～随一(ずいいち)の：在……这个范围内顶级的、数一数二的。与此类似的说法还有「～屈指(くっし)の」「～きっての」。

(12)義理(ぎり)の父：指岳父。注意一点，介绍岳父名字的时候，文章省去了姓氏，这实际上是告诉读者，岳父跟重治一样，也姓朝雾。换言之，重治是位改成女方姓氏的上门女婿。

(13)～事業を継(つ)いで：接手、接班。

(14)切(き)り盛(も)りする：打理、操办、管理、运营之意。

(15)昔ながらの：指保留了浓厚的历史痕迹的，让人一看就能联想到过往的。

(16)(～として)産声(うぶごえ)を上げた：是呱呱坠地、降生、出生之意，通常用来指新事物的诞生。

(17)今(いま)や～：强调今非昔比的常见"套路"。一看到这个词，你就可以联想到它后面的语境一定是(原来的小众、默默无闻的人或物或事)现在已经相当普及、广为人知。

(18)～の道(みち)のりは平(へい)たんではなかった：形容某事物，某企业的发展道路不平坦，发展历程并非一帆风顺，而是经历过很多曲折，这是一个现成的"套路"。

(19)～を担当(たんとう)する・していた：指在公司里负责或做哪方面的工作、业务。这是一个典型的初学者一看就懂，但该用的时候却不会用的例子。在介绍某人的履历时，最常见的"套路"是「～に入社、～を担当」，表示哪年进了哪家公司、做什么工作。如果以中文词去硬套，就会出现"加盟、入职、担任"等从日语角度看奇怪无比的表述，因为「加盟」在日语里是某国加入某条约、某国际组织的意思，如「WTO加盟」；「入職」一词日语里也有，但不常用；而"担任"一词通

常指学校里的班主任老师。

(20)幼なじみで、遠距離恋愛中：「幼馴染（おさななじみ）」指从小一起长大的"发小儿"，在此处就是"青梅竹马"之意。「遠距離恋愛」顾名思义，指的是异地恋。

(21)見た目が悪いというだけで：只是因为不中看（就被丢弃掉）。「見た目が悪い」指东西难看，看起来不舒服，不能用来形容人。「というだけで」指仅仅因为（某一个并不真正重要的理由）。

(22)～と言えば、～が定番（ていばん）だが：说起……（啤酒的原料），人们就会想起（麦芽和啤酒花），因为这是「定番」——多指某方面最有代表性、最常见的产品。

(23)全国（ぜんこく）でも珍（めずら）しい：形容"这在……（范围）内都很少见"用「～でも珍しい」这个"套路"很方便，如「中国でも珍しい・世界でも珍しい」等等。

(24)猛（もう）アタックを受ける：岳父强烈希望重治过来和自己一起经营。这里指重治受到岳父的强烈、恳切的感召、说服。

(25)産直：指从产地直接送达消费者，「産地直送（さんちちょくそう）」的省略说法。

(26)ピークアウト：见顶，过了最高点之意。

(27)寡占（かせん）：寡头垄断。

(28)物珍（ものめずら）しさは失（う）せ：指新鲜劲过去了，「物珍しさ」是形容词「物珍しい」的名词形，指新鲜劲、新奇感。

(29)～に精通（せいつう）した：表示"精通某项技能"的现成"套路"，注意精通前面用「に」。

(30)品質管理（ひんしつかんり）が甘（あま）かった：这里的「～が甘い」表示工作松懈、不严格、不到位。

(31)～を～と位置付（いちづ）ける：把……定位成……之意的常见"套路"。这里是把「クラフトビール」定位成「土産物（みやげもの）」即礼品。

(32)～に引き下げられた：有意识地"调高、调低"什么，在日语里最普通的说法是「引き上げる・引き下げる」，比如央行加息或降息说「利上げ・利下げ」，这是「政策金利引き上げ・引き下げ」的简略说法。

(33)5年間みっちり：「みっちり」是"实打实、扎扎实实地、不偷工减料"之意。

(34)～を教え込む：是"教到会为止、灌输"之意。

(35)〜にはなじみがない：是"对……而言，陌生、不习惯、不熟悉"之意。

(36)なかなか見向き(みむき)されない：指"不受待见、不被当回事儿"，常用「見向きもされない」这样的说法。

(37)〜などの試行錯誤(しこうさくご)を繰り返す：指"反复摸索、反复试错"。

(38)AとBがちぐはぐになる：指两样东西之间不搭配、不匹配、有矛盾。

(39)首を項垂(うなだ)れる：指"垂头丧气"。

(40)素性(すじょう)を告(つ)げずに：指不表明自己的身份、来历。

(41)飲めたもんじゃない：「〜たもんじゃない」是「た」+「もの」+「ではない」的口语形式，「（あんなビールは）〜飲むべきものではない、飲めるものではない」之意，用来表示"那叫什么玩意儿"这类的不屑、鄙视。类似的用法还有很多，比如「たまったもんじゃない」=「たまらない」，"真受不了"之意。

(42)一刻(いっこく)も早く：尽早，尽快。它有很多同义词，比如「できるだけ早く」「なるべく早く」「一刻を争う」「可及的(かきゅうてき)速(す)やかに」「早急(そうきゅう)に」等等。

(43)何かやりようがある：指"总会有办法的"。

(44)背水(はいすい)の陣(じん)を敷(し)く：背水一战。

(45)〜もあってか：通常用「〜こともあり」、「〜もあって」这些"套路"表示附加的原因，这里在「〜もあって」后面接表示不确定的「か」，表示"也许是因为有了（这个共同点）"。

(46)意気投合(いきとうごう)：情投意合，形容合得来。

(47)画一的(かくいつてき)：全都一个样的，没有个性的。

(48)（イメージ）が地に落ちた：形象扫地。

(49)〜の看板(かんばん)を下(お)ろす：不再号称……，不再挂……这块招牌。

(50)五感(ごかん)に訴(うった)える：「〜に訴える」指"诉诸于……"，这里是"诉诸于消费者的五官、直观感受，以求更高的接受度、认识度"。

(51)単身で〜を渡(わた)り歩(ある)く：单枪匹马四处云游，此处为"到处参展、游走于各大展会"之意。

(52)品評会(ひんぴょうかい)：产品鉴定会、品鉴会、评酒会。

(53)折(おり)しも：偏巧。

(54)裾野(すその)が広がり始める：「裾野」指周边，此处指产业领域拓宽、市场空间扩大。「すそ野が広い」也是常见的"套路"，比如「すそ野の広い自動車

産業」指汽车行业产业链长，其所涉及的相关产业面很广之意。

(55)起死回生(きしかいせい)

(56)功(こう)を奏(そう)する：奏效之意，也说成「奏功(そうこう)する」。

(57)露払い(つゆばらい)の役割：前锋、先驱的作用之意。类似意思的词还有「先駆け(さきがけ)」「先駆(せんく)」「火付(ひつ)け役」「先兵(せんぺい)」「急先鋒(きゅうせんぽう)」等。

(58)～とはいえ：虽说……

(59)～に過(す)ぎない：只不过就是……这个水平，这个程度。

(60)一過性(いっかせい)の～：一次性的、非重复性的……注意这里的一次性指的是事件，如果是只能一次性使用的消费品，说「使(つか)い捨(す)ての」。

(61)二(に)の舞(まい)を演(えん)じる：重蹈覆辙。

(62)地道(じみち)な取り組み：指踏踏实实、一步一个脚印儿地工作。

# 第 10 章
# 多义常用词——「いい」

在时间有限的情况下学日语，一定要更多地关注常用词的用法，特别是像「いい」这样的常用多义词。

完全不必把时间花在记忆生僻词上面。生僻词通常只有两个用处：(1)看日本的知识抢答类综艺节目时偶尔用一下；(2)看日语小说时可以少查几次词典。

日语的形容词当中，「いい」是最常用，也是含义最多样、最丰富的一个。这里，笔者对「いい」在实际生活中的常见用法做了梳理。希望大家对「いい」的认识和使用能够上一个台阶！

## 一、「いい」一族

「いい」有两个"孪生兄弟"：书面语一些的「よい」和多用于敬语的「よろしい」。

「いい」的一个有趣的地方是，其否定形式是「よくない」，千万不要说「いくない」，因为日语里没有那种说法。

一些口语中常用的感叹词，大部分是从「よい」衍生出来的，如表示"太好了"之意的「よし」「よっしゃ」。

「よろしい」更是常用词中的常用词：从「よろしい」衍生出来的「よろしく」（在日本里不说这个简直没法跟人交往）。「～してもよろしいでしょうか」这种形式，则是最常见的请求对方允许的说法。

## 二、「いい」的基本含义

在学习常用多义词时把握其基本含义，比记住其在不同场景下的各种不同含义更为重要和有效。

「いい」的基本含义在于："从说话人自身的标准来看，作为一个……，现在谈论的这个是好的，是我能够接受的"。

❋ いい人：指人善良、与人为善。
❋ いい女：指女性有魅力，或出身好，「いいところのお嬢(じょう)さん」指大户人家的小姐。
❋ いい腕時計：指手表质量好，或是品牌。

### 三、「～がいい」型用法

常见的「～がいい」形式的用法有：
❋ 腕(うで)がいい＝腕が立つ。
——指手艺好、技术水平高。
❋ 仲(なか)がいい。
——指个人关系好。
❋ 相性(あいしょう)がいい＝馬(うま)が合(あ)う。
——两个人或物之间合得来，相配。
❋ センスがいい。
——指人在穿衣打扮、言行举止等方面有品位，讲究，懂得该如何去做。
❋ スタイルがいい。
——指身材好。
❋ 運(うん)がいい。
——指运气好。
❋ 頭(あたま)がいい。
——指人聪明。
❋ 天気がいい。
——天气好。
❋ 気持ち(が)いい。
——舒服。
❋ ～住心地(すみごこち)、着心地(きごこち)がいい
——指住起来、穿起来舒服。
❋ かっこいい。
——帅气，颜值高，或动作举止、做事风格给人的印象好。注意：不要说「かっこがいい」。
❋ ～(た)ほうがいい。
——还是应该……，类似的还有「～ば(と、たら)いい」。

## 四、「～にいい」型用法

"对……好、对……有益处"之意,典型的例子是「体にいい」,即"对身体好"。

## 五、「～よく」型用法

「根気(こんき)よく」作为副词,形容"耐心地、坚持不懈地"做某事,意思与「辛抱(しんぼう)強(づよ)く、根気強く」相同。

「勢(いきお)いよく」作为副词,形容"冲劲十足,势头很猛"做某事。

「都合(つごう)よく」,指"赶巧,刚好在这当口"。

## 六、「～て(も)いい」

「もう帰っていいよ」(你可以走了,可以回去了)这样的用法,表示允许之意。

## 七、否定意义的「いい」

❈ このお酒はいい。

上面这句话有两种可能的含义:(1)这酒不错;(2)(我已经喝好了,或这酒不咋地,所以)这个酒我不要了。

表示不要这种意思的「いい」,可以这样理解:说话人表示自己现在的状态已经可以,所以"不需要"更多了。

表示否定类含义的「いい」有一个常见的用法——「いい年して」。意为"老大不小的,怎么还干这种事,怎么一点没有成年人的样子"。例如,「いい年をして、アイドルグループなんか追っかけているんじゃないよ」(都一把年纪了,还追什么偶像)。

## 八、「いい加減」

「いい加減(かげん)にしろ」通常用来表示对对方(过分)行为的不满,意思跟「真面目にしろ」、「ふざけるな」、「冗談(じょうだん)を言うな」差不多。

如果说一个人是「いい加減なやつ」,是指这个人说话不算,靠不住,信口开河。如果说一个球队的训练是「いい加減な練習」,是指训练量「中途半端(ちゅうとはんぱ)」,不充分。

第 10 章　多义常用词——「いい」

## 精读 4　「令和」背后的故事

2019年4月1日，日本政府发布了新年号——「令和（れいわ）」。从2019年5月1日起，日本进入「令和元年」。下面是当时日本媒体的一些相关报道，旨在挖掘「令和」背后的故事。

### 一、用「令」字的原因

"令"的基本字义之一是美好，如"令名"这样的用法，作为这个语义的一种延伸，汉语里提及他人亲属时也常用"令尊、令堂、令郎、令爱"这样的尊称。

✻ 漢字に詳しい京都大の阿辻哲次名誉教授は「万葉集によると、『令月』とあるのは『素晴らしい月』という意味。まさに天皇の代替わりに伴う季節感と、平和を謳歌（おうか）しているというイメージを受ける」と指摘。「令」は元号に使われるのは初めて、「和」は20回目となる。元号に詳しい京都産業大の所功名誉教授によると、「令」の文字を使った元号は1864年に「元治」に改元された際に「令徳」の候補があった。だが幕府側が「徳川に命令する」という意味が込められているとして難色を示し採用されなかったとの記録がある。

(1) ～に使われるのは初めて：被用于……这还是第一次。

(2) ～を使った……：用了……的……修饰名词时的「た」的用法，详见第14章。

(3) ～という意味（いみ）が込（こ）められている：其中含有……的意味。

(4) 難色（なんしょく）を示（しめ）す：拒绝、不同意之意的委婉说法，不同意的对象用「に」，即常用的"套路"为「～に難色を示す」。

## 二、难免重名

起年号是个很难的事，一来用字不能太生僻，否则大家不会念，同时，还要有内涵。最重要的，它不能是已经在社会上广泛使用的名称，比如公司名等。再有，发音不能与昭和（S）、平成（H）等年号的首字母重复。

不过，面面俱到是不可能的，日本各地有不少人的名字使用「令和」二字。

✲「令和」と書いて「よしかず」「のりかず」と読ませる名前を持つ人は各地にいる。新元号が「令和」と発表されると、「同じ字になるなんて…」と本人や家族の間で驚きが広がった。

## 三、备选方案

在最终确定之前，包括「令和」在内，共有6套备选方案。

✲ 複数の日本古典由来の案を盛った原案は3月29日まで首相や菅氏ら数人の間で極秘に練った。平成改元時の3つから6つ（国書・漢籍、3案ずつ）に増やし、最終段階まで候補案を入れ替えていた。首相がこだわったのは「歴史上初めて国書典拠とする元号だ」と記者会見で強調した日本古典案だ。（ちなみに、「平成」の時は）政府は1989年1月7日の崩御を受け、新元号の候補を「平成」「正化」「修文」の3つに絞り、平成に決めました。

(1) 複数（ふくすう）の案を盛（も）った原案：「～に～を盛った」指把……装到、装进……里面。这里可以译成"包含了多套方案的初始计划"。

(2) 極秘（ごくひ）：绝密。

(3) 入（い）れ替（か）える：替换。有的放进去，有的剔出来。

(4) ～に絞（しぼ）る：表示"把筛选范围缩小到……"之意的常用"套路"。

## 四、「令和」的作者

✲ 菅義偉官房長官は記者会見で「令和」の考案者について「考案者自身が氏名の秘匿（ひとく）を希望されている」ことに加え、考案者を明らかにすれば「新元号と特定の個人の結びつきが強調されることになりかねない」と述べ、明らかにしない方針を示した。（笔者注：かと思いきや）万葉集を典拠とした新元号「令和」の考案者が万葉学者の中西進・大阪女子大名誉教授であることが1日、政府関係者への取材で分かった。

(1)氏名(しめい)の秘匿(ひとく):可以缩略成一个词「匿名(とくめい)」。
(2)〜を明(あき)らかにする:公布……,使之公开、明朗化。
(3)〜ことになりかねない:「〜かねる」本身是"难以……"之意,「〜かねない」是否定的否定,也就是"容易……"的意思,这里的「〜ことになりかねない」指容易出现某种情况、容易造成某种结果。
(4)〜への取材(しゅざい):「取材」是采访,「〜への取材で〜が分かった」是"通过对……的采访,了解到……"。

### 五、「令和」的出处

「令和」出自日本现存最古老的诗集——万叶集。它也是第一个"本土化"的日本年号——典故出自日本古典文集,而非传统的汉语典籍。不过,有网友发现,在中医典籍《黄帝内经·灵枢》中早有"令和"两字的用例:"知迎知随,气可令和,和气之方,必通阴阳。五脏为阴,六腑为阳。"此外,东汉张衡在《归田赋》中曾写道:"于是仲春令月,时和气清。"

❖ 出典は日本最古の歌集「万葉集」から。「令和」の文字を引いたのは、万葉集巻五に収録された梅花の歌の「序」。この梅花の歌は32首あり、大伴旅人を中心とするグループが詠(よ)んだとされる。過去の元号の出典はこれまでに判明しているだけで77。すべて中国の古典に由来する。出典を国書に求めたのは初めてだが、これまでも日本の古典から選ぶという考え方はあり、万葉集などはその有力候補だった。

(1)これまでに判明(はんめい)している:到目前为止已经知道的有……这里的「判明している」是「分かっている」的更书面语一点的写法。
(2)これまでも:之前曾有过。
(3)〜に由来(ゆらい)する:来自于……的,出自……的。
(4)有力候補(ゆうりょくこうほ):有力的竞争者,被看好的候选人(或备选方案)。

### 六、出典的重要性

❖ 東京大の山本博文教授(日本近世史)は「これまでの元号が典拠として

いた漢籍の言葉は、君主にとっての政治的な理想だったが、万葉集から引いた『令和』には政治性が感じられない。元号そのものは価値観が多様化するこれからの時代に合っている」と分析する。川本皓嗣・東京大名誉教授は「このような形で国書を元号の出典とするのは長続きしないだろう。漢文の記述が少ない国書は出典になじみにくい。今後は漢詩からの引用があってもいいのでは」と話す。「もともと万葉集は日本語で書かれた和歌を集めたもので、序文がたまたま漢文で書かれているだけだ。漢文の記述が少ない国書は出典になじみにくく、やはり漢籍から引用するのが自然ではないか」と指摘した。川本名誉教授は「これまでの元号の出典はいずれも「四書五経」などの難しい散文ばかりだった。日本人の親しみやすさを考えれば、漢語で書かれた詩書にも出典の範囲を広げるべきだ」と話している。

(1)長続（ながつづ）きしない：不会持续很长时间。

(2)～になじみにくい：不适合……

(3)日本語で書（か）かれた～：用日语写的……

(4)たまたま～だけだ：只不过是偶然、碰巧……

(5)～があってもいいのでは：这里是「～があってもいいのではないか」的略语，"这个可以有"之意。注意，文章当中，这种省略形式很常见。

## 七、年号制定流程

✱ 事務的な検討段階だった昨年秋ごろまでは、歴代続いてきた中国古典（漢籍）を出典とする案が有力だった。だが、首相は昨年冬ごろ「漢籍にこだわる必要はないよね」と周囲に漏らすようになった。過去の政権でも国文学などを専門とする学者に考案の委嘱はしている。今年に入り、事務方に「選択肢としてあってもいいんじゃないか」と選定を指示。安倍晋三首相は1日のNHK番組で、万葉集を「誇るべき国書だ」と強調した。初めて「令和」案を見たのは3月だったと明らかにしたうえで、そのときの印象について「大変新鮮な響きだなと思った」と振り返った。平成への代替わりの際も事前に新天皇の意向を聞くべきだとの声が党内にあったが、元号法は元号は内閣の責任で決めるとしている。憲法は天皇の政治関与を禁じており、憲法違反を疑われかねない。首相は皇太子さまに検討状況を説明するだけで意見を聞く形は採らなかったという。

（1）歴代(れきだい)続いてきた：作为历代的传统延续至今。
（2）〜と周囲(しゅうい)に漏(も)らす：对其周围的人透露出……的想法。
（3）〜と振り返った：这样回顾那时的感受。

**八、发布会上展示的「令和」二字系由专人书写**

✶ 臨時閣議を終え、事前に用意した乾きやすい紙に辞令専門官の茂住修身氏が墨書を終えた。前日夜、「平成」の墨書で記者会見のリハーサルをした菅氏が無事、令和の公表を済ませると、首相は執務室から有識者が待つ会場に足を運んだ。

（1）事前(じぜん)に用意(ようい)した〜：事先准备好的……
（2）乾(かわ)きやすい：容易干的。
（3）墨書(ぼくしょ)：用毛笔写字。
（4）〜のリハーサル：……的排练。
（5）〜に足(あし)を運(はこ)んだ：「足を運ぶ」指为了某事专程赶到……

# 第 11 章
# 多义常用词——「受ける」

常用词是学日语的必经之路,学好常用词是提高日语水平的捷径。
本章我们聚焦「受(う)ける」这个初级日语里就会碰到的动词。

## 一、「受ける」的常见用法

「受ける」是汉语里"受"的意思,根据语境的不同,可以理解为"接受、接住、受到、遭受"等意。

❈ 招待(しょうたい)・歓迎(かんげい)を受ける。
——受到款待、受到欢迎。
❈ 報告(ほうこく)・取材(しゅざい)・訪問(ほうもん)を受ける。
——听取汇报、接受采访、接受来访。
❈ 相談(そうだん)を受ける。
——接受别人的咨询(为别人出主意)。
❈ 洗礼(せんれい)を受ける。
——接受宗教上的受洗,或指经受考验。
❈ 教育(きょういく)・試験(しけん)を受ける。
——受教育、参加考试。
❈ 注文(ちゅうもん)を受ける。
——接受点餐。
❈ 授業(じゅぎょう)を受ける。
——上课、听课。
❈ 影響(えいきょう)・感銘(かんめい)を受ける。
——受影响、深有感触。
❈ 被害(ひがい)・ショック・攻撃(こうげき)を受ける。
——受灾、受打击、受到攻击。
❈ 貸(か)し剥(は)がしを受ける。
——被银行抽贷。

## 二、「受ける」的转义

「若者に受けるギャグ」。这里的「受ける」是指受年轻人欢迎、喜欢之意。说「受けがいい」「大受(おおう)けする」「バカ受けする」也是类似的意思。表达受欢迎之意，常用的“套路”还有「好評(こうひょう)を博(はく)す」「評判(ひょうばん)がいい」「人気(にんき)が出る」等等。

## 三、惯用型「～を受け(て)」

「好決算(こうけっさん)を受け株価が上昇した」是指公司发布的业绩超预期因而股价上涨，「～を受けて世界的に貿易や投資が減速している」是指因……贸易和投资在世界范围内出现增长放缓。这里的「～を受け(て)」与「～により」同义，都是表示前项的已发生事实成为后项的原因。

## 四、「受ける」的复合动词

✽ 受け継(つ)ぐ。

——指承袭、传承。

✽ 受け持(も)つ、引(ひ)き受ける。

——指接受(任务)、承担(工作)。

✽ 待(ま)ち受ける。

——指“做好准备，等待……的到来”，通常以「過酷(かこく)な試練(しれん)が彼を待ち受けていた」这样的形式，表达某人将接受考验。

✽ 受け入(い)れる。

——指接受・接纳・采纳，「労働市場を開放して外国人労働力を受け入れる」指开放劳动力、人才市场，接受外国人就业，「とても受け入れられない」指断然无法接受(对方的要求、条件)。

✽ 受け止(と)める。

——指接受，更深层的意思是“接受(现实)、正视或理解(对方意图)”之意，「マスメディアは自ら(みずから)への批判を受け止め、それに耐える義務がある」指媒体有义务虚心接受对自己的批评。

## 五、动词和复合动词的衍生名词

✽ 下請(したう)け。

——是分包，「元請(もとうけ)」则指总包商。

✪ 引き受け。
——接受、主动承担某工作。作为金融用语指证券的"承销"业务,即 Underwriting。

✪ 受付(うけつけ)。
——前台、接待(处)、收发室。

✪ 受け取り。
——领取。

✪ 受け売り。
——现学现卖。

✪ 受け身(み)。
——被动、消极。

✪ 受け皿(ざら)。
——多指抽象的事物的载体、容器,比如「雇用の受け皿となる企業の反応は鈍い」指(对于某政策)创造就业的企业毫无反应。

### 六、「受～」系列

✪ 受賞(じゅしょう)・受験(じゅうけん)・受理(じゅり)・受注(じゅちゅう＝拿到订单之意,尚未交货的在手订单说「受注残高(じゅちゅうざんだか)」)・受信(じゅしん)・受諾(じゅたく)・受容(じゅよう＝受け入れる)・受領(じゅりょう＝受け取る)・受話器(じゅわき)。

### 七、「～受」系列

✪ 享受(きょうじゅ)・授受(じゅじゅ)・傍受(ぼうじゅ)。

## 精读5 大公司的税务筹划

题 解

A公司是世界闻名的高科技公司,也是世界上市值最高的几家公司之一。

一个公司的市值,日语里说「時価総額(じかそうがく)」。A公司目前的市值超过1.3万亿美元。如此高市值的公司,一年需要交多少税呢?

这里选取的是『日経ビジネス』的一篇就此事展开分析的短文。

## 第 11 章　多义常用词——「受ける」

❋ M国では今、大型減税を受け、法人所得税をゼロに抑える大手企業が急増している。あるシンクタンクが今月、発表した報告書によると、フォーチュン500選出企業のうち2018年の所得税をゼロに抑えた企業は60社で、その数は減税前のおよそ倍となった。

❋ 具体的には、ゼネラル・モーターズ(GM)、IBM、デルタ航空、電力最大手のデューク・エナジーや米石油メジャーのシェブロンなど。中でも批判を集めているのは先週、増収増益の2019年1〜3月期決算を発表したばかりAドット・コムだ。同社の2018年の課税対象となる純利益はおよそ112億ドル(約1兆2500億円)だった。M国の所得税率(減税後)は21％であるため、本来であればおよそ23億ドルの所得税を納めるはずだった。ところが同社が18年に納めた所得税はゼロ。しかも国から1億2900万ドルもの税還付まで受けていた。最大の理由は税控除。物流倉庫の拡大、データセンターの設置、人工知能(AI)の研究など、Aが設備投資と技術開発に投じた資金は、大型減税法案により税控除の対象となった。また同社は社員への給与の一部、主に幹部たちの給与を自社株で払っている。株は売る段階にならないと課税の対象とならないため、この部分だけで10億ドル以上の減税に成功している。

❋ ストックオプション(株式購入権)による報酬は、ネット動画大手のN社も利用している。同社が計上した2018年の課税対象利益は8億4500万ドルだったが、納めた所得税はゼロで、国から2200万ドルの税還付を受けていた。ストックオプションはAやNに限らず、テック企業を中心にM国ではこの20年間、増加の一途をたどっている。Aが多くの批判を集めているのは、所得税を支払っていないのが今年だけではないからだ。2017年に支払った所得税もゼロ。さらに2009年から2018年の間に265億ドルの利益を出しているが、この間に納めた所得税は総額7億9100万ドルで、税率にするとわずか3％と減税後の21％にも遠く及ばない。

❋「Aやその他の大企業は、ロビイストを使って政治家に税制の抜け穴について議論させないようにしている」とシンクタンクのシニアフェローは説明する。政治資金監視団体センター・フォー・レスポンシブ・ポリティクスのデータを見ても、Aがロビイストに払っている報酬は年々増加している。

❋ 一方で、法定税率に近い納税をしている大企業もある。小売り最大手のWMだ。CNBCの報道によれば、同社は2018年、32億ドル以上の所得税を国に納めた。

（1）说"在某国（最近发生了什么）"，要说「～国では」，不是「～国に」「～国は」「～国には」「～国で」，如果有一个可以用来替换的说法，那会是「～国においては」。

（2）上面一句当中表示弱因果关系的「～を受け」是值得用心掌握的用法。它在意思上等同于「～の結果として」，比「により」所表示的因果关系要弱一些。

（3）日语里提到大企业、大公司，最常用的说法是「大手（おおて）企業」，或者单说「大手」，抑或以「～業界大手」、「世界大手」等形式出现。基于汉语思维的「大型企業」这样的说法也不是说不通，但过于生硬。

（4）"世界500强"是财富杂志以销售额为指标做的一个大公司排名，即这里所说的「フォーチュン500」，这也是一个在国内常被提及的排名。

（5）その数は～のおよそ倍（ばい）となった：表示"其数量大约是……的1倍"的现成"套路"。

（6）第2段解释了A公司交税不多的理由：设备投资、研发支出可以抵税，而以股权激励形式发放的高管薪酬同时可以作为企业的员工薪酬（费用），起到抵税的效果。

（7）具体的（ぐたいてき）には～："具体而言，……"，这是在详细展开论述之前的文章用语必备"套路"。

（8）本来（ほんらい）であれば：表示"本来应该……，按道理应该怎样，正常情况下是如何处理"之意的常用"套路"，本身含有转折、对比的意味，即"本来应该怎样，但事实上……"。

（9）上面关于A公司为何受质疑的一句，用了「～のは、～のが～からだ」这个看似复杂的句型。其中「～のは、Xからだ」是句子的核心框架，表示"之所以……，是因为X"。而这里相当于X的从句，采用了「～のが～」这种形式，即"……这种事并不是今年才发生的事"。

（10）～の抜（ぬ）け穴（あな）：是指某方面的漏洞。

（11）ロビイスト：企业利益的代言人，职业游说者，说客。

（12）老老实实交税的企业并不是没有，比如零售业龙头WM（注意这里的表现形式「小売り・最大手のWM」。交了多少税可以用「～の所得税を国に納（おさ）めた」的形式来表达。注意，这里说的「所得税（しょとくぜい）」指的是企业所得税，在日语里，企业所得税更常见的说法是「法人税（ほうじんぜい）」。

# 第12章

## 多义常用词——「とる」

「とる」是个非常常用的动词，根据大辞林的解释，「とる」包含了10类75种不同的意思。

不过，一个词的意思再多，总离不开它的基本含义。换言之，一个词的意思可以区分为两大类：基本含义和衍生含义。

「とる」一词也不例外。我们先看它的基本含义。「とる」的基本含义是——"用手拿起某物，使其离开原位，或进入自己掌控之下"。这实际上是包含了两个动作：首先是拿起，其次是移走。

「書棚の本をとる」(从书架上拿出一本书)，「ペンをとる」(拿起笔)，「茶碗を手にとって見る」(把茶碗拿在手中端详)都是基本含义。从拿起和移走两个基本语义可以延伸出很多意思。

### 一、表示"拿到、获得、得到、控制、掌控"

✽ 政権(せいけん)・指揮(しき)・舵(かじ)・リーダーシップ・乾杯の音頭(おんど)をとる。

——掌握主导权、政权等，宴会上带头干杯。

✽ 高給(こうきゅう)・良い成績(せいせき)・賞(しょう)・運転免許(うんてんめんきょ)をとる。

——拿高薪、拿到好成绩、获奖、拿到驾照。

✽ 注文(ちゅうもん)・契約(けいやく)をとる。

——接受客人点菜、拿到合同。

✽ 代金(だいきん)・税金(ぜいきん)・手数料(てすうりょう)をとる。

——收费、收税。

✽ ～を例(れい)にとる。

——拿……作为一个例子。

✿ 相手（あいて）の了解（りょうかい）をとる。
　——征求、获得对方的同意。
✿ 休暇（きゅうか）をとる。
　——请假（从公司领导处获得休假的许可）。

## 二、表示"采集、抓住、捕获"

✿ きのこ・マグロ・熊をとる。
　——采蘑菇、捕金枪鱼、捉熊。

## 三、表示"保存、留下、摄取"

✿ 記念（きねん）にとっておく。
　——留作纪念。
✿ お釣（つ）りはとっておいてください。
　——零钱不用找了，你留着吧。
✿ 食事・野菜・ビタミン・睡眠・休養をとる。
　——吃饭、吃蔬菜、摄取维他命、保证睡眠、充分休养。
✿ 人質・担保をとる。
　——扣押人质、要求担保。
✿ ノートをとる、メモをとる。
　——记笔记、记在便签上备忘。
✿ 写真・レントゲン・心電図・データ・コピーをとる。
　——照相、拍片子、拍心电图、拉数据、复印文件。
✿ 年を取る。
　——上年纪。

## 四、让对方送到自己这里

✿ 出前・寿司・新聞をとる。
　——订外卖、寿司，订阅报纸。

## 五、表示接触、建立联系

✿ 〜に連絡をとる、コンタクトをとる。
　——跟……联系。

## 六、移除

✿ 帽子をとって挨拶する・眼鏡をとる。
——摘下帽子打招呼,摘下眼镜。
✿ 痛み・しみ・疲れをとる。
——镇痛,去污渍,消除疲劳。

## 七、被偷、被抢、被夺走

✿ 大手スーパーに客をとられる。
——被大型超市抢了生意,客人被抢走。
✿ だまされて土地をとられる。
——受骗上当,自己家的地被骗走了。
✿ 財布・反則・罰金をとられる。
——钱包被盗、被判犯规、被罚了款。
✿ テレビに気をとられる。
——只顾看电视,走神了。
✿ ぬかるみに足をとられる。
——脚陷在泥里拔不出来。
✿ スリップしてハンドルをとられる。
——轮胎打滑,方向盘失控。
✿ 一本とられる。
——我输了,你赢了,厉害(只能用于无足轻重的输赢,比如斗嘴、大人跟小朋友摔跤等轻松的场合)。

## 八、接受、承担

✿ 若い者に引(ひ)けをとらない。
——不输给年轻人,不服老。
✿ 他社に後(おく)れをとる。
——比其他公司动手晚,被其他公司抢了先机。
✿ 責任をとる。
——承担责任。

## 九、「～にとって」

✿ 一介の研究者にとって身に余る名誉。

——对于一个研究人员来说,真是光荣之至。
❋ 反対派にとってじゃまな存在。
——对反对派来讲他是个劲敌。

## 十、选取、抽出、采用

❋ とるべき方策。
——应采取的对策。
❋ 新卒をとる。
——录用应届毕业生。
❋ 毅然たる態度・強硬な手段・学者への道をとる。
——采取毅然决然的态度、强硬手段,选择了做学问的道路。
❋ 史実に題材をとった作品。
——(以)历史(为)题材的作品。
❋ 大豆から油をとる。
——用大豆榨油(从大豆里提取油)。
❋ 矛盾がさまざまな形をとって表面化する。
——矛盾冲突以各种形式清楚地浮现出来。

## 十一、计量、确认、使之相称

❋ 寸法・脈・平均・統計・出席をとる。
——量尺寸、把脉、计算平均值、做个统计、点卯(确认出席情况,看谁到谁没到)。
❋ 拍子・リズムをとる。
——打拍子。
❋ バランスをとる。
——保持平衡。
❋ 機嫌をとる。
——讨好。

## 十二、理解

❋ 悪くとらないでほしい。
——别误会,我没有恶意,别把我往坏处想,我不是有意针对你。
❋ 冗談を本気ととられる。
——把玩笑话当真。

### 十三、占用时间或场地、预定

✤ 宿・席・会議室・スペースをとる。
——定酒店，占位子，预定会议室，(存放的东西)占地方、占用空间。

✤ 指定席をとる、金曜の最終便をとってある。
——预定高铁的座票，预定周五最后一班飞机。

✤ 準備に手間をとる。
——准备上需要花点工夫(费时费力)。

✤ 一時間ほど時間をとってくれないか。
——能不能给我(占用你)一个小时左右的时间。

## 精读6　会議は踊るされど進まず

本文节选自「日経」的一篇评论文章，题目是「軸なきG20、会議は踊る、世界が液状化」。

✤ 開幕した20カ国・地域首脳会議（G20大阪サミット）は貿易戦争に象徴される米中の覇権争いにより、軸なき世界を浮き彫りにした。この対立の隙を突いて台頭しようとするロシアとインド。各国の自国第一の姿勢は世界の液状化を映し出している。

✤ 日本が議長国を務めるG20サミットは米中二大大国が主導し、日本が調整しながら北朝鮮やイランの核開発問題など世界が直面する課題を話し合う。そんな理想とはかけ離れた展開だ。

✤ 米国側は特別会合で打ち出す国境を越えた自由なデータ移動を認める「データ流通圏」構想の内容に不満だった。安倍首相が直前のトランプ氏との会談で「私に任せてほしい」とトランプ氏を説得した。

✤ 「『寝ぼけたジョー（・バイデン）』や『狂ったバーニー（・サンダース）』には良い一日ではなかったようだ」。トランプ氏が28日のG20サミットの夕食会前にツイッターで言及したのは米民主党の討論会だった。「私はG20でしっかりと米国を代表している」と書き込んだものの、関心の所在がG20サミット

ではなく、来年11月の米大統領選であるのは明白だ。

❋ ロシアはどうか。「リベラリズムの考え方は廃(すた)れてしまった」。プーチン大統領は英紙フィナンシャル・タイムズ(FT)が28日付で掲載したインタビューで語った。戦後の世界の秩序づくりをけん引してきた欧米のリベラリズムがトランプ氏の登場とともに崩れたとの論法だ。プーチン氏は動く。G20開幕前に大阪市内でのブラジル、南アフリカなどとの新興5カ国(BRICS)首脳会議。米国を保護主義と決めつけ「世界経済発展の公正な新しいモデルをつくろう」と呼びかけた。インドは米中をてんびんにかける。「3カ国は民主主義を支持している」。モディ首相は28日、安倍首相とトランプ氏との会談で、人口世界一の民主主義国家という面を強調した。モディ氏はその数時間後、今度は習、プーチン両氏との会談に臨んだ。呼びかけたのはモディ氏だ。

❋ 主要7カ国(G7)の中心的な役割を果たしてきた欧州勢は国内のナショナリズムやポピュリズムの伸長で精彩を欠く。

❋ 退陣直前のメイ英首相にかつての巧(たく)みな英国外交の面影はない。ドイツのメルケル首相も欧州の盟主という威厳がない。政権が不安定で発信力は低下する。欧州が主要課題に据える気候変動への取り組みは後退気味だ。サミット会場の大阪国際見本市会場(インテックス大阪)は約20の部屋を用意した。会合の途中で退席して個別会談に臨む首脳もいる。会議は踊る。されど進まず――。ナポレオン戦争終結後、欧州の秩序の再建と領土分割のために1814年から15年にかけて開いたウィーン会議の形容だ。

❋ ナポレオンがエルバ島を脱出したという報を受け、各国は自国第一の態度を改め、難渋していた問題が決着した。各国が自国第一で会議が散漫になっている点でウィーン会議とG20サミットの類似性がある。劇場(アリーナ)型外交の舞台となっているG20サミットは現代版ウィーン会議になるのか。それとも後から振り返れば、新たな秩序づくりの転換点だったといわれるのか。G20大阪サミットは29日に最終日を迎える。

### 解说

(1)～を浮き彫り(うきぼり)にする：指"使(某种情况)清晰地浮现、呈现出来"。它还有与之配套的自动词的用法，即「～が浮き彫りになる」，比如「両者の違いが浮き彫りになる」。

(2)文章第一句的基本架构是「～は、(軸なき＝軸のない世界)を浮き彫り

にした」,如果改成用「～が浮き彫りになった」这种形式,可以说「～では、(軸なき)世界が浮き彫りになった」。

(3) Aに象徴されるB:这个句型,对于表达"以……为代表的、以此为象征的、此事象征着……"等意思非常有用。举几个例子,「スペイン内戦に象徴される現代史」,「過去最高の企業倒産や失業率に象徴される、いわゆる複合政策不況の一層の深刻化を招いたことは、もはや疑う余地のない事実である」,「それはスウェーデンの全国民を対象とした総合的社会福祉に象徴されるように、経済の効率が犠牲にされ、繁栄が望めないというシナリオである」。

(4) 〜の隙(すき)を突(つ)く:指"乘……之机,钻……的空子"。比如「一瞬(いっしゅん)の隙をついて、乗務員(じょうむいん)の一人が犯人が切ったスイッチをオンにした」。

(5) 〜(し)ようとする:有两个意思,一个是指"正要、正想……(之际)",比如「夏休みに入って一週間が過(す)ぎようとしている」是"放暑假快一周了"、"进入暑假以来,马上一周时间就要过去了"。另一个意思是指"想要、尝试着去实现某目标"之意,本例就是这个意思。

(6) 液状化(えきじょうか):顾名思义指"变为液体状"。作者借这个词想表达的是"一盘散沙"之意,因为之前曾提到"各国都只顾自己的利益"。

(7) Aが(某职务)を務(つと)める〜:表示"由A担任某职务的……(会议、组织)",比如「私が会長を務める以前は、代々この町内に住む子弟が当然のような感じで会長を務めていました」。

(8) 〜とはかけ離(はな)れた〜:是"与……(理想、现实、原则、应有状态等的比较基准)差距极大,有悖于……"之意。比如「これは事実とはかけ離れた幻想だった」,「鏡に映る新しい制服を着た私は、思い描く高校生活を送る女子高生とはかけ離れた姿だった」。

(9) 直前(ちょくぜん):指某事情发生之前,时间间隔很短的"之前"。

(10) 私に任せてほしい:是"这事儿你就交给我吧"之意的一个比较正式的说法,日常对话当中,更常见的是「私に任(まか)せて」「俺(おれ)に任(まか)しとけ」「俺に任せろ」。需要注意的是:①日语里「任せる」「任す」都是一个意思,而且这两个都是他动词,用哪个取决于个人爱好,两个都是对的;②「任せとけ」「任しとけ」是「任せる」「任す」+「ておく」的命令形「ておけ」,即「任せておけ」「任しておけ」在口语中发生吞音(てお→と)演变而来的。

(11) 〜を説得(せっとく):说服……

(12) 〜に(の・への)道筋(みちすじ)をつける:通常指为了推进某事而定

下具体的路线、顺序,可以简单地理解成"(为某事)画出路线图"。

(13)～と呼(よ)びかける:号召大家说"让我们一起……"。

(14)～をてんびん(天秤)にかける:「てんびん」是称重用的"秤",此外12星座中的天秤座也用这个词。「てんびんにかける」的本义是把东西放在秤上称,含义是在两个东西之间做比较,或与对立的两者不即不离,从中渔利。

(15)～を欠(か)く:说缺少什么这类意思,比如"缺乏实用性",可用的句型有「実用性が足りない」「実用性が乏(とぼ)しい」「実用性に欠(か)ける」或者「実用性を欠(か)く」。

(16)ナショナリズム:民族主义。

(17)ポピュリズム:民粹主义。

(18)～の面影(おもかげ)はない:旧时的……的影子已不复存在,如今已面目全非。

(19)後退気味(こうたいぎみ):指看似有所退步,「～気味」指有迹象显示……、有……的倾向。日语里常用「風邪(かぜ)気味」来表示说话人自己觉得自己好像感冒了。

(20)会議は踊る、されど(=しかし)進まず:借用了一句名言,这句名言本身是形容1814年维也纳会议的(参会的欧洲当政者只顾跳舞玩乐,会议推进不下去)。

(21)態度を改(あらた)める:改变态度。

(22)難渋(なんじゅう):指停滞、没有进展。更普通一点的说法是「停滞(ていたい)」或者「難航(なんこう)」。

(23)問題が決着(けっちゃく)した:指问题有了结论。

(24)類似性(るいじせい):相似性。

(25)後(あと)から振(ふ)り返(かえ)れば:事后想来,事后回顾一下的话。

# 第 13 章
## 「ている」,没那么简单?!

本章重点介绍动词基本时态之一的「ている」。首先需要强调的一点是:日语中的「ている」,比英语里的现在进行时要复杂很多。其次,貌似「ている」的过去时的「ていた」,其实含义远超「ている」的过去时,我会把它当作一个与「ている」并列的单独的词型,在后续章节里专门介绍。

理解「ている」各种用法,一个关键词是"持续"。

「ている」的基本用法有两个。一个是"动作(本身)的持续"(进行中),另一个是"状态的持续"。

"动作本身的持续"这个用法非常简单,几乎不存在误用的可能。

❈ 雨が降っている。
❈ 猫が鳴いている。
❈ 花が咲いている。
❈ 空を飛んでいる鳥。
❈ 雨が降っている。
❈ 今、手紙を書いている。

"状态的持续"则比较复杂,里面有三种常见的类别。

### 一、某种状态的持续

这种状态可以被理解为是某种动作的结果,或单纯的状态。

❈ 山田は大阪に行(い)っている。(=山田は大阪に行った+大阪にいる)

上面例子强调的不是山田去大阪的过程,而是动作(移动)的结果——目前他人在大阪这个状态。其他常见的还有「結婚している・住んでいる・持っている・知っている」。穿着方面,常用的有「着ている・はいている、(ネクタイを)している」。

- ✤ その鉛筆はとがっている。
- ✤ ドアが閉まっている。
- ✤ 枝が枯れている。
- ✤ 窓があいている。
- ✤ 時計が止まっている。
- ✤ 小鳥が死んでいる。
- ✤ 彼の気持ちはもう変わっている。
- ✤ 母親によく似ている。
- ✤ この計画はばかげている。
- ✤ 日本は海に囲まれている。

## 二、反复发生的习惯性动作(包括工作、职业)的持续

- ✤ 私は毎日六時に起きている。
- ✤ 銀行に勤めている(銀行で働いている)。
- ✤ 毎晩お酒を飲んでいます。
- ✤ この川はしばしば氾濫をおこしている。
- ✤ あの店はいつも混(こ)んでいる。
- ✤ 昔から…と言われている。
- ✤ 毎日学校に通(かよ)っている。

## 三、动作或事已经发生过这一"事实"仍在持续

这类用法的共同特点是,过去发生的事情,对现在还有影响(通常后面会有进一步阐述,而不会提一句就再无下文了),类似英语中的现在完成时。

- ✤ 使節一行はローマ教皇にも会っている。
- ✤ 「君はよく勉強しているなあ」。
- ✤ 夏目漱石は1867年に生まれている。

夏目漱石生于1867年这个例子当中,你可以发现:汉语里"生于"这个词,你很难说清它是什么时态:过去? 过去完成? 现在? 现在完成? 这里我想强调的是:其实你根本不必去关心这是什么时态,你懂它的意思、会用,就可以了。

## 精读 7　小朋友迷上小视频

　　这里选取的是日本 President 杂志网络版的一篇文章，讲的是一款短视频分享 APP 如何在日本小学生中间走红，而家长在这种情况下又该注意些什么？

　　✣ 中高生を中心に爆発的にヒットしている動画アプリT。しかし人気の裏では、未成年ユーザーへのナンパや、「下着が見える動画」などと再編集される問題が出てきている。しかも被害者は低年齢化しており、小学生の例も少なくない。ITジャーナリストの高橋暁子氏は「保護者の指導が必要だ」と警鐘を鳴らす。

　　✣「子どもがTに動画を投稿していたので叱った」という小6女子の母親がいる。「CMで見て興味を持って、人気の小学生ユーザーに憧れて真似したみたい。音楽に合わせて踊る動画を投稿していて、数人だけどファンもついていたので驚いた」（小6女子の母親）。

　　✣「かわいいね」などのコメントが寄せられているのを見て、青くなったそうだ。こうした小学生の動画投稿は決して珍しくない。筆者の取材では、最も若くて小学1年生でTikTokに動画を投稿している、という例もあった。

　　✣ Tとは、リップシンク（口パク）動画共有アプリだ。最大のポイントは「音楽に合わせた動画を投稿する」という点。撮影時間は最大で15秒。高速再生されたヒット曲にあわせて、ダンスやリップシンクの動画をアップロードする人が多い。日本では、野性爆弾くっきーさんと黒木麗奈さんが登場するテレビCMが放映されており、中高生を中心に爆発的に広がりつつある。

　　✣ 米 App Annie 調べによると、2018年5月時点でTは世界ダウンロード数1位になり、月間アクティブユーザー数（MAU）でも1億人を突破するなど、世界的に注目を集めている。米ブルームバーグによると、運営元であるバイトダンス社の企業価値は750億ドル（約8兆5000億円）だという。最近では

エイベックスとの包括的なライセンスで提携。同社の保有する楽曲を自由に使用できるようになることで、日本での利用もさらに加速しそうだ。

❋ 人気の背景には、「型の決まった動画投稿」の流行がある。元々若者の世界は同調圧力が強く、「みんなと同じこと」をしたがるものだ。SNS上では行動が可視化されるため、この傾向が加速しやすい。

❋ 最近では、音楽コミュニティアプリ「nana」で、「演技力じゃがりこ面接」というものが流行した。「うれしくて」「悲しくて」といったさまざまなシチュエーションに合わせて「じゃがりこ」という単語を話すというものだ。

❋ またカメラアプリ「SNOW」では、自撮りにクマのフィルターをかけ、音楽に合わせて動く「あっちのクマもこっちのクマも」という動画が流行した。いずれの例も、なにか新しい「型」がウケると、ユーザーたちが次々とまったく同じ「型」を真似するという特徴がある。若者たちはとにかく「みんなと同じこと」をしたいのだ。

❋ そうした状況で、Tは人気を集めやすい環境が整っていた。投稿のハードルが非常に低いのだ。これまでの動画投稿サービスで人気だったのは、「踊ってみた」といわれる複雑なダンスを真似するものだった。だがTでは上半身だけ、しかも極端にシンプルな振り付けでも見映えがする。

❋ たとえば、「雨効果」のスタンプをオンにすると、画面に雨が振り、手を開くと雨粒が止まって見える。これを利用した、手のひらを左右交互に開いて突き出すだけというあまりにシンプルな振り付けの動画が多数投稿されている。

❋ オリジナリティは求められず、流行している振り付けをそのまま使えばいいので、ネタにも事欠かない。撮影速度はスローや倍速などに変えられるので、動きについていけないこともない。

❋ Tで流行中の音楽は独特だ。今年の春から夏にかけて、倖田來未さんの「め組のひと」に合わせて踊る動画が流行した。倖田さんのカバーが発売されたのは2010年、ラッツ＆スターが原曲を発売したのは35年前の1983年だ。「曲が新しいか、古いか」という点はほとんど関係がない。ユーザーにとって重要なのは、15秒という単位で使いやすいかどうかなのだ。

❋ その結果、「め組のひと」の音源がヒットするという現象も起きた。音楽配信サービス「Apple Music」のミュージックビデオのデイリーランキングで2位、「LINE MUSIC」のデイリーランキングで1位（6月24日付）にこの曲がランクインした。

第 13 章 「ている」,没那么简单?!

✽ Tでは、制服姿の女子中高生が学校内で撮影したような動画が多数見つかる。彼女たちは学校が特定されることは全く意に介していないようだ。それだけでなく、小中学生による投稿はかなりの数に上る。TikTokでフォロワー数トップのHinataちゃんという小学生女児が人気が出たこともあり、冒頭で紹介した通り、動画を投稿している小学生女児は増加する一方だ。

✽ その中には、メイクをして女子高生と同じダンスをしている子、数十万人のファンがいる子がいる。さらに、TWのIDを公開してメッセージを受け付けている子、コメント欄で住所や学校名を聞かれたり、「会いたい、オフ会しよう」などとナンパされている子も見かける。多くの子は「有名になりたい」「人気になりたい」と書き込み、ファンに「ありがとう」とお礼コメントを付けて交流している。Tではかわいい女の子というだけで人気が出やすくなっているので、ちやほやされたい少女たちが動画を多数投稿しているというわけだ。

✽ Tでみた動画は簡単に保存できる。話題になったことで投稿をやめた子もいるが、続けている子もいる。そうした「まとめ動画」の中には、下着が見えているものだけを集めたものや、「黒歴史のブス動画」というタイトルが付けられたものもある。

✽ Tは利用規約で「13歳以上」と対象年齢を明記している。アプリ自体も、iOSもAndroidも「12＋」、つまり対象年齢は12歳以上となっている。多くの小学生は対象外であり、使うためには保護者の許可が必要だ。もし低年齢の子どもに使わせる場合は、保護者が責任を持って利用状況を見守る必要があるだろう。

✽ 子供に「使いたい」と言われた場合、動画が他のユーザーに保存されたり、メッセージが送られてきたりするリスクを放っておくのは危険だ。対策としてプライバシー設定を変更しておく必要がある。

✽ プロフィールページを開き、右上の三点リーダーボタンから、「プライバシー設定」をタップ。「自分の動画をダウンロードできる人」「自分にコメントを送ることのできる人」「自分にメッセージを送ることのできる人」などの項目をオフにしておくといいだろう。

✽ 制限を強くかける場合は、「他の人から自分を検索してもらう」をオフ、「プライベートアカウント」をオンにして非公開アカウントにするという方法もある。設定は子どもでも簡単に変えられるので、その設定にする理由を子どもに伝えておきたい。Tを利用することが悪いわけではないが、使い方次第によっては大きなリスクがともなう。子どもに使わせる場合は、保護者が

しっかりと指導しておきたい。

 解说

(1)(～が)ヒットする：(电影、歌曲)走红。常见的用法还有「大(だい)ヒット」「ヒット曲(きょく)」等。

(2)ナンパ：跟不认识的女性主动搭讪，撩妹，泡妞。

(3)～問題が出てきている：最近出现了一些问题。是「出る」+「てくる」+「ている」的用法，「出てくる」表示由远(之前：没有出现文章中提到的这种问题)及近(现在：出现了文章中提及的问题)的变化，后面再接「ている」，表示出现问题的这种状况仍在持续。

(4)動画(どうが)：视频。「動画共有」即视频分享。

(5)CM(シーエム＝コマーシャル)：(电视、广播中插播的)广告。

(6)コメントが寄せられている：有不少留言、评语。

(7)青(あお)くなる：(因为担心、紧张、恐惧而被吓得)面无人色。

(8)～は決(けっ)して珍しくない：……这种情况绝非少见。

(9)アプリ：APP，「アプリ」是「アプリケーション」的省略语。

(10)リップシンク(くちぱく)：假唱，只做口型不唱出声音。

(11)アップロード：上传。

(12)テレビCM(コマーシャル)：电视广告。

(13)MAU：Monthly Active User，单月活跃用户量，简称"月活"。互联网相关行业中衡量用户规模的常用指标。

(14)～を突破(とっぱ)するなど、注目(ちゅうもく)を集(あつ)めている：这是一个拿来就用的"套路"，表示"现在某数字已经突破……而备受瞩目"。

(15)エイベックス：Avex，日本最大的唱片公司。

(16)人気の背景には～がある：解释某事物有人气的背景的常用"套路"。

(17)したがる：表示希望、想要怎样的「したい」的第三人称形式。

(18)SNS：エスエヌエス。Social Network Service(ソーシャルネットワーク・サービス)的略语。指各类社交软件、社交网站。

(19)シチュエーション：场景。

(20)じゃがりこ：日本カルビー公司出品的一种零食，膨化食品，先蒸后炸做法的薯条。

(21)自撮り(じどり)：自拍。自拍杆称为「自撮り棒(ぼう)」。

(22)真似(まね)する：模仿，效仿。

(23)ハードル:门槛、(障碍赛跑等当中的)障碍。
(24)振付(ふりつけ):编舞、舞蹈设计、动作编排。
(25)見映え(みばえ)がする:看起来好看、有派头、够醒目。其他常用用法还有「見映えのいい贈り物」「見映えのしない服装」等。
(26)突き出す:伸出去,推出去。
(27)〜というあまりにシンプルな振り付け:……这么一种再简单不过的伴舞动作。
(28)オリジナリティ:独创性。
(29)ネタ:来自「たね(種)」一词倒念。指创作(寿司、新闻、笑话、小品、小说等的)素材、笑料、包袱。
(30)〜に事欠(ことか)かない:动词「ことかく」的否定式,表示不缺少……
(31)カバー:此处指翻唱,某歌手翻唱其他歌手唱过的歌曲。
(32)〜にとって重要なのは、〜かどうかなのだ:对……来说真正重要的是……
(33)〜が〜ランキングでX位にラインクインした:……在某排行中排名第几的常用形式。
(34)意(い)に介(かい)する:介意。通常以否定形式「意にかいさない」使用。
(35)〜はかなりの数(かず)に上(のぼ)る:表示"达到相当多的数量"的常用书面语。
(36)メイク:通常指为了登台表演而进行的化妆。
(37)ちやほや:哄,讨某人欢心。
(38)〜というタイトルがつけられた:标题为……的。
(39)保護者(ほごしゃ):(学生的)家长。日语里,学生家长一词书面语称「保護者」,口语里称「保護者」或「親御(おやご)さん」。
(40)……を放(ほう)っておく:弃之不顾。
(41)プライバシー設定:(App 中的)隐私设置。
(42)タップ:触碰。这里指用指尖点击手机触摸屏。日语里踢踏舞叫「タップダンス」。
(43)使い方次第によっては:据使用情况有时(个别情况下)会怎样的意思。「使い方によっては」或「使い方次第(しだい)で」都可以表示这个意思,所以严格说来「〜次第によっては」这个说法意思上有重复之处。

# 第 14 章
## 不用再为「た」烦恼

初学者都知道日语里的过去时用「た」来表示。但学得越深,你的疑惑也会越多:为什么很多实际遇到的「た」,很难用"过去"来解释!

比如「よし、買った!」,是"我买下了"的意思,在说这句话时,"买"这个动作并没有完成,当然也尚未成为"过去"。若你一定要把这句话解释成过去时,只能是——我"下了"决心,"做了"决定,买下这个东西。

「た」的难点正在于此。「た」表示过去,这没错。但这个"过去",以我们通常的立足"现在"的观点去看,往往解释不通。原因在于,「た」表示的过去,经常不是以"现在"这个基准来评判的,它可以有很多的基准或参照系。

在对「た」进行梳理之前,我们先讲讲「る」形,即动词原形的时态含义。

日语里动词的「る」形可以表示两个时态:未来和现在。比如,我们约好一起吃饭,正在商量去哪家店的时候,我问你「どこで食べる?」,这里的「食べる」就是典型的表示未来的例子——目前这个时点,还没有到实际吃饭的时候。

常用寒暄语「失礼します」也是表示未来的用法。使用这句话的常见语境包括:(1)去别人家里或其他公司,进门之前习惯性地说一句「失礼します」。(2)下班时跟同事打招呼——"那我先走了",在日语里说「お先に失礼します」。

如上,动作动词的原形,通常指的是未来。而表示状态的动词,典型的有「ある」「いる」,指的是现在。此外,「る」形还有一种介于以上两者之间的用法,表示持续、反复性动作,比如在医院就诊对医生描述症状时说自己一直咳嗽——「咳(せき)がよく出るんです」,这里的「咳が出る」是指:来医院之前咳嗽,来的路上咳嗽,估计后续还会咳嗽,这样一种持续、反复发生的动作。

在理解了「る」形的含义之后,我们回过头看「た」。

如果想用一条线把「た」的各种用法串在一起,以便于理解和掌握,建议大家把「た」理解为表示"结果、结束"。这个结果可以是时间流逝、事情的前后顺序的结果(过去时,现在完成式),即从某个特定的"基准时点"(可以是现在,也可以不

是)上看,事情已经发生了,并成为"过去";也可以是说话人预期的结果,这时的「た」,比较基准不是某个"基准时点",而是"说话人的预期",表示这个预期最后是以何种方式"落地(结束、出结果)"的,这时的「た」所涉及的事项,完全可以是尚未发生的事。

### 一、表示"过去"的「た」

✿ 先週の日曜日は六甲山に登った。
——上周六去爬六甲山了。
✿ あのときはずいぶん腹が立った。
——那会儿我真的是很光火。
✿ 下宿では毎晩集まって騒いだものだ。
——寄宿那会儿,我们每晚聚到一起没少瞎胡闹。
✿ 先日はどうもすみませんでした。
——前两天的事,真是对不住了。
✿ ～さんのお宅ですか?(違います)失礼しました。
——不好意思,打错了。

### 二、表示"完成"的「た」

✿ 病気はもう治った。
——病已经好了。
✿ やっと試験が全部済んだ。
——考试总算结束了。
✿ 健康が何より大事だとつくづくわかった。
——我真切地感受到,健康比什么都重要。
✿ 思えばこれまでおまえにもずいぶん苦労をかけたなあ。
——想起来,这些年你跟着我真的受了不少苦。

### 三、基准时点不是"现在"的「た」

✿ 洗った服は、すぐに乾燥機に入れてください。
——请把洗好(洗完了)的衣服放进烘干机。
✿ 明日勝ったチームが来年の世界大会に出場できる。
——在明天比赛中获胜的队有资格参加明年的世界大赛。

这里第一个例句很可能是在洗衣服之前说的,这里的「洗った」不必是已经发生的事,而应该理解为相对于"基准时点"——烘干——来说已经发生的"过

去"的事。同样，第二个例句中的「勝った」从现在来看还没发生，但相对于"基准时点"——参加明年的世界大赛——来说是已经发生的事。

### 四、表示"确信"的「た」

✽ よし、これで勝った！
——我赢定了！（走出了致胜的一步棋之后，表示自己确信已经赢下了这局棋）

这里的「勝った」表示"说话人预期的结果"。说话人的"预期"——下一步棋应该走哪里？——最终以发现可以赢棋的一步杀招的形式落地。预期的"结果"是，走出这步棋就可以赢下这盘棋。尽管在说这句话的时候棋还没下完，输赢的最后结果还没有出来，但从"说话人预期"这个角度来看，预期以发现致胜招法这种形式已经"落地"，即对说话人来说这局棋可以认为"已经结束，没有悬念"了，所以用「た」。

✽ （殺人計画の完成）これで間違いなくあいつは死んだ！
——凶手认为：其杀人计划天衣无缝，其想杀害的人已经必死无疑。

这里的「死んだ」同样表示"说话人预期的结果"，或者说预期的过程已经以某种确定的方式结束。说话人的"预期"——杀人计划——以凶手认为是天衣无缝的形式"落地"。预期的"结果"是，实施这套计划对方就必死无疑。尽管在说这句话的时点上计划还没有付诸实施，但从"说话人预期"这个角度来看，"预期"以"完美的杀人计划"这种形式已经"落地"，所以用「た」。

### 五、表示"决心、决定"的「た」

✽ よし、買った！
——我买下了。
✽ やめた！
——我不干了！干不下去了。

这里的「買った」「やめた」同样表示"说话人预期的结果"。说话人的"预期"——买还是不买？干下去还是放弃？——以决定"买下"、决定"放弃"的形式"落地"。尽管在说这句话的时点上，买或放弃这个动作还没有完成，但在说话人心里，这件事等于已经有了结论，所以用「た」。

### 六、表示"回忆、想起"的「た」

✽ 明日は休みだった。
——我怎么把这茬儿忘了，明天休息。

✲ 君はたしか、東京出身だったね。
——我记得你好像老家是东京吧。
✲ うちのベランダから富士山が見えたかな（富士山が見えるんでしたっけ）。
——从我们阳台可以看到富士山的吧。
✲ 確か、うちの学校には、獣医学科はなかったなあ。
——我们学校应该没有兽医系呀。
✲ 妹さんは確か、大学一年だったよね。
——我没记错的话，您妹妹应该现在上大学一年级吧。
✲ 次郎は、もう運転免許取ってたっけ？
——次郎已经考下驾照了吧。
✲ そういえば、明後日の午後、例の会議があったぞ。
——这么一说我想起来了，后天下午还要开个会。

分析一下第一句「明日は休みだった」，为什么明天的事情可以用「だった」？其实，这里的「だった」同样可以理解为表示"说话人预期的结果"。说话人的"预期"——这里"预期"这种心理活动的具体表现是"搜寻记忆"——以发现记忆中明天是休息日的形式"落地"。

「明日は休みだった」在什么情况下使用呢？比如，说话人忙于安排工作忘了今天是周五，本来想约对方明天见面或开会，但说过以后突然想起明天是周六这样的情况。

这类表示"回忆、想起"的「た」有一个共同特点，可以把它转换成通常的"非过去时"的形式，比如「君は確か、東京出身だね」「妹さんは確か、大学一年だよね」而不影响句子的大致意思（当然，说话人确认自己记忆这层意思会消失）。

此外，大家应该已经注意到：这类表示"回忆、想起"的「た」有些明显的标志，比如与表示确认的「たしか」「（た）っけ」等词语一起使用的频率很高。

### 七、表示"要求"的「た」

✲ どいた！どいた！
——（赶到出事现场的警察对围观群众说）大家让让，散了散了。
✲ さっさとめしを食った！食った！
——快点吃，别磨蹭。
✲ ちょっと待った！
——打住，停！

要求挡路的人让开可以说「どいて(让让！走开！)」「どけ(闪开！滚开！)」，当然这些都是不客气的说法，只能对自己很熟的人或在特殊场合使用。这里的「どいた」与上述不同，它是说话人预期的落地——这里的预期的具体表现形式是，说话人在这种场合下的希望：让我进去，大家都散了吧。说话人把自己心里预期的结果——希望大家散开——说出来，对围观群众来说就形成一种客观的要求。

在拥挤的地铁上，自己要下车请挡在前面的人让一下该怎么说？通常，说「通(とお)ります」就可以了，复杂一点的，可以说「前を通ります」「うしろを通ります」，或者再搭配一句「すみません」或「ごめんなさい」。这种场合千万不要说「どいて」「どけ」，那是在找茬打架。

### 八、表示与事实相反的"假设"

✿ もう少し手当(てあて)が遅かったら、助(たす)からなかった。
——施救再晚一点点的话，这人就没救了。
✿ こんなことなら明日来るんだった。
——早知道这样的话，我明天过来就行了(＝今天白跑一趟)。
✿ 今100万円あったとします。
——(关于假定的常用说法「～たとする」)这里有100万日元。

「助かる」是得救的意思，这里的「助からなかった」同样表示"说话人预期的结果"。说话人的"预期"——如果当时没及时施救的话会怎样——以"那样的话，这人就没命了"的形式"落地"。尽管说这句话的时点上，当事人已经因为施救及时而保住一命。

### 九、表示"发现、确认"的「た」

✿ 探していた傘、こんなところにあった。
——一直找这把伞，没想到在这里。
✿ バスが来た！
——(看到巴士从远处开过来)车来了。
✿ しめた！うまくいったぞ。
——太好了，成功了！
✿ しまった。もう5時だ。
——完了！已经5点了，来不及了。

这里的「あった」同样表示"说话人预期的结果"。"说话人预期"在这里包含

很多可能的事态：找了但找不到，在这里或在别的地方找到等等，最终，"预期"以在这里找到了这种形式"落地"。

### 十、表示"状态"的「た」

✤ とがった鉛筆は折れやすい。
——削尖了的铅笔头容易折断。
✤ 壁にかかった絵をごらんください。
——请看墙上的画。
✤ まっすぐ伸びた道。曲がりくねった道。
——笔直向远处延伸的道路。弯弯曲曲的道路。

有些日语语法书里，会把这个表示状态的用法列为「た」的一个独特用法：有些动词修饰名词的时候就用「た」形，记住就好，不用问那么多为什么！

这倒是与笔者提倡的单词记忆法不谋而合：记单词，要记住这个单词常用的语境和它出现的形态，否则跟没记一样，要么用不上，要么用错。

## 精读 8　长寿社会的烦恼

下面的短文节选自「日经」的一则时评，内容涉及近来媒体热炒的一个话题：日本金融厅在 2019 年 6 月初出了一份报告，旨在号召大家多想想如何理财。平均而言，每人至少需多准备出 2 000 万日元，不然可能会碰到养老保障不足的问题。

建议备考 JLPT－N1、N2 的同学，把下面这篇文章作为一个阅读理解的练习，思考两个问题：(1)作者认为金融厅这篇报告会对经济造成怎样的负面影响？(2)作者对这个问题给出的解决方案是什么？

✤ 3月に本欄で「人生100年時代の罪」という話を書いた。「人生100年に備えを」という政府の呼びかけが行き過ぎて、将来不安から消費を抑えるリスクが生じているのではないかということを指摘した。

✤ その観点で最近、考えさせられる出来事があった。

✤ 6月初め、金融庁の金融審議会が人生100年時代を見据えた資産形成を促す報告書をまとめた。

✤ 報告書は公的年金だけに頼った生活設計では資金不足に陥る可能性を指摘。平均的なケースで男性65歳以上、女性が60歳以上の夫婦では、年金収入だけに頼ると毎月約5万円の赤字に、今後30年生きると2000万円が不足するという推計結果を示したのだ。

✤ この報告書について「政府は『年金は100年安心』と言ってきたのに無責任ではないか」「老後の資金に2000万円もためられない」といった批判や不安がネットなどで広がった。そして麻生太郎金融相が報告書の受け取りを拒否する事態に至った。

✤「人生100年時代」に向けたメッセージの出し方は難しい。長生きすると公的年金だけでは不十分かもしれないからしっかり自助努力で資産形成しなさいというのは正論だろう。

✤ ただ、皆が急に毎月5万円ずつ貯蓄に回し始めたら、日本の消費は急速に縮小する。消費税率上げどころの衝撃ではない。

✤ しかも、その貯蓄の行き先も問題だ。金利がほどんどゼロの銀行預金では意味がない。中長期で資産が増える株式などへの投資が有効だ。だが、将来不安で皆が貯蓄して消費をしないと国内需要はますます縮み、企業の投資も伸びず、株価も上がらない。人生100年に備えた貯蓄が日本経済の一段の縮小を招くリスクもあるのだ。典型的な「合成（ごうせい）の誤謬（ごびゅう）」だ。

✤ 国内に魅力的な投資機会があれば、そこに個人の資金が流れ、高いリターンを生み、個人も企業も潤い、次の投資・消費という好循環を生む。人口が減るなかで、国内にいかに投資機会を生みだすか。金融・財政政策による一時的な刺激策では十分ではない。潜在成長率を引き上げる規制緩和など構造改革は避けて通れない。「改革と成長なくして、豊かな人生100年なし」である。

## 解说

（1）～が行き過ぎて：指……过火、过度之意。

（2）～という話を書いた・～ということを指摘した：指作者写了什么，指出了什么。日语里，常用「～ということを・という話を・というのを」来表示"说、写、指出"的内容。

（3）～のではないか：最常用的表示说话人推测的一种说法。如：你的东西丢了，问旁边人看到没有，旁边人说「あいつが持って行ったんじゃないの」。

（4）考えさせられる：这是日语里一类特殊的用法，即：使役＋被动，表示"引

人深思,发人深省"之意,即"(某事)令我不得不思考"。

(5)〜を見据えた:其中的「見据える」本意是"直视、盯着看"的意思,而「〜を見据えた」是个固定形式的用法,指「〜に備えて」「〜を考慮に入れた」「のための」。

(6)報告書をまとめた:表达写报告这个意思,日语里既可以说「レポートを書く」,也可以说「レポートをまとめる」,「まとめる」的对象通常是比较正式的大部头的报告。

(7)这里提供了两个「では」的绝佳的例子。「〜生活設計では」中的「では」是"仅凭……不足以……"的意思,相当于「だけで(は)」;如果你想表达某个工作一个人太少了,根本完不成任务,可以说「一人ではできませんよ」「私一人では無理だよ」。而「〜夫婦では」中的「では」,相当于「(のケース)においては」。你可以体会一下这个例子:「中国では、おせち料理と言えば、なんといっても餃子でしょう」。

(8)〜事態に至った:指"发展到……这种事态、这种结果"。

(9)〜と言ってきた:与「〜と言い続けてきた」同意,指"(政府)长期以来一直说……",「てきた」是以现在时点的状态为基准,讲述事态是如何从过去一点一点演变成为现在这个状态的。

(10)〜ではないか:此处与「〜だよね」同义。

(11)〜に向けた:有一点点"只可意会不可言传"的味道,它跟「に対する」「への」意思相近,但更有方向感和指向性。表示类似意思,日语里只有「に向けた」,没有「に向ける」;只有「に対する」,没有「に対した」的用法。

(12)〜どころではない、〜どころの〜ではない:指的是"跟某事相比……根本不算什么;比起……,某事重要得多"。

(13)"合成的谬误(Fallacy of composition)"指的是微观上合理的经济行为,宏观上不见得合理。打个比方,若每个人都以"我不这么干,别人也会这个干"为理由做不利于他人的事情,整个社会将是什么样子?

(14)〜という好循環(こうじゅんかん)を生(う)む:形成……这样一种良性循环、正向反馈。

(15)〜は、避けて通れない:指"……是必由之路、必须采取的措施"。这个"套路"在写文章时非常好用。

(16)AなくしてBなし:"没有A就没有B"之意的典型"套路"。

# 第 15 章
## 攻克时态最难关——「ていた」

「ていた」是日语里把握起来需要下一番功夫的时态。原因在于「ていた」=「ている」+「た」プラスアルファ(意为额外附加)。

「ている」和「た」这两个时态本身,都有看起来容易、用起来难的特点——初学者对它们都略知一二,但其真正有难度的地方,在普通教科书里被有意无意地忽略了。而「ていた」,比「ている」和「た」的难度加起来还要更大一点。

### 一、「ている」的难点在哪里?

首先,重温一下「ている」的用法。我们说过,理解「ている」的关键词是"持续",从简单的动作的持续到各种状态的持续。而状态的持续当中,又包括:(1)作为某种动作的结果的状态;(2)反复发生的习惯性动作的持续;(3)已经发生的动作、事情,其"发生过"这一"事实"的持续。

状态的持续这种用法,对以汉语为母语的人来说,把握起来会很别扭。比如,"死"这个词,基本型是「死(し)ぬ」,过去时是「死んだ」。而除了这两种形式,日语里还有「死んでいる」「死んでいた」这两种用法,都是"死了"的意思,你不能把它们翻译成"死着""死过"。

✤ あなたが家庭をもつ頃には、私はもうとっくに死んでいるわよ。
——你成家那会儿"我已经不在了"这一状态的持续。
✤ 日本では交通事故で毎年1万人ぐらい死んでいる。
——"每年上万人死于交通事故"这一状态的持续。
✤ 私が帰郷した時には、父は既に3時間前に死んでいた。
——"我赶到家之前父亲已经去世"这一状态的持续。

与此类似的还有很多,比如:
✤ 「~」と歴史の本に書かれている。
——某历史书里曾写到这个。

✿ 筆者は第3章で大地震について述べている。

——作者在书中第3章讲述了大地震的事情。

我们也经常会碰到「思っている」这个词,它有两个含义:一是表示他人的想法,如「林さんはパーティに参加したいと思っている」(林桑想参加这次派对);另一个是表示已经持续一段时间的个人想法、观点或信念,如「僕は以前からそう思っている」。

而下面几个例子,都是以「ている」形式来暗示双方将会再见面,或以其他形式接触。

✿ 待ってるよ。

——等你噢。不说「待ちます」,更不会说「待ってあげます」。

✿ そこで待っていてください。

——请在那里等我。如果只说「待ってください」就变成了"留步"或"且慢"的意思。

✿ またお会いできるのを楽しみにしております。

——后会有期。

✿ 晩ご飯ができるまで、ここでテレビでも見てて。

——晚饭做好之前,你先在这里看会儿电视什么的。

✿ 私は外で一服(いっぷく)してますので、何かあったら電話で呼んでください。

——我到外面抽根烟,有事打电话叫我。

## 二、「ていた」=「ている」+「た」

「ていた」的基本用法之一是——「ている」的过去时。

### (一)动作的持续:表示之前的某段时间,当时正在做……来着

✿ 昨日午後2時ごろ、どこで何をしていましたか。

——昨天下午2点左右,你在哪里、做什么来着。

✿ 子供はテレビを見ていた。

——小朋友那会儿在看电视来着。

✿ 連絡がないので、みんな心配していたんですよ。

——怎么不打个招呼,你知道大家当时多为你担心吗?

✿ 物産館を目指して歩いていたら、看板が目に入った。

——朝着特产馆的方向走,走着走着看到一块牌子。

### (二)状态的持续

✤ 会場に着いたとき、コンサートはもう終わってた。
——我赶到会场那会儿,音乐会已经结束了。

✤ この川はしばしば氾濫を起こしていた。(反复发生的习惯性动作)
——这条河曾经常发大水。

✤ よく勉強していましたから、きっと合格するでしょう。(反复发生的习惯性动作)
——你学得那么用功,一定会考上的。

✤ マラソンがブームになるころには、彼はもう何回か大会に出場していた。(发生过之事实的持续)
——马拉松运动火起来那阵儿,他都已经参加过好几次大的比赛了。

✤ ゆみえは、3年前の5月に1度離婚していた。(发生过之事实的持续)
——弓惠在3年前的5月曾离过一次婚。

✤ 何のことかよくわからなかったので僕は黙っていた。彼もしばらく黙っていた。(状态的持续)
——我不明白怎么回事儿就没吱声,他也好一阵儿都没说话。

✤ 春、一度上京したいと言っていた。(发生过之事实的持续:某人说过什么话)
——她曾说起过,春天想去趟东京。

### 三、非现实性假设的「ていた」

「ていた」还经常以「ていれば(ていたら)」的形式,表示在过去如果怎样做(实际没有发生),现在的情况会大不一样。

✤ もう少し早く出発していれば、電車に間に合ったのに。
——如果早点出门,就不会赶不上车了。

✤ あの時お金があれば、あの車を買っていた。
——如果那时候手里有钱,我早把那辆车买下来了。

✤ 彼の電話がなければ、私は墜落した飛行機に乗っていた。
——如果不是他的电话,我会坐上那架出事的飞机。

### 四、持续状态中的突发事件

这是「ていた」的一个比较特殊的用法——某一持续中的状态被突发事件(或变化)所打断,变化发生前后的状态之间,有某种特定的关联。

(一)「～たところだ」

✽ ちょうど先生の話をしていたところです。

——持续中的状态：在聊天(聊起老师)，被突发事件打断。正在这个当口，老师本人进来了。

✽ 警察は男の行方を捜していたところ、路上で不審な人物を発見した。

——持续中的状态：警察在搜索嫌疑人的行踪，被突发事件打断。正在这个当口，在街上发现了一个可疑人物。

✽ やっぱり、人気が出ましたね。私もあの歌手は気になっていたところだ。

——持续中的状态：我也在关注那个歌手，被突发事件打断。正在这个当口，那个歌手突然红了。

(二)「～と思っていた」

✽ 僕もさっきから同じことを言おうとしていました。

——持续中的状态：我也要说这个，被突发事件打断。你先说了。

✽ えっ、本当ですか。てっきり田中さんの本だと思っていました。

——持续中的状态：我一直以为那是田中的书，被突发事件打断。现在听说是别人的，不是田中的。是真的吗？我还以为是田中的书呢！

✽ 素敵(すてき)ですね。前からこんなネクタイが欲(ほ)しいと思っていたんです。

——持续中的状态：我一直想要一条那样的领带，被突发事件打断。现在总算找到了。

✽ 日本は物価が高いと聞いていましたが、思っていたほどではありませんでした。

——持续中的状态：我听说并一直以为日本物价很贵，被突发事件打断。现在想法变了，新的事实让我感觉日本物价其实没有想像中那么贵。

✽ おかえり。ずいぶん遅かったね。今日は早く帰ると言っていたのに。

——持续中的状态：你说过今天早回来，被突发事件打断。你回来了，这么晚才回来，你不是说今天早回来吗？

## 五、把握「ていた」「ている」的语感

下面的例句是「ていた」和「ている」的一些常见用法。如果你能理解为什么这么说(这些说法，对你来说没有任何「違和感」)，说明你已经掌握的非常不错了。

✲ 田中さんはこのニュースを知っているでしょうか。

いいえ、知らないと思います。田中さんは出張していましたから。

✲ 林さんは試験に合格するでしょうか。

よく勉強していましたから、大丈夫でしょう。

✲ 小川さんが結婚したのを知っていますか。

え、そうなんですか。ちっとも知りませんでした。

✲ 来週のパーティ、必ず来てくださいね。

ええ、楽しみにしています。

✲ 昔、畳は今のように部屋全体に敷くものではなかった。客が来たときだけ畳を敷いていた。

✲ 私は子どものころから鳥のように空を飛びたいと思っていた。

✲ 今日1時にそちらに伺うことになっていたんですが、急な事情で伺えなくなったんです。

✲ 山田さんに会いたいなあ。彼は元気ですか。

実は、私も最近全然会っていないんです。どうしているんでしょう。

✲ バス停で会いましょう。この道をまっすぐ行くと道が2つに分かれていますから、右方向へ行ってください。50メートルほど先にバス停があります。

✲ 牛乳にはいろいろな栄養が含まれている。

## 精读9　便利店打造的爆款方便面

### 题解

便利店随处可见是日本零售业的一大特点，而拉面是日本饮食文化的一面旗帜。在这两者的结合点——便利店渠道的方便面——上进行创新，是便利店行业龙头7－11的过人之处。

2019年伊始，7－11与拉面店联手打造的一款拉面，在日本社交网络上走红。下面的精读材料节选自「日経」的一则关于7－11如何打造现象级方便面的深度报道，题为「日清を挑発した男、セブンの銘店ラーメン作戦 あなたの知らないコンビニ」。

✲ 全国に5万店以上、年間の来店客数は170億人を超える日本のコンビニ

## 第15章 攻克时态最难关——「ていた」

エンスストア。インターネットとともに生活インフラとなり、あなたをいつも優しく出迎えてくれる。そんなコンビニの裏側では進化を求めたサバイバルが繰り広げられている。あなたの知らないコンビニの世界に招待しよう。

❊ コンビニ最大手のセブン—イレブン・ジャパン。1店舗あたりの1日平均売上高は約66万円。実は2位のローソンより2割以上高いのをご存じだろうか。他社も認めざるをえないこの差を生んでいるのが商品開発力だ。ラーメンを例にとってみよう。「コンビニのラーメンなんて、お金のない時の……」という先入観は覆る。

❊ ジロリアン必見——。1月末から、SNSで人気沸騰したレンジ麺「中華蕎麦とみ田監修豚ラーメン（豚骨醤油）」。太麺と濃厚なしょうゆベースでニンニクの風味の効いたスープが人気店「ラーメン二郎」のようだと評判を集める。

❊ 累計販売5億個 カップ麺では銘店シリーズの「蒙古タンメン中本」。辛味とうま味の絶妙なバランスが人気だ。2月下旬には一部店舗で期間限定で販売していた「北極ブラック」が登場する。中本ファンにとっては幻の味だ。昨年8月からセブンイレブンと中本が数十回の試作を繰り返し発売にこぎつけた。全国の有名ラーメン店とコラボした銘店シリーズはほかにも「山頭火」など約10品目。累計販売個数は5億個を超えるが、その第1弾が2000年に発売した札幌発祥の味噌ラーメン「すみれ」だ。

❊ 今年2月13日、すみれが横浜市のJR桜木町駅周辺の一画に横浜店を開いた。唯一の北海道外の店舗だ。オープン前日、ある人物がこの店を訪れた。セブンイレブンで取締役商品本部長をつとめる石橋誠一郎（52）だ。すみれ店主の村中伸宜（61）に会って祝福を伝えると、村中は石橋にすみれラーメンを振る舞った。「麺がすごくすっきりしてますね」と石橋。「そのかわり日持ちはしない麺なんだよ。やっぱりね、消費者はわかってる。同じ味のままではダメで絶えず合わせて変えていかないと」と村中は返す。今から20年前、この2人の出会いがカップラーメンの新たな歴史を切り開いた。

❊ 福岡県出身の石橋にとってなじみのラーメンと言えばとんこつ味。ところが札幌出張で食べたすみれに衝撃を受けた。「こんなにおいしい味噌ラーメンがあるのか」。ぜひセブンイレブンの棚に並べたい。最初はそんな衝動だった。石橋はこれより前に「ラーメンの王道」をヒットさせている。東洋水産、明星食品、エースコックと組み、横浜や和歌山などご当地ラーメンと銘打った初のカップ麺の専用ブランドだった。だが大事なピースが欠けていた。

最大手の日清食品だ。日清には「小売り専用の商品はやらない」と断られていた。

✼ すみれ実現のために、日清を引っ張り出したい。石橋は周到な準備を始めた。1999年9月のセブンイレブン加盟店オーナー向けの商品展示会。石橋はこの場に日清食品社長（当時）の安藤宏基を招いた。そこには安藤を刺激する仕掛けがあった。なんと展示会では最大手の日清を脇に置き、他のメーカーと共同で開発した「ラーメンの王道」シリーズを前面に押し出したのだ。この光景に安藤はぶぜんとした。「なぜうちの商品がこれしかないのか」。態度がさらに硬化するというリスクを承知であからさまな挑発行為に打って出たわけだ。

✼ 狙いは当たった。ついに日清食品から「一緒に何かできないか」と打診があった。石橋は心の中で歓声をあげた。次に落とさなければならないのはすみれの店主、村中だ。この時点で村中にはまだ声をかけていない。人気のラーメン店の店主はコンビニのカップ麺という工業製品を出すことに抵抗感がある。直接、依頼すれば断られるに決まっている。

✼ 石橋や日清のスタッフは身分を隠し、札幌の店に通った。麺やスープを持ち帰る訳にはいかない。カウンター席から調理場をのぞき込み、調理工程を目に焼きつけた。

✼ 「最高のメンバーをそろえる」と約束した日清の専任チームが、舌で覚えたスープや具材の味を何度も作り直し、試作品を本物に近づけていった。1999年11月、ようやく勝負の時がきた。全国各地から人気ラーメン店を集めた「新横浜ラーメン博物館」。石橋はすみれの村中と初めて面会し、こう申し出た。「すみれのカップ麺を作らせて下さい」。村中は「できるわけがないよ」と即答した。ここまでは想定済みだ。石橋は大胆にも「実はもう作ってみたんです。試しに食べてもらえませんか」。すみれを再現したカップ麺の試作品を差し出した。そのときの村中の反応を石橋は今でもよく覚えている。「よくできてるね、インスタントの良さを生かしている。でも、もうちょっと工夫が必要かな」。ここまで準備をしていたら、ノーとは言えない。村中は隠し味も含めてすみれの秘伝レシピを教えた。そして翌年、2000年4月の発売にこぎ着けた。

✼ 石橋は1985年入社。当時のセブンイレブンは2300店、今の1割しかなかった時代だ。10年後に商品本部に移ると痛感することがあった。当時は加工食品で食品メーカーとコンビニ専用製品を開発することなどなく、膨大な

製品の中から試食して選ぶだけ。これじゃスーパーと同じじゃないか——。「本当に独自のものを作りたい」という執念は「銘店シリーズ」で実った。「ラーメンの王道」はご当地とうたったため、他社が容易に真似できた。だが、個別の店とのコラボなら、他社は入り込めない。

✤ すみれと同時に博多のとんこつラーメンの名店「一風堂」も発売した。村中が一風堂の店主と懇意で、セブンイレブンや石橋との取り組みを話してくれていた。2品を同時に発売すると2カ月で500万食を売り上げる大ヒットとなった。すみれプロジェクトはセブンイレブンの歴史の中でも一大転機だった。この頃、加工食品の世界ではメーカーが最も強く、コンビニのプライベートブランドへの協力は及び腰だった。だが日清が協力したことは大きく、その後、大手のビール会社などが雪崩を打ってセブンイレブンとの共同開発に動いた。本格的なコンビニ経済圏が幕を開けることになる。

✤ すみれとのコラボから20年。商品のレベルを毎年アップデートするこだわりはさらに磨きがかかっている。

✤ セブンイレブンに並ぶ冷たいうどん。この1年で麺のコシが急に良くなったのに気づいた人がいるかもしれない。実は、セブンイレブンの担当者たちを長年悩ませてきたのがうどんだった。石橋の下で執行役員商品本部副本部長をつとめる和瀬田純子。社内でも味見のプロとして名高い。大半の社員がうまいと思っても和瀬田は弱点を見抜く。この目利きの力でレンジ麺など数多くのヒットを生み出してきたが、うどんはそうはいかなかった。

✤「ライバルは外食のうどん店よ」。長年そう言い続けてきたが、うどんの売り上げだけは前年を割る。特に冷たいうどんは麺の劣化が早く、つゆや味つけでごまかしもきかない。ようやく光明が見えてきたのが2016年ごろだ。うどんの開発チームで試行錯誤した結果、麺の断面の形を研究し、四角い形状に近づけることでコシを高める製法を発見。水の加え方なども調整し、レシピを作成した。ここまでは良かった。問題は均一の品質に仕上げることだった。うどんなどの調理麺の工場は全国に15工場ある。工場によって気温も気圧も水質も水の温度も違う。商品はいわば工業製品。全国2万店を持つセブンイレブンにとっては品質を一定に維持できなければ発売のゴーサインは出せない。

✤「どうしたらいいか」。和瀬田がとったのは正攻法だ。商品の味、具材をチェックし、工場に製法を指導する舌や技能を持つ商品作りの専門家を育てることにした。ユニクロが中国の委託工場の品質を上げるために編み出した

のとおなじ「スペシャリスト制度」だ。製麺スペシャリストを31人育て上げ、全国各地に配置し、均一の品質にようやく自信が持てるようになった。おっとりとした印象の和瀬田だが、異様な執念である。そして2018年4月に満を持して冷たいうどんを大幅に刷新。麺のコシを高めると同時にのどごしもよくした。発売後、2018年4～8月のうどんの売り上げは前年を15％上回った。

✿ このスペシャリストたちはセブン―イレブン・ジャパンの社員ではない、といったら驚くだろうか。セブンイレブンは、1号店の出店から5年後の1979年に日本デリカフーズ協同組合（NDF）を立ち上げた。調理技術、食材調達などを標準化しながらレベルアップすることを目的にメーカーを呼び組織をつくった。現在も味の素、ハウス食品、日本ハムなど大手を含めた食品メーカー68社が参加している。うどんスペシャリストも、セブンイレブンの社員ではなく、NDFに参加する協力メーカーの社員だった。呉越同舟型の協同組合が共同で商品を開発して競争力ある商品を生む。和瀬田は「スペシャリストは今後、おにぎりやパンへと広げる計画で、全国どこでもセブンイレブンのレシピを忠実に再現できるようにしていく」と話す。「小売業で成長しているのは自らモノを作っているユニクロ、ニトリ、そしてセブンイレブンだけだ」。コンビニを日本に持ち込んだセブン＆アイ・ホールディングス名誉顧問の鈴木敏文（86）の口癖だ。麺に賭けた彼、彼女らの物語。「便利・簡単」をかかげるコンビニの棚の裏側に「本物」への執着心が張りついている。きょうの帰りにコンビニに立ち寄るなら、そんな気持ちで棚を眺めるのも一興かもしれない。

## 解说

（1）便利店的全称「コンビニエンスストア」。因为太长又比较拗口，日常会话中通常只用「コンビニ」这个简称。

（2）～とともに：书面、口语都能用，可表达的意思也比较多，此处是"与……一同，与……一起"之意。它还可以表示"与……相伴"之意（如「老（お）いとともに」，这是一个关于老年人医护方面的系列报道的栏目名称），"与……同时"（如「日本では、結婚とともに退職する女性は多い」），"伴随着……"（如「心の傷も時が経つとともに、やがて薄らいでいくものだ」）等意思。

（3）サバイバル：指存活，幸存。

（4）～が繰（く）り広（ひ）げられている：这里是"展开、进行……"之意，日语里形容就某事展开激烈争夺时的常用说法，比如「戦い・熱戦・論争・争奪戦・

試合が繰り広げられている」。「繰り広げる」的本意是"展开(画卷)"。

(5)〜をご存(ぞん)じだろうか:你知道……这件事吗?

(6)〜ざるをえない:为"不得不……"之意,此处指竞争对手也不得不承认与7-11在单店日均营业额方面的差距。

(7)〜を例にとる:是"以……为例"之意。

(8)先入観(せんにゅうかん)は覆(くつがえ)る:「先入観」指成见、偏见;关于什么的偏见这个部分用「という」来表示。「覆す」是颠覆,「覆る」则是"被"颠覆。

(9)「ジロリアン」指人气拉面店「ラーメン二郎」的铁粉,这是借用了英语里表示"做某事的人"之意的词根"ian"造出来的外来语。

(10)幻(まぼろし)の味(あじ):日语里形容什么好到极致,常用「幻の〜」这个"套路"。

(11)〜に漕(こ)ぎつける:是"(付出很多努力、几经挫折之后总算)达成了某目标,做到了某事"之意。

(12)コラボ(する):是表示"合作"之意的「コラボレーション」(collaboration)的略语。

(13)〜発祥(はっしょう)の〜:以……为发源地的……,「発祥」一词前面是发源地。

(14)唯一(ゆいいつ):注意读音。

(15)ラーメンを振舞った:这里的「振舞(ふるま)う」是请人吃东西、为人提供饮食、请客之意。

(16)日持(ひも)ちはしない:指食品搁不住,放几天就会变味。

(17)新(あら)たな歴史を切(き)り開(ひら)く:日语里说创造历史,常用「切り開く」一词。

(18)なじみの〜:指"熟悉的……"。「なじみ」一词本身是"熟悉、熟人"之意。「Aさんとなじみになる」指混的熟了跟A成了朋友,「〜とはなじみが薄い」指跟……不熟,「おなじみの曲」指熟悉的歌曲、旋律。「幼馴染(おさななじみ)」是从小在一起的"发小"之意。

(19)ヒットする:指产品受欢迎,走红,爆款。

(20)ご当地(とうち)ラーメンと銘打(めいう)った〜:以本地拉面的名目、招牌。

(21)周到(しゅうとう):为周到、周全、周密之意,常以「用意周到・準備周到」的形式出现,如「徹底的に時間をかけて計画を練るのできわめて用意周到

である」「彼はいつも用意周到に準備を進めねば気が済まない性格だ」。

（22）仕掛（しか）け：是「仕掛ける」的名词形，「仕掛ける」多用来指"设计算计某人，布置机关"。其贬义的用法，比如「自分の仕掛けた罠にはまった」（落入自己设下的圈套），或「色仕掛（いろじか）け」（用美人计）。该词也有中性的用法，比如「ブームの仕掛け人（にん）」指某一热潮、潮流的缔造者；以捉弄人来搞笑的电视节目里，将被捉弄者引入圈套的人也叫「仕掛け人」。

（23）前面（ぜんめん）に押し出す：把……推到前台、放在显著位置。

（24）憮然（ぶぜん）とした：指不满、不悦、不爽。

（25）～を承知（しょうち）で：指"明知道这样做的后果，却仍然选择某行为"之意。

（26）～（あからさまな挑発）に打（う）って出（で）た：指主动出击做某事，能不能做成不确定，所以该词隐含着"碰碰运气、搏一把、豁出去"之意。「あからさまな挑発（ちょうはつ）」指赤裸裸的挑衅行为。

（27）狙いは当たった：直译为瞄准的地方打到了，此处指计划成功了。

（28）打診（だしん）：试探，探口风。

（29）～ことに抵抗感がある：对某事、某做法心里有抵触（情绪）。

（30）～に決まっている：指"一定会怎样，明摆着结果会是……"之意。

（31）身分（みぶん）を隠（かく）す：不表露身份。

（32）店に通（かよ）う：多次、频繁去该店。

（33）～わけにはいかない：又不能……。这里的"不能"不是物理上、能力上的，而是碍于某种理由，不方便这么做。

（34）目に焼（や）き付（つ）ける：指"要把看到的东西铭记在心"之意。

（35）ようやく勝負（しょうぶ）の時が来た：终于，决胜的时刻到了。

（36）想定済（そうていず）み：指"已经预料到会这样，符合预期"。

（37）大胆にも：指"大胆地采取某做法"，这里的「も」有强调的功能。

（38）今でもよく覚えている：指"至今还清楚地记得"，最好把它当成一个词来记忆。指"做的很好（言下之意是超乎预期的好）"的「よくできている」也是如此。

（39）ここまで準備をしていたら：既然已经把准备工作做到这个份儿上了。

（40）秘伝（ひでん）レシピ：对外保密的配方、菜谱。「秘伝」是只对特定的人传授之意。

（41）執念（しゅうねん）：指一直放之不下、挥之不去的想法，想要做成某事的执着。

(42)ご当地(とうち):通常后接名词,指当地(特产),当地产的啤酒称「ご当地ビール」,或简称「地(じ)ビール」。

(43)他社(たしゃ)は入(はい)り込(こ)めない:指其他公司挤不进来(挤不进这个市场),同样意思还可以这样表达「他社が入り込む余地(よち)はない」、「付(つ)け入(い)る隙(すき)がない」。

(44)及び腰(およびごし):指不上心,因为没有自信或没有想把事情做成的强烈意愿。

(45)〜ことは大きく:在某方面……这件事的影响至关重要,在办成某事的过程中……这个环节至关重要。类似的"套路"还有「〜に負(お)うところが大きい」。

(46)雪崩(なだれ)を打って〜:指"众多的人蜂拥而至(蜂拥而去),像雪崩一样"。比如形容敌人溃不成军,蜂拥而逃,可以说「敵軍が雪崩を打って敗走する」。

(47)〜が幕(まく)を開(あ)ける:指"……正式拉开了帷幕"。

(48)(さらに、一層)磨(みが)きがかかる:指精益求精、更上层楼,即在原来的基础上进一步打磨。

(49)弱点(じゃくてん)を見抜(みぬ)く:「見抜く」是看穿事情的本质、真相之意,常说「うそを見抜く」。

(50)目利(めき)き:指有识别、鉴别能力的人,通常指会看人,会鉴别事物。

(51)コシ:指面的"筋道",有弹性。

(52)〜はそうはいかない:指(别的方面可能可以),"但在……这方面行不通"。

(53)ごまかしは効(き)かない:指没法糊弄,糊弄不起作用。「ごまかし」是对付、糊弄、蒙混过关之意。

(54)「ゴーサイン」是用 go 和 sign 硬造出来的"外来语",批准、放行之意。通常以「ゴーサインが出た」「ゴーサインを出す」这样的形式出现。

(55)正攻法(せいこうほう):正面闯关,正面作战,不回避难点。

(56)〜のと同じ〜:与……相同的……

(57)〜に(ようやく)自信が持てるようになった:终于开始对……有自信心了。也是可以拿来就用的"套路"。

(58)おっとりとする:指为人稳重,不拘小节。

(59)満(まん)を持(じ)する:指做好了充分准备,只待时机成熟。原意是拉满弓,随时可以把箭射出。

(60)のど越(ご)し：指食物或饮料的"口感"。

(61)～することを目的(もくてき)に～を作った：以……为目的建立了……

(62)～に賭(か)けた：指义无反顾地专注于……，把希望寄托在……

(63)本物(ほんもの)への執着心(しゅうちゃくしん)：对于……的执着。这里的「本物」并不是假货「偽物(にせもの)」的反义词，而是指真正意义上的拉面、极致的产品质量。

(64)張(は)り付(つ)く：指为了达到某目的，而坚守在某处，或在某人身边不离开。比如「記者が捜査本部に張り付いて待機する」指记者为了拿到有关案情的最新消息，而守候在专案组门口。

(65)コンビニに立ち寄る：顺路去趟便利店，经过的时候顺便去一趟之意。

(66)一興(いっきょう)かもしれない：可以译成"何尝不是一件趣事"。

# 第 16 章
「〜そうだ・〜ようだ・〜らしい」,区别在哪儿?

## 一、「〜そうだ」

先说说「そうだ」。「そうだ」有两种不同的用法,一种表示"听说……",另一种表示"看样子会……"。

❀ 噂(うわさ)では、あの二人は近く結婚するそうですよ。
——据传,他们两个快要结婚了。

上面是表示"听说"的「そうだ」的例子。表示"听说"的「そうだ」有几个明显的特征:(1)与前面动词的接续,采取最简单的形式——直接接续就好,不用考虑更多。(2)通常前面与「〜によると」、「〜(の話)では」这类表示信息源的词搭配使用。(3)没有「〜そうだった」这样的过去式。如果你想表达"我早就听说了",可以说「前にも聞いたよ」。(4)没有「〜そうではなかった」这样的否定形式。其实,中文里也没有"不听说"这样的用法,遇到类似的语境,我们会说"我没听说过……",这在日语里可以说成「その話、聞いたことないね」。此外,"听说"的「そうだ」也没有「〜そうな、〜そうに」这样的变形。

而表示"看样子像要……"这个意思的「そうだ」,接续和用法更多样化一些,先看几个例子:

❀ 雨が降りそうだ。
——看这天怕是要下雨。

❀ 今にも雨が降りそうだ。
——看这个天色马上就会下雨。

❀ 雨が降りそうにない。雨が降りそうもない。
——看样子不像要下雨啊。

❀ おいしそうだ。
——哇塞,看上去好好吃啊。

✽ おいしくなさそう＝まずそう。

——看样子这东西好吃不到哪里去。

✽ おいしそうなリンゴですね。

——这苹果看上去应该味道不错。

✽ リンゴをおいしそうに食べている。

——他吃苹果吃的好香、好开心啊。

✽ 彼はうれしそうに笑っていた。

——他笑得好开心。

“看样子会……”这个意思的「そうだ」除了视觉方面的印象、感受，还可以用来表达比较模糊的预感、直觉。比如：

✽ 会議は始まりそうもないから、コーヒーでも飲んできましょう。

——看样子会议不会马上开始，先去喝杯咖啡再说吧。

✽ 会議はまだまだ続きそうですねえ。

——看样子会议一时半会儿还结束不了。

✽ 寒（さぶ）っ、風邪ひきそうだ。

——好冷，这是要冻出感冒的节奏。

与表示“听说”的「そうだ」一样，表示“看样子”的「そうだ」也不适合用来表示过去。如果你想说“看样子昨晚下过雨了”，应该说「昨夜、雨が降ったようだ」。

## 二、「～ようだ」

接下来看看「～ようだ」。「～ようだ」也有两种基本用法，一个是表示自身的推测、判断——“好像是……”，另一个用法是打比方——像雾像雨又像风。

在表示“好像是……”这个意思的时候，「～ようだ」的判断依据主要来自五官的感觉、感触，这一点与基于抽象思考的「～だろう、～かもしれない」有很大区别。所以，这个意思的「～ようだ」经常以「どうも～ようだ」这样的形式出现。

✽（なめて）少し味が濃すぎるようです。

——尝了一下以后：味道好像有点太浓了。

✽（臭って）これ、腐っているようですよ。

——闻到了腐烂的气味：这东西好像已经坏了，不能吃了。

✽（足音を聞いて）誰か来たようですから、ちょっと見てきます。

——听到脚步声：好像有人来了，我去看一下。

「～ようだ」的第二个用法是比喻、打比方。常以「まるで～ようだ」的形式出现。

✤（優勝して）まるで夢のようだ。
　——拿了冠军，感觉就像是在梦里，不是真的。
✤ 死んだように眠っています。
　——睡的像死过去了一样。

### 三、「～らしい」

「～らしい」也有两种基本用法，一个是表示推测，另一个是表示"与……相称"。

「～らしい」所表示的推测，主要是基于来自外部的信息，来自外部的信息主要靠听觉获得，而在听说这个意思上面，与「そうだ」不同的是，「らしい」是间接听说。

✤ その話は、どうやら事実らしい。
　——那个事好像是真的耶。
✤ 台風が接近しているらしく、雨が強まってきた。
　——像是台风要来了，雨大起来了。
✤ 隣の子はよく勉強するらしい。
　——听人讲，隔壁邻居家孩子学习很用功。

"与……相称"的「らしい」，与「いかにも～のようだ」、「～と呼ぶにふさわしい」意思相同。比如，说一个男生「男らしい」，是指这个人很有男子气概，很有担当；说一个女生「女らしい」，是指这个人很有女人味儿，温柔体贴。

✤ 名探偵らしい見事な推理だ。
　——不愧是大侦探的推理，腻害！
✤ 君らしくないね。
　——比如你每次测验都考 100 分，有一次却考了个 99 分，老师对你说：这不像你一贯的作派嘛！这可不是你的风格呦。

## 精读 10　日本人名字的英文称谓

 题解

　　日本人的姓名在英语里按"名＋姓"的顺序来表示，这是长期以来约定俗成的习惯。2019 年 5 月，日本有关方面曾正式向媒体发出倡议：希望改变以往的英

文写法，采用"姓＋名"的顺序。不过到目前为止，欧美主流媒体并没有对此做出响应。

下面的精读材料，节选自「日経」的一篇就此事发表的时评。

✤ 明治維新から20年たらず。東京の夜はまだ灯火も乏しく、街は暗い。そんな宵に、令嬢明子は馬車に揺（ゆ）られて鹿鳴館にやって来た。そこは瓦斯（ガス）の光きらめく別世界だ。明子はフランスの海軍将校と踊り、語り合い、淡い恋心を抱く……。芥川龍之介の「舞踏会」である。

✤ 欧米諸国に一人前の国だと認めてもらいたいがために、当時、政府は極端な欧化政策に走った。日比谷の鹿鳴館はその象徴だ。そしてちょうどこの時期から、日本人の名前のローマ字表記が「姓・名」から「名・姓」へと変わっていったという。小説のなかの令嬢も、きっと名を先に記す西洋流になじんでいたに違いない。

✤ 長年の慣習が改まるだろうか。政府関係者は海外の報道機関に「姓・名」表記を求める考えを示した。文化庁も各方面に通知を出すそうだ。じつは19年前に国語審議会は、名前の形式は国ごとの文化や歴史を尊重すべきだとして転換を促している。現に、中国人や韓国人の名前はローマ字でも「姓・名」のケースが多い。国語審の指摘を受け、英語の教科書は「姓・名」が大勢となった。しかし世間にはなかなか浸透せず、姓をすべて大文字にして区別するといった工夫もさほど普及していない。かの鹿鳴館はいま跡形もなく、曲折を経て、敷地には高層ビルが建っている。有為転変はかくも激しいのに、不思議なほどに固いこの岩盤である。

(1)明治維新から20年たらず：指明治维新后不到20年。

(2)灯火（とうか）。

(3)宵（よい）。

(4)令嬢（れいじょう）：富家小姐。

(5)馬車（ばしゃ）。

(6)鹿鳴館（ろくめいかん）：当时招待外国使节的社交场所。

(7)別世界（べっせかい）。

(8)芥川龍之介（あくたがわりゅうのすけ）。

(9)舞踏会（ぶとうかい）。

(10)将校（しょうこう）：军官。

(11)～にやってきた：与「くる」相比,「やってくる」的含义更丰富一些,它可以指"从远方赶来",或"终于到了",此处指"有目的地,特意为某事而来"。

(12)欧米諸国(おうべいしょこく)。

(13)欧化(おうか)。

(14)象徴(しょうちょう)。

(15)～に走る：通常含有贬义,指"一门心思地朝着……方向奔去","走上……的不归路"。

(16)～から～へと：通常用来表示一种状况向另一种状况的演变。

(17)～に馴染(なじ)んでいた：指早已习惯于……,对……不陌生。

(18)慣習(かんしゅう)：传统习俗。

(19)改(あらた)まる：改变过来。

(20)～が大勢(おおぜい)となった：指……占据主流,与之类似的说法还有「～が大勢を占める」「が主流となる」「が多数をしめる」。

(21)さほど：等同于「それほど」,但比「それほど」更书面语一些。

(22)跡形(あとかた)もない：已经面目全非,不再有当年的样子之意。

(23)曲折(きょくせつ)：更复杂一点的说法是「紆余曲折(うよきょくせつ)」。日语里常用「(紆余)曲折を経て」表示"历经曲折、变故之后,最后结果是……"之意。

(24)有為転変(ういてんぺん)：佛教用语,概世事无常之意。

(25)かくも(激しい)＝こんなにも、これほどにも,此处为"如此之(剧烈)"之意。

(26)不思議(ふしぎ)なほどに固(かた)い：坚固到了不可思议的地步。

(27)岩盤(がんばん)：此处用来形容日本人名字的英文写法——先名后姓的习惯根深蒂固,牢不可破。

# 第 17 章
## 语气词：锦上添花，还是画蛇添足？

用在句尾的语气词，是日语里（特别是口语当中）最重要的一类"添加剂"。

还记得"添加剂"这个说法吗？笔者曾提过：日语句子＝"名词"＋"动词"＋"添加剂"。

这里的添加剂指的是：没有它并不影响整个句子的意思，但用它且能用得好的话，就更能精准地表达说话人的意图。从这个意义上讲，"添加剂"属于日语中级水平以上的内容。

语气词这类添加剂，在日语里通常称为"終助詞"，用在句尾；而用在句首或句中的，如「ああ、いや、まあ」之类的称为"間投詞"，也就是感叹词。这里，我们只探讨"終助詞"，常用的有「ね、よ、か、な、かい、ぞ、ぜ、わ、かな、かよ」等等。

这些常用的语气词，我们可以从两个维度来区分和理解。

（1）对发话人和听者而言，谈话内容是已知，还是未知？打个比方，如果我对你说「久しぶりだね」，这里的「ね」暗示着好久不见这件事一定是你我都知道的。当然，这里只能用「ね」不能用「よ」，因为「よ」所涉及的内容，是说话人知道而听者不知道的新信息。

（2）说话人的目的是什么？这是指语气词的互动功能。如果我说「誰ですか、あの人」（他是谁呀），这是在寻求你的回答；如果我说「おかしいなぁ」，这是自言自语，可能是突然想不起手机放在哪儿了，不需要别人搭茬儿。

下表是从上述两个维度对最常用的几个语气词做的一个总结。注意「か」→「よ」→「ね/な」是有顺序的，即：这三者之间，可以产生「かよ、かね、かね、よね、よな」这样的组合，但反过来不行，类似「よか、ねよ」这样的说法不成立。

|   | 谈话内容 | | 互动功能 |
|---|---|---|---|
|   | 发话人 | 听者 |   |
| か | 未知 | 已知 | 询问<br>「知ってるか」 |
| よ | 已知 | 未知 | 提醒对方采取行动<br>「明日は雨だよ」 |
| ね | 已知 | 已知 | 寻求确认、认同<br>「今日、いい天気だね」 |
| な | — | — | 自言自语、表露心声<br>「よく運動したな」 |

## 一、提醒对方采取行动的「よ」

✤ 財布落としましたよ。

——你钱包掉了。提醒对方采取行动:把钱包捡起来。这里的「よ」拉高语调。

✤ 天気予報だと明日は雨だよ。

——天气预报说明天下雨。这里的「よ」拉高语调,提醒对方采取行动:比如重新考虑一下明天还要不要去郊游。

✤ 学校に遅刻するよ。そんな所にいたら危ないよ。

这些都是提醒的「よ」的基本用法。上面是几个说「よ」时需要拉高语调的例子。同样是提醒、敦促对方采取行动,说「よ」时若拉低语调,则有不满、责备的语感。比如对参加考试的学生说「がんばれよ!」,如果是逐渐拉高的语调,这是表示鼓励:好好考,你一定行的!但如果是拉低的语调,则有不满、责备的味道,意思是:你要好好考噢,考砸了看我不收拾你!

✤ 一緒に映画を見に行こうよ。

——这里的「よ」表示请求,是拉低语调的「よ」。

✤ 早く帰ってきてよ。

——这里的「よ」表示要求、命令,也是拉低语调的「よ」。

此外,比如有人问你,你是不是学生,如果是的话,你回答「はい、そうです」就行了。但如果你回答说「はい、そうですよ」,就会给人一种后面还有话想说、想反问的语感(这实际上也是一种变相的责备),比如接下来你很可能反问「そう見えませんか」(难道我不像学生吗?)。

再比如,妈妈反复催促孩子写作业,孩子不情愿地说「はいはい、やりますよ」,言下之意是「やればいいんでしょう」。(写还不行吗,别催了!)

## 二、希望得到认同、确认的「ね」

上面的表格中讲过,用「ね」的基本条件是,谈话的内容对发话人和听者都是已知的事项。所以,「頭が痛いんです」(我头疼)这种你不说对方不可能知道的事情,后面只能接「よ」,不能接「ね」。

「ね」还经常用在需要考虑一下再回答对方的时候。比如接受提问、采访时,很多日本人会首先说一句「そうですね」,这个「そうですね」是"嗯……这个问题呢……我是这样想的……"的意思,不能简单地翻译成"是的"。

## 三、自言自语、表露心声的「な(なぁ)」

这里讲的是表示自言自语,吐露心声、愿望的「な」,不要与表示禁止的「な」(如「動くな」=不许动)弄混。

✽ いやあ、今日はよく運動したなぁ。

——在健身房锻炼,或打了场高尔夫等等,达到了一定运动量,小有成就感之后的自言自语。

✽ あれ、おかしいなぁ、どこにしまってあるんだろう。

——东西找不到了的时候的自言自语。

✽ 火が通ってきてるな。

——火候差不多了,快熟了(做菜看火候时的自言自语)。

✽ 熱心な人だなと思いました。

——表示自己的心情的时候,很常用的一个"套路"是「～なと思った」。这里不必一定是自言自语。

✽ しまったな。

——坏了,这下糟了。

✽ 悪い事をしてしまったなぁ。

——这事是我做得不对,是我不好(表示一种自省、反省、悔过的心声)。

✽ いいなあ。これ欲しいなあ。そうだったらいいのにな。晴れるといいな。きれいだな。たぶん違うだろうな。

——表示感叹、愿望(不必一定是自言自语)。

还有一些「な」的例子,是专门说给对方听的,不是自言自语。比如年长的男性有时会说「～ですなぁ」,表示自己不方便或不好意思明说之意的「弱ったな

ぁ」,揣着明白装糊涂、故意让对方听见心声(自责)表露的「わるいな」(不好意思)、「待たせたな」(让你久等了)等等。

✿ お前、こういう時ほんとダメだな。
——你一到这种时候就掉链子。
✿ つまみ食いしたな。
——一定是你偷吃了。

这两个例子是把自己的判断、推测等想法说给对方听,因为压根儿没指望对方会认同或承认,所以不能用「ね」。

需要注意的是,日语中一些本应用「ね」的地方,有时也会说成「な」。虽然不符合语法,但"存在的就是合理的"。举例如下:明日までにやっといてくれよ、いいな(いいね)。じゃあ、またな(またね)。

### 四、「のだ」简化而来的「の」

语气词「の」是从「のだ」演变而来的。比如「実は私、泳げないの」(其实……我不会游泳),可以认为是「実は私、泳げないのです」的简化形式。

「の」经常用在疑问句当中,比如「水泳、すきなの?」(你是不是很喜欢游泳),这可以看作是「すきなのですか」的简略形式。

「の」还可以用来表示命令(这也是「のだ」的功能之一),比如「遊びにいってもいいけど、5時までには帰るのよ」(出去玩可以,5点之前一定要回来),再比如「危ないところには近づかないの」,这两句话听上去的语感是:妈妈在告诫自己的孩子。同样是告诫,如果是出自爸爸口中,则很可能是这样的表现形式:「危ないところには近づくんじゃないよ」。

「の」也可以表示感动·感叹(这又是「のだ」的功能之一),比如表示"这个你也会?太腻害了!"之意的「そんなことできるの!」(=えっ、そんなんことできるんだ、すごいなぁ)。

### 五、表示停顿的「さ」

用在句尾的「さ」,多是男性把自己认为理所当然的事传达给对方,它常常给人一种这样的感觉:虽然是听者关心的事情,但发话人对这件事的态度是"无所谓,随它去吧,反正木已成舟、改变不了了",比如:

✿ 好きなようにやればいいのさ。
——你想怎么办就怎么办吧!你看着办就行了!

❋ そう心配することはないさ。
——别操心了！担心也没有用。
❋ 彼なら、そのうち来るさ。
——他等会儿一定会来的，放心好了。

不过，上面这种用法，如今已不多见。现在较为常见的「さ」的用法，是用在句子当中，特别是年轻人在对话中喜欢用「さ」来做停顿（没有什么特殊含义），比如家长对孩子说你怎么还在玩手机？孩子会以「だってさ」做开场白，后面摆出理由：为什么长时间玩手机是正当的，比如「宿題全部やったもん」。「あいつにしばらく会ってなくてさ…」「人に頼めばいいんだしさ…」等等，也是同样的用法。

## 六、并非女性专用的「わ」

女性用「わ」的频率高一些，但「わ」绝非女性专用的语气词。比如关西方言里常见的「知らんわ」是"我不管，爱咋地咋地，这跟我有什么关系"之意。再比如，男性也经常说的「よく言うわ」，为"你丫说得好听！亏你说得出口！"之意。

「わ」的基本功能是，强调它之前的语句，是发话人本人自己的想法、感受——「私が！とりわけ私が」——它不像「よ」那样有提醒对方注意什么、注意发话人的想法这样的含义。

**（一）发话人的感受：惊讶、感动**

❋ このデザイン、すてきだわ。
——这个设计得好漂亮啊！
❋ びっくりしたわ。
——真是吓了我一跳。
❋ 水は出ないわ、電気は止まるわで、さんざんな目にあった。
——我真是倒霉透了，那地方水也没有，还停电。

**（二）发话人的想法：判断、决心**

❋ わたしも出席するわ。
——我也要去参加。
❋ これだけあれば十分だわ。
——我判断这样就 OK 了，足够了。
❋ ったく、やってらんねぇ。（＝まったく、やってられないわ）。
——自言自语或向同伴抱怨：这活儿真不是人干的！
❋ 俺がやっとくわ。
——我来吧，这事交给我吧。你就放心吧。

## 七、希望得到对方肯定答复的「よね」

「よね」＝「よ」＋「ね」。大致有两种用法,一种温和,一种强硬。
✻ 田中も明日の飲み会、行くよね?
——希望得到对方确认,田中也会参加明天的聚餐吧。
✻ トイレはゴミ箱ではないですよね!
——看到有人往洗手间里乱扔垃圾,你可以用这种说法加以责备。你知不知道这里不是扔垃圾的地方!

## 八、商量口吻的提问:「かね」

✻ これ、賞味期限切れてるけど、大丈夫かね?
——这个已经过保质期了,没事吧。
✻ そろそろ行こうかね。
——咱们是不是应该出发了。

## 九、用来训斥的「だろうが」

男性用语,表示训斥、斥责。
✻ 持って来いって言っただろうが!
——我不是告诉过你,让你把它给我拿过来吗!
✻ さっき注意したばかりだろうが!
——我不是刚刚提醒过你? 你怎么这么没记性!
✻ 遅刻するなって言っただろうが!
——我不是说过不许迟到的吗!

## 十、强调和敦促的「ぞ」

蜡笔小新常用的「ぞ」,是用来加强语气的男性用语。
「ぞ」最形象的理解方法是:说话人用大喇叭向众人喊话,提醒听众注意某事、或采取某行动。「みんな、頑張るぞ」。
✻ 誰にも言っちゃダメだぞ。
——这件事不许跟别人说。
✻ ここから先は禁止区域だぞ!
——从此处开始禁止入内!(警告)

✼ そんな会社辞めた方がいいぞ。

——这种公司,不如赶紧辞掉算了!(忠告)

## 十一、提议和提醒的「ぜ」

「ぜ」通常用于相互较熟悉的男性之间的对话,用来表明自己的立场、想法,本意是“我告诉你啊……,大家听我说”,有时带有调侃、戏谑之意,慎用!「ぜ」本是东京一带的方言,在关西方言里说成「で」!

此外,「ぜ」来源于「ぞ」,但与「ぞ」不同的是,「ぜ」需要有对象,不能用于自言自语。

✼ さあ、元気で行こうぜ!

——代表大家发言:小伙伴们,打起精神来!

✼ 庭の草刈りが済んだらバーベキューでもやろうぜ!

——我提议,剪完院子里的草,大家一起 BBQ 怎么样?

✼ 時間が無くなってきたぜ。

——代表大家做出提醒:时间快到了,抓紧时间!

✼ くだらない話、しないほうがいいぜ!

——你少废话。告诉你啊,别跟我说这些没用的!

✼ 今の話、よろしく頼むぜ!

——这事就交给你了,别掉链子!

# 第 18 章
# 口头语和潜台词

首先建议大家：可以不用的话，尽量少说口头语。

实际上，这涉及一个语言"浓度"的问题。我们在后续总结敬语的时候还会提到：表达同样一个意思，用的字数越少，句子的浓度越高，听起来越直截了当（甚至有些粗鲁），比如「食え・食べて・食べなさい」。而用的字数越多，同一个意思被稀释到更多的文字里，所以听起来会显得谦和有礼（甚至有些啰嗦），比如「どうぞ食べてください・どうぞお召し上がりください」。

口头语也是一样。大部分口头语是"虚词"，这里的"虚词"是指去掉它也不影响整句话的意思。所以用得多了，或许会给人留下负面印象：这人说话不干脆、思路不清晰。

下面讲的是日本人说话时常用的口头语——口癖（くちぐせ）。

了解这些常见的口头语有两个好处。一是可以在对话中更快地理解对方的意图；二是口头语本身部分地反映了说话人的深层心理——潜台词，可以通过这些口头语更多地了解对方的性格。

✤ えーと、あの

这是最常见的口头语，通常是说话人用来争取时间、稍作停顿和过渡、整理思绪的表现，没有特殊的含义。能不说应尽量不说。

✤ そうですね

常用「そうですね」来应和的人，通常比较善于聆听，同时又有自己的想法和主见。

✤ まあ

「まあ」之外还有类似的「まあいいや」「まあ、でも」「まあまあ」「まあねー」等说法。表示说话人对此虽然不是很满足，但总体还算过得去之意。

✤ なんか

常以「なんか、○○だよね」这种形式出现，用来表示对话题中的情况心存不

满，但又没有明确的个人意见。与此类似的表现形式还有「～って感じ、～っぽい、～じゃないですか、ふつう、変な話、何となく、ある意味」等等。

❋ なるほど

「なるほど」一词本是用来向对方的新提法、新话题表示理解和认同。而把这个作为口头禅的人，十有八九是没有认真听对方说话，或对该话题没有兴趣，这时会使用「なるほど」「わかりました」这样的敷衍的说法，以便让这个话题早点结束。

❋ でも、いや、だって

「でも」「いや」作为口头禅，与「なんか」有相似之处，表现出说话人并不满足于当前的情况，后面进一步表明个人意见。「だって」是孩子反驳家长的要求（比如被要求做作业），或主张自己做的没错（比如玩手机）时常见的开场白。

常说「でも、だって」的人，通常其潜台词是——他自己的想法才是对的，他这样做是有客观原因的。「というか、というより」也属于这一类别。

❋ ちなみに

说话人通常用「ちなみに～」来提供一些附加的信息。以此为口头禅的人，可能待人比较热心，但会让人觉得絮烦，又或者，说话人想炫耀一下自己知道的东西比别人多。

❋ とりあえず、一応

常说「とりあえず」「一応（いちおう）」的人可能给人一种推卸责任，不够有担当的感觉。

❋ どうせ

「どうせ」后面只能接续一些消极、负面的东西，比如「どうせ俺なんか…」「どうせこんなことしても…」，容易给人留下自暴自弃、不求上进的印象。

❋ 別に

在通常的会话里用来表示"没什么"之意的「別（べつ）に」，常说这个会给人一种"说话人另有想法，但不愿意说，因为他认为说了也没用"这样的印象。

❋ 要は、要するに

喜欢说「要（よう）は○○でしょ」「要（よう）するにこういうことでしょ」的人，通常会给人一种"我在主持工作"的印象，或者对事缺乏耐心，行事风格简单粗暴。与此类似的说法还有「つまり、逆に言うと、結局、そもそも」。

❋ やはり、やっぱり

喜欢说「やはり」的人，通常对自己很有自信，容易固执己见。

❋ 基本的に

常说「基本的に」的人，比较重视常识、规则、规矩，虽有其固执、保守的一面，同时也是比较守规矩的一类人。

❋ わりと

「わりと」本来的意思是「比較的（ひかくてき）」。但以此为口头禅的人讲「わりと」，意思与「絶対」「ものすごく」「どうしても」更接近。这类人通常想法比较偏激、多疑。

❋ はぁ?

升调、疑问语气的「はぁ↗?」是带有不屑语气的"你(小子)说什么?"之意，不分场合不分对象的话，很容易激发矛盾、引起纠纷，慎用，切记！

# 第 19 章
# 惯用型(1)——设定场景和范围

简单地理解,日语里最核心的内容有三类:一个是"动词＋",即动词的使用;一个是惯用型("动词＋"与"名词＋"的交集);一个是「のだ」之类的"添加剂"。

✤ 誘致に成功したものの、大阪万博にはまだ課題がいろいろある。

上面这个例子当中,「ものの」是一个表示转折的惯用型。在接下来的几章当中,我们将重点介绍一些最常见的惯用型。

惯用型在形式上非常多样,比如单个的名词或动词,比如"助词＋助词",或"助词＋动词"等等,其表示的意思跨度也非常大。为了方便学习,我们把惯用型分成四类:(1)表示范围;(2)表示前提、条件、原因;(3)表示对比、转折;(4)表示并列、叠加。常用的绝大部分惯用型,都可以归类到以上四个类别当中。

本章讨论的是表示"范围"的惯用型。这里的"范围"包括:句子的主题(该句谈论的范围),时间及地域的跨度(从哪到哪的范围)等等。

## 一、「～は，～には，～では」

「～は」「～には」「～では」是日语中最常用的"范围"的表现形式。之前我们提到过,助词「は」的功能有两个,两者是递进的关系,可以表示为:"说明"→"说明＋"。「は」最基础的功能是"说明",即在确认过话题为双方已知的基础上,由说话人一方就这个话题进行说明,发表意见。「は」的第二个功能是"对比",可以表示为"说明＋"。如「私はこう思う」这样的用法当中,隐含着这样的对比的意味:别人我不清楚,我自己是这么想的。如此看来,「は」的两大功能,都与"范围"密切相关。

✤ 彼の悪口雑言(あっこうぞうごん)はいつものこと。

这是一个「は」的说明功能的典型例子,即「は」来提示这句话讲的是——关于"他说人坏话"的事,这到底是怎么回事呢？作者在「は」的后面作了说明,说这是「いつものこと」,即常见的、不是什么新鲜事。

接下来看看「には」。除了“在哪里存在着什么”这种基本“套路”——即「～には～がある」——以外,「には」还经常用来表示说话人自身(这个范围内的)的想法或能力圈,比如下面这个例子。

✽「私には無理」を「私にもできる!」に変える4つのステップ。

这是一篇文章的标题,意为“把‘我不行’变成‘我也行’的 4 个步骤”。这里的「には」的隐含意义正是“能力圈”——「私には無理」表示像我这样的能力、水平的人,恐怕做不来;「私にもできる」则表示,像我这样的能力、水平的人,也能做的来、做得好。

再看「では」。在商务日语当中,介绍自己公司业务的时候,一个极常见的用法是「私(わたくし)どもでは～」。这里的「私ども」指的是我们,通常指我们公司。比如有电话来问你们公司有没有(生产、销售)某产品,偏巧你们没有这方面的业务,这时你可以回答说「あいにく、私どもでは取り扱っておりません」。

## 二、其他表示“范围”的惯用型

### (一)「～から～まで,～から～にかけて」

表示时间、地点的从哪里到哪里,可以用「～から～まで」或「～から～にかけて」。两者的区别在于,「～から～まで」有明确的起点和终点,而「～から～にかけて」适合表示模糊的、大概的起点和终点。所以,在下面两个例子当中,两者不能相互替换。

✽ 今日は、昼過ぎから夕方にかけて急な雨にご注意ください。

✽ 確定申告の期間は、基本的に毎年 2 月 16 日から3 月 15 日までです。

此外,「～から～まで」可以表示“你能想到、能列举的东西都(包括在内)”之意,比如「事情を何から何まで(＝すべて)知っている」「ラーメンからミサイルまで」(泡沫经济时期,日本的商社用来标榜自己无所不能、什么生意都做的一句著名的广告词)。

与上述两个惯用型意思相近的,还有「～から～にわたって」、「～から～に至るまでの」。「にわたって」常用来表示一个相对较长的时期当中发生了什么,比如「この年から10 年にわたって病気が流行しました」。

### (二)「～について(は),～に関して(は)」

当我们想表达“关于”某事某人这种意思的时候,「について(は)」「に関して(は)」是最方便、最恰当的惯用型。「に関して」比「について」要正式一些,但同样可以用在口语里。此外,这两者作为定语修饰名词的时候,可以采用这样的形式:「についての」「に関しての」「に関する」。

与「について」、「に関する」意思相近的还有「に纏（まつ）わる」和「をめぐって」，基本意思都是"围绕着……"，比如「神社にまつわる伝説」指"关于神社的传说"；「盗まれた一億円をめぐってさまざまな推測がなされた」指"围绕着被盗的一亿日元，出现了各种猜测"；「人事をめぐっての対立が激しくなる」指"关于人事任命的（派系间）对立，斗争愈演愈烈"。

(三)「～だけ，～のみ」

上面两个惯用型都表示"仅、只、只有……"的意思。与「だけ」相比，「のみ」偏书面语一些。

✽ 信用できる企業と（○だけ、○のみ）取り引きする。

——我们只跟信得过的企业做生意。

✽ 口先（くちさき）だけでは実現できない。

——光嘴上说说没有用，实现不了的。

✽ 名前だけでも参加してほしい。

——哪怕表面上参加一下也好，报个名就行。

这里，需要深入了解的是「だけ」。除了"仅、只"之外，「だけ」还有表示程度的用法，不能用「のみ」来替代。比如「好きなだけ取りなさい」(随便拿！拿到你喜欢的那个程度，即喜欢多少就拿多少好了)，「走れるだけ走ってみよう」(尽量跑吧，跑到跑不动为止)，「どれだけの人が苦しんでいるか」(那么多人在受苦)。

(四)「～にとって」

"对谁、对什么来说"之意。

✽ 彼女にとっての一番の関心事（かんしんじ）はおしゃれについてである。

——对她来说，穿着打扮、追求时尚是她最最关心的事情。

✽ 敬語は人間関係（にんげんかんけい）にとって潤滑油（じゅんかつゆ）の役割（やくわり）を果（は）たします。

——就人际关系而言，敬语可以起到润滑剂的作用。

(五)「～ときたら」

"提起……，……就别提了"之意。

✽ うちの犬ときたら、飼（か）い主（ぬし）の顔も覚えてないんだよ。悲しくなるなあ。

——我们家的狗，别提了，连主人都认不出来，悲哀啊。

✽ このパソコンときたら、買ったばかりなのに、もう壊れ始めてるよ。

——这个破电脑，别提了，刚买的就有点不灵光了。

## 第19章 惯用型（1）——设定场景和范围

**(六)「～から見て」**

"从谁的角度来说，来看"之意。

✿ 親からみてかわいくない子供はいない。
——在父母看来，天下没有孩子是不可爱的。

✿ 車の運転の仕方からみて、彼は短気な性格のようだ。
——从开车上看，他应该是个急性子。

与之相近的表达方式还有：

✿ 息子は、その性格からいって医者には向かないでしょう。
——我儿子从性格上讲可能不适合当医生。

✿ となりは資産家(しさんか)だが、暮らしぶりからいうとむしろ質素(しっそ)だ。
——我们家邻居很有钱，但过日子上面倒是蛮简朴的。

✿ タバコは健康の面からいえば好ましくはない。
——抽烟从健康角度讲并不是件好事。

✿ 体罰は教育的見地からして望ましいものではない。
——从育人的角度来讲体罚是不合适的。

✿ 夫の立場からすると都合の良いことでも、妻の立場からすれば困ることもあります。
——有些事情，即使从丈夫的角度讲是件好事，但站在妻子的立场上看，就完全是另一回事了。

✿ 切れ者と言われた前任者からみたら、今の担当者はかなり見劣りがする。
——前任是有名的聪明能干，跟他比的话，现在的负责人差太多了。

**(七)「に至(いた)っては」**

"至于说……，说起……（暗指这是个比较极端的例子）"之意。

✿ 私立中学は775校、国立中学に至っては77校しかない。
——私立中学有775所，至于说国立中学，只有77所。

**(八)「際に，に際して，にあたって」**

"值此……之际，当……的时候"之意。

✿ 出発に際して(にあたって)一言(ひとこと)注意しておきます。
——出发之前，先跟大家简单讲一下注意事项。

✿ レポート執筆に際して(にあたって)の心がまえを忘れないように。
——不要忘记写报告应遵循的原则。

✽ 先日帰省した際に、うっかり車内に旅行カバンを置き忘れてしまった。

——前两天回家探亲时，一不留意把自己的旅行包放车上忘记拿了。

✽ クーポンご利用のお客様は、受付の際にお渡しください。

——使用打折券的顾客请在登记签到是把打折券交给前台。

✽ 入院の際には、いろいろお世話になりました。

——我住院那阵儿多亏您照顾了。

**(九)「～うちに」**

“趁着……的时候、借……之机，没有……这段时间当中”之意。

✽ 来週からアルバイトが忙しくなるので、時間があるうちにレポートを書いておく。

——下周打工会比较忙，准备趁现在有时间把报告写了。

✽ 忘れないうちにメモしておく。

——趁还没忘，先记到笔记本上。

✽ 雨が降らないうちに、帰りましょう。

——趁还没下雨，赶紧回去吧。

✽ しばらく見ないうちに、ずいぶん日本語が上手になったね。

——有段时间没见了，你日语水平提高了不少嘛。

✽ 彼と連絡をとらないうちに、次第に疎遠になっていった。

——没跟他联系这段时间里，关系渐渐的疏远了。

✽ あなたが寝ているうちに、地震があったんですよ。

——你睡着的时候地震了知道吗。

**(十)「～上(うえ)では」**

有两个意思，一个是“在……方面”，另一个是接「た」表示“在……之后”。

✽ 形の上では夫婦でも、実際は家庭内別居というケースが増えている。

——形式上是夫妻，但实际上在家里分居的情况最近有所增加。

✽ 先の事件は、法律の上では犯罪にならなくても、道義的責任は免(まぬがれ)れない。

——先前那个案子，虽说法律上讲不算是犯罪，但道义上的责任是免不掉的。

✽ この問題は拙速(せっそく)な結論は避け、慎重に検討したうえで、ということでいかがでしょうか。

——这个问题不必草草地下结论，好好讨论一下再定夺如何？

(十一)「～(の)あいだ(に・は)」

"在……期间"之意。

✿ 私は夏休みの間、都会の喧騒を離れ、ずっとふるさとの実家で過ごした。

——暑假期间,我离开喧闹的城市,一直待在老家。

✿ 夏休みの間に、この原稿を書き上げたいと思っている。

——我想在暑假期间把稿子写出来(写完)。

✿「若い間の苦労はかってでもせよ」とよく言われる。

——常言道,年轻的时候,花钱买也要多吃点苦。

✿ 私がしばらく留守にしている間に、泥棒が入った。

——有段时间我没在家,结果家里被盗了。

(十二)「～と～(と)では」

"……和……之间相比(有变化、有不同)"之意。

✿ あのときと今では、社会の姿はもとより国民の未来に対する考え方も大きく変わっている。

——那时候跟现在相比,社会形态就不用说了,人们对未来的想法都发生了很大变化。

## 精读11 与快销品属性唱反调的服装厂

 题解

本章的精读素材,节选自「日経」的一篇报道「ファストファッションに立ち向かう捨てない服」。

如今的服装业,最具代表性的是各类快销品牌,如优衣库、ZARA等,而所谓快销时装是指用最快的速度将世界最新潮的款式转化成平价时装。

该文介绍的这家名不见经传的日本公司,做的事情与快销正相反——不是追求时尚,而是想尽办法开发一些"特殊"的服装,让消费者尽可能穿得长久,不会轻易扔掉。

✿ 日本のマーケティング経営者と言えば、ネスレ日本の高岡浩三社長の名前が挙がる。高岡理論の肝は「顧客の気づいていない問題を発見し、解決す

ること」だが、これに共鳴し、ヒット商品を作り出した経営者がいる。工場発のブランドをネットで販売するライフスタイルアクセント（熊本市）の山田敏夫社長だ。

❀ 工場ブランドとはアパレルが製造を依頼している衣料品・雑貨工場が自らのブランドを作ること。価格も自らが決め、希望小売価格ではなく、「希望ものづくり価格」と呼んでいる。ライフスタイル自社サイトの「ファクトリエ」でこれらの工場ブランドを販売している。熊本県・人吉のシャツなどが有名で、扱う工場数は55に達している。

❀ 山田社長はネスレ日本の高岡社長が中心の勉強会に参加し、「顧客が抱える潜在的な問題は何か」を追求した。山田社長の経営理念はメードインジャパンでの持続可能で、環境に優しい衣料品の製造だ。ファストファッションの全盛時代、ライフスタイル社によると一人当たり年間175キロの繊維製品を捨てており、今後さらに増える見込みという。

❀ そこで考えたのが「捨てない衣料品を作る」こと。例えばお気に入りのパンツでも調味料などのシミがつくと、愛着が薄れ、捨ててしまう。特に下ろしたての白いパンツにケチャップやしょうゆがはねて、悲しい思いをした人は多いだろう。山田社長はこの問題を解決するために水も油も汚れもはじく「汚れないパンツ」の開発に着手した。

❀ フライパンで有名なテフロン加工を綿素材に施し、「ベーキング加工」という熱処理ではっ水効果を半永久的に定着させた。もっとも開発は失敗続きで、完成に3年を要したという。製造地は岡山県倉敷市児島で、価格は税抜きで1万2000円。発売した昨年は注文に生産が全く追いつかないヒット商品になった。

❀ 同社では他にも絶対破れない1本2000円の靴下を扱っている。今年5月に始めたプロジェクトはオーガニックコットンの普及。ネットを通じてコットンの種を無料で提供し、利用者が栽培したコットンを買い取り、タオルやTシャツに使用するという。「消費者が作る側に立ち、愛着を持ってもらうこと」（山田社長）で、できるだけ捨てさせないように導くわけだ。まさに販売サイクルを早めるファストファッションとは逆の世界をひた走る。山田社長は「正しい行為だけでは誰も環境問題に参加してくれない。楽しさが欠かせない」と話す。

❀ 商品からではなく、人の行動から市場を創造するのがマーケティングの醍醐味だ。「片付け」で有名なこんまりではないが、「捨てる」「捨てない」は

今後の消費のテーマになりそうだ。「捨てやすいパッケージ」や、「食べ残しをさせない弁当」など捨を起点とした潜在市場は大きい。令和でさらに価値観も変わる。過去に捨てられたアイデアをもう一度、拾ってみるのも面白い。

(1)～と言えば、～の名前が挙がる：是"说起……，就不能不提某个人"之意。

(2)～理論の肝は、～ことだ：也可以换成「～理論は、～ことが肝（である）」这样的形式。这里的「肝（きも）」是"要点、精髓"之意。

(3)～に共鳴する：是"对……产生共鸣"之意，「共鳴（きょうめい）」前面用「に」。

(4)「扱う」：有两个意思，一是"操作，经手，经办"（引文中即是此意），另一个是"(当作)……来处理、对待，视为……"之意。第一个词义的例子，比如「この装置は訓練を受けないと扱えない」（不经培训不能操作此装置），「劇薬・事務・輸入品を扱う」（作为业务的范围、内容、对象，处理、经手某些产品或工作），「洋書は二階で扱っている」（书店里告诉顾客进口书在二楼卖的标准说法），「社会問題・環境問題を扱った本」（指的是：书的主题是关于社会问题或环境问题）。第二个词义也很常用，比如「子ども扱いするな」（别把人当小孩！）；「人扱いがうまい」（善于接人待物）；「無断欠勤扱いとなる」（将被视为无故旷工）。

(5)～が中心の～：表示"以……为中心的、以……为主的……"时常用的句型。比如「女性が中心の会社」（女性为主、女性占多数的公司）；「猫が中心の生活を送っているような人」指某爱猫人士过的是以猫为中心的生活。

(6)さらに増える見込みだ：指"预计会进一步增加"。日语里表示"预计会怎样"之意，最常用的就是「見込み」这个词，它还有几种替代形式：比如「増える見込みだ」＝「増えると見込まれる（と見込まれている）」≈「増加を見込む（見込んでいる）」。需要注意的是「見込まれる」是所谓「自発」的用法，而「見込まれている」是被动式。

(7)シミ（染み）：指油斑等的污迹。

(8)おろしたて：指刚做好的。

(9)ケチャップやしょうゆがはねる：指番茄酱、酱油溅到身上。

(10)テフロン加工：指的是在素材表面涂上常用来做不粘锅的特氟龙（一种含氟树脂）涂层，这种树脂摩擦系数低，比冰还光滑，所以污迹很难附着在上面。

(11)施（ほどこ）す：与加工一词搭档的动词当中，「施す」是较为常见的一个，施以某种加工之意。

（12）撥水（はっすい）効果（こうか）：防泼水效果，与通常讲的防水（不让水透过）不同，防泼水指的是让水不至于立即渗透布面，而是形成水滴，易于滑落或被掸掉。

（13）もっとも開発は失敗続きで：这里的「もっとも」是中高级水平必须掌握的用法：它承接前面语境的同时，附加一个含有转折意味的事项。本例当中，前面讲做了哪些加工、产品性能如何出色，到了这里，用「もっとも」做一个转折，意为"话是这么说，不过呢，开发的过程其实还是很曲折的"。

（14）完成に3年を要した：「～にX年を要（よう）した」是"到……前后花了X年时间"的标准化"套路"。

（15）注文に生産が追い付かない：供不应求的一个"套路"性说法是「需要に供給が追い付かいない」，本例中只不过是把需求替换成了「注文」（下单、订单），把供给替换成「生産」而已。「追いつく」是追赶上的意思。

（16）ひた走る：指不停歇地奔跑。

（17）～だけでは：通常后接否定形式，指"仅凭，光靠……无法实现……"。山田社长的这句话很值得回味：环境问题，光靠教育、价值观的宣传、理念的认同很难实现。

（18）醍醐味（だいごみ）：精髓、最引人入胜之处、最高境界之意。

# 第 20 章
## 惯用型(2)——讲原因,说理由

本章聚焦表示"原因、理由、前提、条件"的惯用型。

### 一、「～(だ)から,～(な)ので」

日语里,特别是口语当中,「から」和「ので」是最常见的表示因果关系的"套路"。

关于「から」和「ので」的区别,稍有基础的人可能都听说过这样一种说法:「から」更主观,「ので」更客观。其实不然。「から」和「ので」的本质区别在于:说话人与听者之间的关系。如果说话人认为听者与自己之间是种很亲密的关系则用「から」,否则用稍微正式一些的「ので」。

❀ もう遅いから、早く帰ろう。
——同学(同事等)之间的对话。

❀ もう遅いので、これで帰ります。
——适于与不太熟的人或与上司之间的对话。

注意一点:「から」和「ので」所表示的因果关系都是弱因果关系。也就是说,在很多情况下完全没必要把它译成"因为,所以"的形式,比如「寒いから窓を閉めてくれない?」(冷死了,把窗户给我关上呗)。

相比较而言,「ので」所表示的因果关系比「から」更弱。下面是商务日语(会议、邮件、电话)当中极为常用的弱因果关系的「ので」的用法。

❀ 早急にお返事いたしますので、少々お待ちください。
——我们会尽快给您答复,请稍等。

❀ つきましては、改めて会議日程についてご連絡させていただきますので、よろしくお願いいたします。
——至于改动后的会期,后续我们会另行通知,请多留意。

## 二、「～からか，～からこそ，～からには」

表示原因、理由的「から」在口语中还有几种常用的扩张形式，包括「～からか」、「～からこそ」、「～からには」等。

比如，你在钢琴大赛中顺利通过了预选赛，面对向你道贺的朋友、老师、媒体，你可能会这样说：

✿ 皆さんが応援してくださったから、予選をパスできました。
——多谢大家的支持。这里用的是「から」。

✿ 選んだ曲がよかったからか、予選をパスできました。
——也许是曲目选得比较好吧。「から」＋表示不确定或推测的疑问词「か」，在这里可以表现出你的谦虚。

✿ 先生のご指導が素晴らしかったからこそ、パスできたんですよ。
——都是老师教的好。「からこそ」表示"正因为、都是因为、全靠……"。

✿ 選ばれたからには、本選も頑張ります。
——既然通过了预赛，决赛我一定尽量争取好成绩。过去的「た」＋「からには」，用来表示"既然已经……，就要、就应该……"。

✿ ペットを飼うからには、ルールを守る必要があります。ルールを守るからこそ、人もペットも幸せになるんです。
——既然养宠物，就要遵守养宠物的规则。正因为守规矩，人和宠物才能都过得好。

## 三、「～のだから，～ものだから，～わけだから」

「～の(ん)だから」「～わけだから」「～ものだから」三者都是「だから」的变形，其中「～わけだから」表示的因果关系最为客观，「～ものだから」其次，「～の(ん)だから」最主观。

✿ 私は知らないの(ん)だから、聞かないでください。
——我不知道，(所以)别问我。

✿ 彼が知っているの(ん)だから、彼に聞いてください。
——他知道，(所以)你去问他。

比如，孩子没考上理想的学校，你作为家长也许会这样说：

✿ あまり勉強しなかったものですから、失敗してしまいました。
——因为不够用功。（比较客观的说法）

✿ あまり勉強しなかったわけですから、失敗しても仕方ない。
——因为不够用功。（非常客观，接近旁观者的说法）
✿ あまり勉強しなかったんですから、失敗しても仕方ない。
——怪他自己不用功。（比较主观的说法，有点责怪、恨铁不成钢的意味）
再比如，有同事看到你打哈欠，问你是不是昨天没睡好，这时你可以这样回答：
✿ 子供が夜泣きをするものだから、何度も起こされて……
——小孩夜里哭闹，被吵醒好几次。
✿ 寝る前にコーヒーを飲んだものだから、なかなか寝付けなくて……
——昨晚睡前喝了点咖啡，弄得好长时间睡不着。
下面的例句中，B所在的地区发生了地震灾害，A是慰问他的同事。
✿ B：まだ水と電気が来ないものだから、しばらくはだめだね。
——还没有通水通电，这种状态还要持续一段时间。
✿ A：それは大変だね。
✿ B：皆困っているんだから、どんどん復旧工事を進めてほしいよ。
——大家都一筹莫展，希望尽快推进重建工程。
✿ A：うん、でも、担当者も一生懸命やっているわけだから。
——负责的人在全力推动，马上会有进展的。

## 四、「～おかげで」与「～せいで」

「～おかげで」通常表示"多亏了（某人）才得以办成某事……"，与之相反，「～せいで」表示"都怪（某人），把事情搞砸了"。
✿ あなたが手伝ってくれたおかげで、仕事がうまくいったよ。
——多亏你帮忙，上次那个项目进行的很顺利。
✿ 皆さんのおかげで、無事終了することができました。
——多亏大家的努力，总算顺利完成了。
✿ あなたのせいで失敗してしまった。
——这次没成都怪你。
✿ 課長が口を出したせいで、仕事がムチャクチャになってしまった。
——处长瞎干预，把事情搞得一塌糊涂。
✿ 私のせいにしないで＝人のせいにするな。
——别推卸责任，事情没办好就怪别人。

## 五、「～ことから，～ため（に）」

书面语中，最常用的表示原因、理由的用法有几个，包括「～ことから」「～た

✿ ささいなことから、二人は喧嘩になった。
——两个人因为一点小事儿吵了起来。
✿ デパートの売り上げが伸びていることから、景気の回復がうかがわれる。
——百货业的销售有所增长,从中可以看出经济在上行。
✿ 指紋が一致したことから、犯人を特定できた。
——通过指纹对比一致,最终发现了凶手。
✿ そのバッグは人気女優が愛用していたことから広く知られるようになった。
——某著名女演员喜欢用那个牌子的包包,后来那个牌子就出名了。
✿ 台風のため、今日のイベントは中止になりました。
——因为台风的关系,今天的活动中止了。
✿ 会員カードをなくしてしまったため、新しく作らなければいけません。
——把会员卡弄丢了,要做个新的。
✿ エラーが起きたため、このページを表示できません。
——出现错误,页面无法显示。

## 六、「～により(る),～によって」

✿ 事故によって5人がけがをした。
——因为这次的事故,有5人受伤。
✿ 台風による遅延で2万人が動けなかった。
——台风造成的延迟,让2万人出行受阻。

与「～により」相近的还有个「につき」。「につき」通常只用在各种告示牌上,比如:

✿ 閉店につき、店内全品半額セール。
——关店大甩卖,全部商品打对折。
✿ 店内改装中につき、しばらく休業いたします。
——本店内部装修暂停营业。

## 精读12　2018年诺贝尔奖得主本庶佑轶事

本章的精读材料,摘自著名商业期刊『日経ビジネス』网页版2018年10月4日的一篇专栏文章,题为「がんの狡猾さを出し抜く　道筋を拓く」,该文由京都

大学研究生院在读的外科医生中山祐次郎执笔,介绍 2018 年诺贝尔生理学和医学奖得主——本庶佑(ほんじょたすく)。

✤ こんにちは、総合南東北病院外科医長の中山祐次郎です。外科医をちょいとお休みし、京都大学大学院でただいま勉強中です。

✤ 少し近況を。わたくし学生生活ゆえ、2カ月の夏季休暇をいただきました。医者として働きだしてから夏休みは5日間、それも呼び出されて結局、病院で過ごす……などという生活でしたから、まず何をすればいいのか戸惑う羽目に。まったく、労働者はこうやって想像力を失っていくのですね。ともかく、おそらく人生最後の貴重な休暇だろうと、私は見聞を広めるために米国へと旅をして参りました。

✤ 米国滞在の半分は西海岸のサンディエゴ、あとの半分はニューヨークにおりました。サンディエゴでは、ソーク研究所という生物学の世界トップクラスの研究所に留学する友人研究者に会いました。彼が言うには「NCSに載せなければ」だそうで、NCSとは「Nature」「Cell」「Science」という一流科学雑誌3誌を指します。これらに自分の研究結果の論文を載せなければ、彼のいる研究室では認められないのだそう。

✤ 皆さんも、これらの名前は聞いたことはあると思います。いずれも、世界中の研究者が目標とする雑誌です。少なくとも臨床医でそれらに論文を載せた人など聞いたことがなく、研究者でも非常に限られています。暖かな陽射しの降り注ぐサンディエゴで、頑張ってほしいところです。

✤ 後半のニューヨーク、わたくし初めての訪問でした。特に印象的だったのは、「9.11メモリアル」という、9.11で崩壊したワールドトレードセンタービルの跡地にある資料館です。そこには、亡くなった人々の顔写真や、航空機4機の一連のハイジャック、そしてビルの崩壊やペンタゴンへの衝突について克明に記されていました。

✤ 私はそこで無念のうちに亡くなった人々へ祈りを捧げつつ、航空機の学校で操縦を学んでまでテロを実行し、自らも死んでいったテロリストのことを考えざるを得ませんでした。自らの命と、大勢の人の命よりも大切な正義が果たしてあったのかと。そして、人間の認識はいかに狭く、いかに歪みやすいものかと痛感いたしました。

✤ さて、今回は日本人がノーベル医学・生理学賞を受賞したニュースについて取り上げます。受賞した本庶佑(ほんじょ・たすく)氏は京都大学医学部の出身で、その後京都大学医学部の教授、そして医学部長を長く務めておられました。

✤ ですので、受賞翌日の京都大学はちょっとした騒ぎになっている……と思いきや、私の通う医学部キャンパスはいつものように静寂に包まれておりました。どうやら時計台のあるメイン講堂で記者会見を行っていたそうで、医学部の方では特に何もありませんでした。学食が記念セールで安くなるなどなく、残念。

✤ 京都大学医学部はいつものように平穏でした。本庶氏がなぜノーベル賞を受賞したのか、その功績はどんなものか。その解説をする前に、こんな未公開エピソードをお披露目しておきましょう。それは、本庶氏が医学部長時代に医学生に語った「幸せの定義」です。本庶氏いわく、(1)物に満たされていること、(2)自分の将来に不安がないこと、それに加え、(3)人の役に立っていると思えること。で初めて幸せを感じられるのだそう。物質と精神が満たされても、人の役に立っていると実感できることが大切なのですね。私はふとマザー・テレサの「この世で最大の不幸は、人から見放され、『自分は誰からも必要とされていない』と感じる事なのです」という言葉を思い出しました。

✤ さて、本庶氏がノーベル賞を受賞したのは、「PD－1」という物質の発見という功績によります。なぜこれが画期的な発見だったのか、解説します。まず人間のシステムからお話しし、その後、PD－1についてお話しいたしましょう。人間の体は、もともと外敵から自らを守るためのシステムが存在します。マクロで言えば集団行動をして自衛するというものもそうですが、ミクロには細菌やウイルスなどの小さい敵から身を護る「免疫（めんえき）」というシステムがあるのです。この言葉は、疫（＝病気）から免（まぬか）れるという意味があります。あまり知られていませんが、ミクロのレベルでも人間は常に外敵にさらされています。例えばこんな具合です。

✤ 食事の中は、基本的に細菌・ウイルスだらけです。大学時代の寄生虫実習は、グループに分かれてその辺のスーパーでサバを買ってきてアニサキスという寄生虫を見つけるもので、もちろん全グループのサバから寄生虫が出てきました。トイレの後、手を洗わずにご飯を食べると、自分や他人の便が口に入ります。風疹の人とすれ違えば感染する可能性がありますし、初めてキスをすればEBウイルスに感染して伝染性単核球症になる可能性があり、セックスではヒトパピローマウイルスなどが感染する可能性があります。隣の人が咳をしていたら、多くのウイルスを吸い込むことになります。こういった環境から体を守るためのシステムが、免疫なのです。もう少し具体的に言うと、免疫はヘルパーT細胞、キラーT細胞、B細胞など多くの種類の細胞がその役

割を担っています。これらの細胞が、全体を統括したり、実際に外敵を攻撃したり、悪いやつがいるという情報を伝達するなどして免疫担当細胞チームとして体を守っているのです。まるで警察、検察、裁判所、刑務所が一体になっているかのようです。

❈ さらに言えば、「自己と他者を見分ける機能」も免疫の主要なものになります。なぜなら、免疫には攻撃する機能があるため、間違って自分本来の細胞を攻撃してしまうと病気になってしまうからです。実際にこういう病気はあり、自己免疫性疾患と呼ばれています。その代表的なものである関節リウマチは関節の軟骨や骨、そして滑膜という膜を他者と見誤って攻撃し破壊する結果、関節が曲がり動かなくなってしまいます。それ以外の自己免疫性疾患には全身性エリテマトーデス、バセドウ病などがありますが、多くは治療がとても難しいのです。さらに、自己免疫性疾患の多くは、詳細な発病のメカニズムがいまだ不明です。そういうわけで、「自己と他者を見分ける機能」は非常に重要になります。まず他者と見分けた上で、攻撃を始める必要があるのですね。

❈ さて、ここで本庶氏の功績に話が近づきます。先程から言っている「他者」には、がん細胞も含まれます。がん細胞は基本的に細胞の中にある指令センター「遺伝子」をおかしくします。遺伝子は細胞の働きやその寿命を規定しますから、遺伝子が変になった結果、細胞のいろいろなふるまいも異常になるのです。いちばん困る異常なふるまいは、「どんどん勝手に増えていくこと」です。無秩序な増殖は、人間の正常な機能を破壊します。例えば胃の出口にできたらご飯が通りづらくなりますし、脳にできたら狭いスペースにある脳全体が圧迫されて症状が出ます。

❈ こういったがん細胞は、免疫チームから当然他者として認識されます。しかし、ここからががん細胞の狡猾なところ。がん細胞は、なんと自分が異物であるというマーク（がん抗原と呼ばれます）を隠し、攻撃されにくくするのです。さらには、がん細胞は免疫細胞のある部分に結合してその機能にブレーキをかけるのです。まるで犯罪者集団が警察署の電源を爆破し全ての出口をロックしているようです。

❈ がん細胞はPD－L1という手を出して、免疫細胞のPD－1という手と握手します。この握手が成立すると、免疫細胞はブレーキがかかり正常に作用しなくなってしまうのです。このブレーキをかけるために結合している部分のことを、免疫チェックポイントと呼びます。本庶氏が発見したのはPD－1と

いうタンパク質で、1992年、氏が50歳の時のことでした。この功績により、今回のノーベル賞受賞となったのです。このシステムを逆手にとり、ブレーキをかけさせなくするための薬が免疫チェックポイント阻害薬と呼ばれる薬で、オプジーボが代表的です。

✽ オプジーボは非常にたちの悪い皮膚がんである悪性黒色腫や肺がんに高い効果を示しましたが、どちらかというとそのあまりの価格の高さで話題になりました。平成27(2015)年12月の肺がん承認当時、1カ月で300万円を超える額が設定されたのです。この衝撃に、国内の多くの医師が危機感をあらわにし、反発しました。その結果、徐々に値段は下がり半額以下になりました。それでも、小さな1瓶が約30万円もするので、病院の薬剤師さんは落っことして割らないようヒヤヒヤしながら扱っていました。薬価の設定についてはまた別の議論になりますので、またいつか。今回は、ノーベル賞受賞の本庶氏の研究とその成果について解説しました。それではまた次回、お会いしましょう。

(1)～を出(だ)し抜(ぬ)く：有意识地、有计划地乘人不备而捷足先登，抢先一步……，把对手(或其他大部分人)甩在身后之意。

(2)ちょいと：与「ちょっと」意思相近，通常用来表示不是有计划地、没经过深思熟虑地做点什么，比如「ちょいと寄ってみる」，「ちょいとからかっただけだ」。

(3)～ゆえ：书面语，前面直接接续名词，汉字写作"故"，是"因……之故"的意思。表示人长得太好看了也会有烦恼，可以说「美人には美人ゆえの悩みがある」。有时以「ゆえに・それゆえ(に)・それであるがゆえに」的形式出现，比如笛卡尔的名言"我思故我在"在日语里说成「我(われ)思う。ゆえに、我あり」。接动词时用「がゆえに」的形式，比如「愛するがゆえに、憎しみも強くなる」，「彼がミスを隠していたがゆえに、会社に大きな損失を招いた」。

(4)～羽目(はめ)に：这里的「羽目に」是「羽目になる」的略语，表示"别提了，还是落得个……的结果"这样的意思。比如「結局手伝わされる羽目になる」是"别提了，结果还是被留下给人打帮手"的意思。

(5)想像力(そうぞうりょく)を失っていく：在这里表示类似"贫穷限制了人的想象力"这样的意思。「ていく」接动词可以简单地理解为：它表示一种"离心力"的作用过程，这里的"心"是指说话人，或现在的状态。比如在「想像力を失っ

ていく」这个短句中,说话人想表达的是从现在到今后的一个发展方向和过程。怎样的方向和过程呢？从现在的状态,即"多少还有些想象力",发展到今后"失去想象力"的状态这么一个过程,贯穿整个过程的是从"现在"到"远离现在"的"离心力"。同理,与之相对的「てくる」表示一种"向心力"的作用,一个由远及近的过程。所以,理解和使用「てくる」和「ていく」的可以说唯一的秘诀是:弄清楚"心"在哪里,这个"心"可以是说话人自己,可以是现在、过去或将来的某个说话人设定的基准时点,然后看一下动作的过程是朝向这个"心"还是逐渐远离这个"心"。

(6)貴重(きちょう)な休暇(きゅうか)だろうと:此处的「と」表示前面是说话人自己的想法,可以理解为「と思って」的缩略。

(7)見聞(けんぶん)を広(ひろ)める:表示"增长见识"。

(8)～てまいりました:是「てくる」的敬语(自谦)形式。「(米国)へ行ってきた」是"去了一趟(美国)"这种意思的最常见的说法。这里的「てきた」可以理解为「(米国)へ行った。それから、帰ってきた」。

(9)～では:是表示动作发生场所的「で」,加上表示强调和对比的「は」合成的。这里的「では」不能用「で」、「に」或「には」替换。因为这里的「では」的含义是:在圣地亚哥(而不是在别的地方);在他所在的研究室(而不是其他研究室。其他的研究室我不清楚,至少他们研究室是这样的)。

(10)～が言うには:据……讲。类似的"套路"还有「～の話によると」・「～によれば」・「～の話では」。

(11)認められない:(能力、资质方面)不被认可之意。

(12)～でも非常に限(かぎ)られています:指在……这个范围内,也只有非常有限的一些人能够怎样(在这几家顶尖科学杂志上发表研究成果)。

(13)陽射(ひざ)しの降(ふ)り注(そそ)ぐ:形容艳阳高照。「降り注ぐ」除了形容阳光,还有比如「反対の声が降り注ぐ」这类用法。

(14)特に印象的(いんしょうてき)だったのは～:现成的"套路","给我留下印象最深的是……"。

(15)ハイジャック:劫机、劫持。

(16)克明(こくめい)に:详尽细致地。

(17)無念(むねん)のうちに亡くなった:无辜遇难的。「無念」的常见用法还包括「無念至極(しごく)」「無念千万(せんばん)」「残念無念」「無念の涙」「無念を晴(は)らす」。

(18)～つつ:一边……一边……

(19) 〜ざるを得(え)ない：不得不，不由得。

(20) 如何(いか)に：如何的，多么的。

(21) 取(と)り上(あ)げる：文章、讲课中用来表示主题，"今天(本文)我们要讲的是……"。

(22) 部長を務(つと)めておられました：当过某个职务用「〜を務める」，在某公司供职用「〜会社に務める」。这里的「ておられました」=「ていた」，「おられる」是「いる」的敬语形式，等于「おる」+敬语变换方式「れる」。

(23) ちょっとした：「ちょっと」是稍微、略微之意，「ちょっとした」是不大不小之意。

(24) 〜と思(おも)いきや：表示事态的发展与预期相反、出乎意料，"没想到"。

(25) 静寂(せいじゃく)に包(つつ)まれていた：文章中常用「静寂に包まれる」来表示寂静之意。

(26) 学食(がくしょく)：「学生食堂」的略语，指大学里的食堂。

(27) お披露目(ひろめ)：对外公开发布之意。

(28) 〜に語(かた)った：「語る」是说的意思，但「語る」的说是一种有序的、系统的，通常比较长的讲述。表示"如实地反映了事实真相"可以说「真相を如実に語っている」。

(29) 〜曰(いわ)く：表示谁说过什么，如孔子曰(yue)，通常指具有其本人特色的话语。

(30) それに加(くわ)え：此外，再加上之意，「それに加えて」「加えて」也是同样的意思。

(31) 人から見放(みはな)される：不受人待见，别人对你已经不抱希望了。「医者から見放される」是指绝症、重伤等医生已经无可奈何的状态，「運命の女神(めがみ)に見放される」是指被命运抛弃的状态。

(32) 画期的(かっきてき)：划时代的。

(33) あまり知られていないが：很多人不知道，不太为人所知的事情。

(34) 〜にさらされている：面临……的危险，时刻有受……侵袭的风险。

(35) 具合(ぐあい)：泛指各种"情况、情形、状况"，与「調子(ちょうし)」意思相近。比如"检查一下引擎是不是有问题"说「エンジンの具合を調べる」。而身体状况不好，"身体不舒服不去上班(上学)了"说「具合が悪いので休む」。"这么做吧，就像这样"说「こんな具合にやろう」。说因为存在某种状况，"上午不方便怎样"说「午前中は具合が悪い」；在某个特定状况下刚好怎样，比如"就在这个当

口刚好地铁来了"可以说「うまい具合に電車が来た」。因为存在某种状况,而不好(不好意思)怎么做,如"都到这个份儿上了再拒绝人家有点不好吧"可以说「ここまできて断るのは具合が悪い」。

(36)グループに分(わ)かれて:分成(几个)小组。

(37)～は、～がその役割を担っている:与「象は鼻が長い」相同的句型。

(38)～するなどして:作用与「～したりして」相同,但之前已经用了两处「たり」,这里换了一种说法——用「などして」——「など」前面和后面都可以直接接动词。

(39)(一体になっている)かのようだ:打比喻的表达方式,与前面的「まるで」相呼应。

(40)そういうわけで:综上所述之意。通常用来对之前的叙述做总结或下结论,口语里常用的类似表达方式还有「というわけで」「というわけなんで」「そんなわけで」。此外,综上所述的内容指的是文中关于人体免疫机制的讲解:免疫机能是靠多种细胞组成的一个小团队来完成的,要达到免疫的效果,首先"免疫团队"需要分清哪些是自己人(好人),哪些是入侵的敌人(坏人)。如果敌我不分,打了自己人,就会患上"自我免疫性疾病",其典型例子就是风湿性关节炎。

(41)他者(たしゃ)と見分けたうえで:首先要区分出谁是外人。这里的「～と」是指区分、辨别的结果。

(42)～を規定する:注意,日语里的「～を規定する」是(逻辑或法律关系上)决定的意思,DNA决定了细胞所起的作用和细胞的寿命,不是"政府规定不许炒房"这种表述里的人为"规定"。

(43)狡猾的癌细胞是如何躲避免疫功能的呢？它首先伪装自己,不让"警察"识别出来。其次,它会派卧底去妨碍"警察"工作。

(44)ここからが狡猾(こうかつ)なところ:从这里开始才是癌细胞最狡猾的地方(让免疫团队误认为它们不是敌人,而是自己人)。

(45)なんと:竟然。

(46)～にブレーキをかける:单说「ブレーキをかける」是踩刹车之意,前面接「に」,指限制、阻碍、叫停。

(47)本庶的功绩在于,它发现了癌细胞打入"警察"内部的窗口、接头人——PD—1。「氏(し)」这里指代本庶,是文章体写法。

(48)～を逆手(さかて)に取る:是将计就计,利用对方某种习性来达到目的的意思。这实际上就是癌症免疫疗法的作用机制:癌细胞不是靠发一个假的暗

号来欺骗免疫团队的哨卡保护自己吗,那我们可以利用药物,让对暗号这套系统停止,这样它就不能在免疫团队面前蒙混过关了。结果上讲,这样一来,靠人体本身的免疫功能就可以杀死癌细胞。

(49)質(たち)の悪い:生性恶毒之意。如果说「たちの悪いいたずら」那一定是很过分、很恶毒的恶作剧。「たち」一词有本性、生来如此之意,如果你说自己是「涙(なみだ)もろい質でね」是生来容易动感情、容易流泪之意。

(50)危機感をあらわにする:「あらわ」写成汉字是「顕」或「露」。说不掩饰什么可以用「~をあらわにする」,说……昭然若揭可以用「~があらわになる」。

(51)反発(はんぱつ):这个词有两个意思,一是公开反对、反驳;二是指价格从低位反弹,如股票价格反弹,此处是第一种意思。

(52)落っことして:「落として」之意,「おっことす」是「落(お)とす」的方言形式。

(53)冷や冷や:因担心、害怕而小心翼翼、谨小慎微地做事。

# 第 21 章
# 惯用型(3)——正确表达对比与转折

本章我们聚焦表示"转折、对比"的惯用型。

## 一、便利的「が(けど)」

表示"可是、但是"之意的「が」无论口语还是书面语当中都极为常用。

✤ 10月になりましたが、毎日暑い日が続いています。
——虽说进了十月，每天还是很热。

✤ この部屋はきれいですが、ちょっとだけ狭いです。
——这个房间倒是挺好，就是有点小。

此外，「が」还有"承前启后"的连接功能，即作为开场白，唤起对方注意，以便接下来表明自己的意图。

✤ この言葉の意味がわからないんですが、教えてくださいませんか。
——这个词的意思我不懂，能告诉我一下吗？

✤ もしもし、田中ですが、鈴木さん、いらっしゃいますか。
——喂，我是田中，请问铃木在吗？

✤ ちょっとお聞きしたいんですが……。駅へはどう行くんでしょうか。
——跟您打听一下，到车站怎么走？

上述两种用途的「が」，口语中都可以替换成「けど」或「けれど」或「けれども」，意思完全一样。唯一的区别在于，这几个词长度各不相同，在要求说话连贯、或语速较快较急时，通常用短的「けど」，需要适当放慢语速时，「けれど」「けれども」用起来更方便。

## 二、「のに」和它的小伙伴儿们

(一)「～のに、～というのに」

「のに」用来表示事态的发展、结果与预期相反，通常带有不满、失望等含义。

✿ もう春なのに、少しも暖かくならない。
——已经是春天了,但天气一点都没转暖。
✿ もっと早く来たら食べられたのに。
——没吃成,早一点来就好了。可能是因为卖光了,或被先来的人吃完了。
✿ あれほどやめろと忠告したのにするからだ。
——我那么劝你你都不听,这下好了吧。
✿ 昨日おこづかいあげたでしょ。それなのにもう使っちゃったの。
——昨天刚给你的零花钱,这就花完了?
✿ もう、秋も深まったというのに、いっこうに涼しくならない。
——虽说已是深秋,天气还是那么热。

(二)「～くせに」

用来表示"明明……却……",通常含有责备、谴责之意,是用来说别人的。

✿ 竹内さんは本当はテニスが上手なくせに、わざと負けたんだ。
——竹内其实网球打得很好,却故意输球。
✿ 弱いくせに、口ばかりが達者(たっしゃ)な奴だ。
——他虽然水平不行,但很能说。
(29)事情も知らないくせに、他人のことに口を挟むな。
——你又不了解情况,别人的事不要插嘴。

(三)「～にもかかわらず」

用来表示"尽管……但是……",多用于书面语。

✿ 円高にもかかわらず主力株が強く日経平均は一時191円高まで上げて高値を更新。
——尽管日元对美元升值,大盘蓝筹股仍维持强势,日经指数一度上扬191点创新高。
✿ Aさんは仕事中だったにもかかわらず、突然訪れた私を快く出迎えてくれた。
——那天他正忙着工作,但对我的突然到访,还是欣然接受并出门迎接。
✿ 彼は目が不自由なのにもかかわらず、高校を首席で卒業した。
——别看他是盲人,高中的毕业成绩是全校第一。

这里,我们对「のに」、「くせに」、「にもかかわらず」做个简单的比较,比如我们要表达"他有钱但很吝啬"这样的意思,可以说:

✿ あいつは金持ちなのにけちだ(表示失望)
✿ あいつは金持ちのくせにけちだ(表示鄙视、责难)

✼ あいつは金持ちにもかかわらずけちだ(表示一种客观的陈述)

下面这句话意为“只要肯干就能成功，但他就是不肯学习”，同样可以用「のに」「くせに」「にもかかわらず」，与上面的例子相近，试着体会一下三者的不同。

✼ やればできるのに(くせに、にもかかわらず)、勉強しない。

**(四)**「～にしては、～わりに」

「にしては(にしても)」、「わりに」表示通过对比，发现了不相称的地方。

✼ あの子は親が教育熱心なわりに、余り勉強ができない。

——家长对教育倒是很热心，但他学习并不怎么样。

✼ 君は食べるわりに太らないねえ。羨(うらや)ましい限りだ。

——你那么吃也不发胖，羡慕之至。

注意，重点来了。「にしては」和「にしても」形态、功能相似，但意思上有很大区别:「にしては」通常表示通过对比，发现了“超预期”的事情，而「にしても」则通常表示“不达预期”。

✼ スキーは初めてだと聞いていたが、それにしては、なかなかうまく滑るじゃないか。

——这是「にしては」最常用的场景:某人虽是某方面的新手，但表现超过预期。

✼ 夏にしては、涼しいね。

——作为夏天来讲，今年夏天真的挺凉快。(意为:夏天热一点是应该的，这个凉爽程度是超预期了)

✼ 夏にしても、暑すぎる。

——虽说是夏天，今年夏天这气温实在是热过头了。意为:夏天热一点是应该的，但也不至于热到这个份儿上吧。

✼ やせたいにしたって、食事もしないのはよくないよ。

——减肥也不能不吃饭吧。「にしたって」是「にしても」的口语形式。

✼ いくら頭にきたにしても、手をあげたのはやり過ぎだ。

——不管你有多生气，动手总是不好的。「手を上げる」是动手、上手、诉诸暴力的意思。

## 三、其他常用的转折的表现形式

**(一)**「～ものの、～よかったものの、～とはいうものの、～とはいえ、～とは言っても、～とは言いながら」

「ものの」表示的转折与「が・けど」类似，转折的语感甚至更弱一些。

✤ 大学は出たものの、就職難で仕事が見つからない。
——大学已经毕业了，但还没找到工作。
✤ 医者ではあるものの、僕の専門は牛や馬でしてね。
——医生倒是医生，我呢是给牛、马看病的医生。
✤ 私がいたからよかったものの、いなかったら大事故になるところだった。
——多亏我在场，不然要出大事故。
✤ 中国語ができるとは言っても、日常会話程度なんです。
——我虽说会中文，但也就是会点日常会话。
✤ 駅から近いとは言え、歩けば二十分はかかります。
——虽说离车站挺近，但走路过去至少要二十分钟。
✤ 三月とは言うものの、北国の春はまだ遠い。
——虽说已是三月，北国的春天似乎还遥遥无期。
✤ 知らぬこととは言いながら、誠に失礼いたしました。
——虽说这事我不知情，但还是要向您先道个歉。

(二)「～からといって」

后面多接否定的形式，表示"虽说……，但还是，但不见得……"。
✤ 熱が下がったからと言って(下がっても)、安心してはいけない。
——虽说退烧了，还不能说没事了。
✤ 日本人だからと言って、正しく敬語が使えるとは限らない。
——不是所有的日本人都能正确地使用敬语。
✤ 相手が弱そうに見えるからって、決して油断するな。
——虽说对手看上去不强，但绝不能掉以轻心。

(三)「一方で、反面(半面)」

表示两种事物、观点、人之间的对比，或同一事物、人的"另一方面"。
✤ 兄は勉強ができる一方、遊ぶことも忘れない。
——哥哥学习很好，也不耽误玩。
✤ 表では争っているように見せる一方で、裏では手を結んでいるのが政治の世界だ。
——表面上争斗，暗地里联手，这就是政治。
✤ 日本経済については楽観的な見方がある一方で、今後は高成長は望めないという見方もある。
——关于日本经济，有一些乐观的看法，不过也有观点认为，今后高增长几

乎不可能实现。

✤ あの家庭は夫が遊び好きな一方で、妻はしっかり者だ。

——他们家男的爱玩，不过女方倒是很会过日子。

(四)「～に反して、～に対して、～にひきかえ」

表示方向相反的两者之间的对比。

✤ 会社が命じたことに反して、彼は独断で交渉を進めた。

——与公司的方针相违背，他以他自己的想法主导谈判。

✤ 大方(おおかた)の予想に反して、～党は参院選で苦戦している。

——与大多数人的预期相反，某党在上院议员选举中举步维艰。

✤ 御主人は無口なのにひきかえ、奥さんはおしゃべりだ。

——那家人男的沉默寡言，女的很能讲。

✤ 姉は家庭的なのに対し、妹は活発で一時も家でじっとしていることはない。

——那两姐妹，姐姐大门不出二门不迈，妹妹倒是在家里呆不住那种人。

✤ かつては大量生産の時代だった。それに対して、今は多様なニーズに合わせた多種・少量生産の時代になった。

——过去是大批量生产的时代，与之相比，现在，适应多元化需求的多品种小批量生产是主流。

(五)「～かと思うと、～と思いきや」

「かと思うと」和「と思いきや」都用来表示"我以为会怎样，结果出乎意料的事发生了"。

✤ 静かなので勉強してるのかと思うと、ぐうぐう寝ていた。

——因为没动静，我还以为他在学习，原来已经睡着了。

✤ もう出かけたかと思ったら、まだ家でぐずぐずしていたのか。

——我以为你出门了呢，怎么还在家里磨蹭。

✤ 宝くじが当たったと思いきや数字が1つ違った。

——我以为自己中奖了，仔细一看，有一个数字不对。

✤ これで和解と思いきや、先方が急に態度を変えてきた。

——我以为这就达成和解了，没想到对方突然态度变了。

(六)「～たところが」

「たところが」用来表示事态的结果与自己的预判相反。

✤ 親切のつもりで忠告したところが、恨(うら)まれてしまった。

——我为他着想才劝他，没想到反而遭他记恨。

✿ 日曜日なのでいると思って、彼の家に行ったところが留守だった。
——我以为他星期天在家,过去一看,他出门了。
✿ 軽い気持ちでカラオケコンクールに出たところが、優勝してしまった。
——参加了一个 K 歌比赛,自己也没当回事,不曾想竟拿了个第一名。

**(七)「～ともあろう者が、～としたことが」**

「ともあろう者が」用来表示某人做出与其地位不相称的行为。「～としたことが」通常用来表示自责。

✿ 警察官ともあろう者が、暴力団に捜査情報を流していたとは、許し難いことだ。
——作为一个警官竟然向黑社会提供情报,这是不能容忍的。
✿ 私としたことが、どうしてこんなミスをしたんだろう。
——我怎么这么糊涂、不争气呢,竟然出现这种不该有的失误。

# 第 22 章
## 惯用型(4)——并列事项的表达方式

本章聚焦表示"并列、叠加"的惯用型。

### 一、「たり」和「ながら」

「～たり～たり(して)」或者「～たり」表示例举,暗示被提到的例子之外还有其他。

✿ 早起きしたり適度な運動を心がけたりすることは、生活習慣病の予防にとても効果があります。
——早起,注意适度的运动等等,这些都有助于预防生活习惯病。

✿ 先週の日曜日は本を読んだりして過ごしました。
——上周日,我就是在家看看书什么的。

「～たり」只用一个的时候,通常以「～たりする(たりして、たりしています)」形式出现。「AやBなどする」也可以表示类似的意思,比如「先週の日曜日は、読書や散歩などをして過ごしました」。

✿ 無理をせず早めに来た道を引き返したり、助けを求めたりするのが基本だ。
——这时不能硬来、不能冒险,应尽早沿原路返回,或者向别人求助,这是(应对登山遇险的)常识。

「～たり」还有几个常用的"套路"。「行(い)ったり来(き)たり」可以用来表示在两地之间往返、跑来跑去,也可以用来表示事情来来回回没有进展。「踏(ふ)んだり蹴(け)ったり」指祸不单行。

而「～ながら」表示两个动作并行,"一边……一边……"。

✿ 携帯で音楽を聴きながら、レポートを書く。
——一边用手机听音乐一边写报告。

需要注意的是「～ながら」还有表示转折的意思。表示转折的「～ながら」在

现代日语里用法相对固定,通常只以「とは言いながら(虽说)」、「そうは言いながら」等形式出现。

## 二、「にしろ(にせよ)」和它的小伙伴儿们

「にしろ(にせよ)」意为「たとえ～であったにしても」,表示"无论A还是B,都……"之意。

✼ 絵画にしろ音楽にしろ、才能がなければ、上達することはむずかしい。
——无论绘画还是音乐,没有这方面才能的话,很难学精。
✼ 行くにせよ行かないにせよ、連絡だけは入れておかないとまずいわ。
——不管去还是不去,都该给人家回个信。

需要注意的是「～にしろ(にせよ)」还有表示转折的意思。

✼ 母からの電話があったにしろ、今日は早くは帰れない。
——尽管妈妈来过电话,但今天实在没法早回家。
✼ お世辞にもしろ、そう言われれば、悪い気持ちはしない。
——尽管明知道是奉承,但别人说自己好话,心情总不会很差。
✼ いずれにせよ(いずれにしろ)今日はやめよう。
——不管怎样,今天不行,改天吧。

与「～にしろ(にせよ)」意思相近的还有「～であれ(であろうと)～であれ(であろうと)」、「～といい～といい」,这两个前面只能接名词。

此外,表示并列、列举的「～や～や」「～とか～とか」也是常见的用法。与之相近的还有「～だの～だの」、「～やら～やら」。

✼ 犬だの猫だの、いろんなものを飼っている。
——又是狗又是猫的,他养了很多宠物。
✼ お茶を持って来いだの、机の上を片付けろだの、うるさくてしようがない。
——一会儿说让倒茶,一会儿又让收拾桌子,真烦人。
✼ ほんとうにできるのやら、できないのやら見当がつかない。
——到底是行还是不行,我也不明白。
✼ りんごやらかきやらいっぱい買いこんだ。
——苹果啦、柿子什么的,买了很多东西。
✼ 泣くやらわめくやらたいへんな騒ぎだった。
——又是哭又是叫的,闹的很厉害。

## 三、「に加え,を兼ねて,ついでに,方々」

「～に加え(て)」是书面语中极为常用的一个"套路",用来表示"在……之

上，再加之"。

✿ 現物株や債券に加え、大阪取引所に上場する日経平均先物やオプションの取引もできない。

——除了股票现券和债券之外，大阪交易所上市的日经指数期货和期权也不能交易。

「を兼(か)ねて」「がてら」「ついでに」是最常见的几个表示"兼……，顺便……"的"套路"。

✿ ドライブ好きなので一泊旅行を兼ねて月に1度は見舞いに行く。

——自己本来就喜欢开车，就当是住一晚的旅行了，每月都至少去看望（老人家）一次。

✿ 長男は月1回、旅行がてら会いに来てくれるという。

——据说他大儿子每月一回，旅行的时候顺道过来看他一次。

✿ 散歩がてらに、本屋に立ち寄ってきた。

——出去散步的时候，顺便去书店逛了一下。

这里要注意一点：「がてら」前面的事项是"主（主要）"，后面的事项是"从（次要）"。

✿ お店に行った時に、ついでに当初は買うつもりがなかったものを買う。

——去商店的时候，顺便买了当初没计划买的东西。

此外，「方々（かたがた）」与「ついでに」同义，常用在商务邮件、信函中。

✿ ご挨拶かたがた伺いたく存じます。

——这里的「ごあいさつ」是指自己对对方的问候、致意，在商务场合，其实这是想跟对方见面谈生意的委婉说法。从结论上讲，「ご挨拶かたがた」这个部分是个虚词，句意都在后半句，即想到对方公司拜访，跟对方见面谈生意。

## 精读13　补习学校"Z会"的发展历程

　题　解

知る人ぞ知る，每年把上千考生送进东大（东京大学）的日本最强补习学校！

本章的精读素材，节选自「日経」上一则关于教育行业中的大黑马"Z会（ゼットかい）"的深度报道，题为「東大合格1000人　名門Z会、とまらぬ膨張」。

❋ 毎年1 000人の東大合格者を出す通信教育・学習塾のＺ会。一部の優秀な受験生のみぞ知るというイメージが大きく変わろうとしている。自分より規模が2倍の栄光ゼミナールを2015年に買収。その後も拡大路線を行く。5年前に大政奉還で社長になった創業家の3代目は46歳。知られざる「受験の虎の穴」をのぞいた。

❋ 難しくて続けられない 東京都内のIT企業に勤める永尾修一（24）は2012年、東京大学理科1類に現役合格した。横浜市内の高校1～2年の時、国語、数学、英語の通信講座を受けた。「一方通行ではなく、添削で念入りに指導してくれた」。並行して物理と化学は大手予備校で学んだが、「添削のような満足は得られなかった」という。

❋「A4一枚の問題を解くのに2～3時間かかることもあった」と振り返るのは東大出身の男性会社員（28）。教材がたまってしまい、結局高校2年で受講をやめてしまった。3カ月しか続かなかったという50代の男性も「あまり思い出したくない思い出」と苦笑する。こうした受講者も結構多い。直接対面せずに難しい問題を解くには高いモチベーションが必要だ。Ｚ会の名門のイメージはこうしてできた。もともとの社名は「実力増進会」といったが、受験生の間で「Ｚ会、Ｚ会」と隠語のように使われるうちに、正式社名になってしまった。

❋ その秘密組織的な会社が大きく変わろうとしている。2015年、同業で売上高が2倍もある栄光ゼミナールを買収し、受験業界をおどろかせた。2017年には難関私大文系専門の予備校「増田塾」、オンライン教育のアオイゼミを運営する葵を相次いで買収。200億円にみたなかった売上高は栄光の取り込みで3倍に。さらに2020年には810億円まで拡大をめざしている。

❋ 大学受験の「トップ2」は駿台（すんだい）と河合塾（かわいじゅく）。18年、東大への合格者数は駿台が1 400人、河合塾は1 300人だ。一方、この2校と並び「三大予備校」と称された代々木ゼミナールは2015年に27カ所あった校舎のうち20カ所を閉鎖する事態に追い込まれ、現在は合格実績を公表していない。ここに食いこんだのがＺ会だ。通信教育・教室合わせた東大合格者数は1 000人だ。

❋ ちなみに東大の定員は約3 000人。トップ3の合格実績を足しただけで定員を超えるが、これは教科ごとに塾を変える学生がいたり、夏期講習や冬期講習だけの受講生をカウントする予備校があったりするせいだ。

❋ 静岡県三島市。東海道新幹線が停車するJR三島駅の目の前にZ会と

その持ち株会社、増進会ホールディングスの本社がある。両社の社長で、創業家3代目の藤井孝昭(46)がその表玄関をくぐって入社したのは2011年、39歳の時だ。慶応義塾大学を卒業以来、14年がたっていた。その間、創業家の子息(しそく)によくあるように一般企業で修業していたわけではない。これが社会人デビューだった。大学在学時からの持病と闘っており「休学したり、大学院に進んだりとつらい時期をすごした」と本人が打ち明けてくれた。

❋ 父の史昭(79、増進会HD相談役)が退任したとき、孝昭は32歳だったが、まだ社会復帰できる状況ではなかった。その間、創業家以外の社長が2代続き、孝昭は2013年に増進会HD、14年にZ会の社長に就任する。以来、メディアにはほとんど出たことがない。約2時間の取材に応じた孝昭は、終始控えめな話しぶりだが、言葉を慎重に選び、決して隙を見せない。当初、社会人経験がないことを理由に他社からは「ビジネスを知らないお坊ちゃん」、「教育に熱い思いを持っている感じはしない」といった声があがった。だが実際には孝昭は機敏に動いた。買収先の栄光ゼミナールは80年設立で、96年には東証2部に上場。学習塾の最大手だが、当時経営の混乱が続いていた。北海道を地盤とする進学会が大株主だったが、経営陣との摩擦が生じていた。

❋ 自己株TOBの妙手 孝昭の就任時、Z会も栄光と提携し、第三者割当増資を引き受けて最大で3割近い株を保有していたが、進学会の約3割の持ち分の問題が膠着化していた。孝昭は2015年3月、札幌の進学会本社に乗り込み、「そろそろいいでしょう。株を引き受けます」と直談判したのだ。

❋ 幸いというか、進学会側も業績が悪化し、株の現金化を考えていた。だが「小が大を飲む」買収にはもう一つ、資金のハードルがあった。孝昭はそこで、大胆さだけでなく緻密さも見せた。

❋ Z会の売上高は当時200億円弱(2015年3月期)。進学会持ち分とそれ以外の計約7割をTOB(株式公開買い付け)し完全子会社化するには2百数十億円が必要だ。孝昭はTOBを2回にわけた。

❋ システム障害で会員減少 日本人の大学進学率は2000年度の39.7％から18年度に53.3％と右肩あがりで伸び続けている。その間、景気低迷を受けて浪人の数は約14万6000人から約10万人に減った。代ゼミの大量閉校はこのためだ。日本の18歳人口は同じ期間に151万人から117万人まで減少した。受験業界では、スマートフォンのアプリを使った遠隔授業サービスも登場し、新しい競争が始まっている。Z会も昨年、中高生向けにライブ授業を配信する「アオイゼミ」を買収した。市場が縮小するなかでどんな変化にも対応できる

ように構えを広げようとするが、急な拡大にはリスクもある。「電話はなかなかつながらない。どうなっちゃってるんでしょうね。退会したくなりました」「入会検討してましたが、何やってるんですかね」——。昨年1月30日、Z会の通信教育の教材を作成するシステムに障害が発生した。トラブル直前まで、全国で約25万人というピークを誇っていたZ会の会員のうち約3万人減った。

❈ Z会は1931年、東京・淀橋（新宿）で旧制中学の英語教師だった藤井豊が設立。郵便を使った添削指導は当時画期的だった。ただ、第2次世界大戦の戦火を逃れる形で45年に静岡県中伊豆町（現・伊豆市）に疎開。52年に業務を再開してからも拠点は中伊豆町に置き続けた。75年に後を継いだ二代目の史昭はZ会を急成長させたが、本社は静岡県を出ることはなかった。通信教育は全国あまねく平等に学生に機会を与える。会社が都会に出るなど、表に出る必要はないという考えがある。孝昭も幼いころからZ会の添削指導を受けた。社内では「執筆者」と呼ばれる問題作成・添削担当者が大事にされていた。大学の教員や学者などの教育者が転じてくるケースも多かったという。父や祖父がそんな人々と酒のさかなに議論していたのは「教育とはなにか」だった。

❈ 今年7月9日、孝昭は3000人に膨らんだ社員を、買収後初めて横浜市のホールに集めた。「最高の教育で、未来をひらく」、孝昭はあらためてグループの企業理念をみなの前で確認した。不遇の時代を取り戻そうと急いだ自分への戒めもあったかもしれない。

❈ 背後に迫る中堅塾 それでも歩みは止められない。Z会の背後には、人気講師を広告塔にする東進ハイスクール（ナガセ）が東大輩出（はいしゅつ）700人で迫る。ベネッセが2007年に買収した鉄緑会は東大受験指導専門の触れ込みで、18年に345人を輩出した。東京・新宿のみに教室を構える独立系のSEGも121人、都内で3校舎を運営するグノーブルは705人の在籍者のうち118人を東大に合格させている。膨張を続けながら、Z会のブランドをますます研（と）ぎ澄（す）ます努力に終わりはない。

## 解 说

（1）注意这里「出す」一词的用法。文章开头用了一个醒目、又十分简洁的修饰语来介绍Z会这家公司——"每年有上千名学生考上东京大学"。表达同样的意思还有很多其他说法，比如「毎年1000人の塾生が東大に受かる（合格す

## 第22章　惯用型(4)——并列事项的表达方式

る)」、「毎年の東大合格者が1 000人にも上る」等等,但都不如「毎年1 000人の東大合格者を出す」简洁有力。「～者を出す」这个パターン还有很多类似的应用,如「毎年……万人の犠牲者を出す交通事故」等。

(2)通信教育・学習塾:是收费做课外辅导的一个服务行业,在国内叫教育行业,辅导内容多是针对资格考试、升学等,如国内的新东方、好未来。

(3)～のみぞ知る:是少数特定的人才知道的意思,义同「～だけが知っている」,のみ＝だけ,ぞ是表示强调的语气词。类似用法中还有个「知る人ぞ知る」,表示行家、内行人才明白、知道的意思。

(4)ようとする:这个パターン表示"即将变化到……状态",强调变化即将完成前的冲刺阶段。如果这里用「変わっている」来代替「変わろうとしている」,则表示变化的过程已经完成,变化的结果正在持续;而如果用「変わりつつある」来代替,则倾向于表示变化的过程正在进行中,强调的是过程。

(5)大政奉還(たいせいほうかん):本意为幕府的将军把政权返还给天皇,此处指Z会的经营权从职业经理人重新交回到创业者家族手里。说句题外话,日本历史上,天皇握有实权的时期极少,真正有实权的是幕府的将军。中国有文官治国的传统,而日本的传统与古罗马类似,是贵族、武官政治。文官治国在日语里叫「文民統制(ぶんみんとうせい)」,至今日本仍在讨论、落实过程之中(如2015年3月,日本政府刚刚发布了「文民統制に関する政府統一見解」)。

(6)ざる:表示否定,与「ない」同义。不同点在于,「ざる」通常不用于句尾,而是作为修饰语出现在名词前面,「知られざる一面」(不为人知的一面)、「意図せざる在庫」(经济短周期中的被动补库存,所谓被动补库存,是产品卖不掉、产品积压之意)、「見えざる手」(经济学里讲的"看不见的手",说「見えない手」你就OUT了),或以「～せざるをえない」(不得不怎么做)这样的句型出现。

(7)虎の穴(とらのあな):在现代日语中专指以训练严格等著称的培养人才的场所、组织。

(8)現役(げんえき)合格:指应届毕业生考上大学。体育选手正值当打之年叫「現役の選手」,选手退役叫「現役を退(しりぞ)く」。

(9)大手予備校(よびこう):指大型补习学校,这里的「予備校」专指辅导高中生考大学的补习学校,更常见的补习学校「塾(じゅく)」指的是小学生、中学生、高中生都可以辅导的补习学校。其中的「大手」指某行业中规模大、知名度高的公司,较常见的用法包括「大手企業」「～業界大手」「最(さい)大手」。

(10)～うちに:指在做事的过程中,一来二去,做着做着就……了。

(11)相次(あいつ)いで:指连续不停,一个接一个地……。意思与「次々と」

相近。如果想表达某类事件接连发生，可以用「～が相次いでいる」这个パターン，如「受験業界での企業買収が相次いでいる」。

(12)～に満(み)たない：表示不到或少于……容易混淆的还有两个词，一个是「～を満(み)たさない」，另一个是「～未満(みまん)」。「～を満たさない」指与要求的水准相比较，多用于「要求を満たさない」这样的场合；而「～未満」前面多接表示年龄、年数的词，如「喫煙は二十歳未満は禁止のままにする」。

(13)～と並(なら)び～と称(しょう)された～：指"与……齐名，被称为……的"。

(14)食い込む(くいこむ)：前面用「に」，此处表示"侵入到……的领地"这样的意思。

(15)～せいだ：经常以「君のせいだよ」这样的形式来表示责任的归属——都怪你！在这里用「～ためだ」也完全可以，但那样语意就变得中性了。

(16)子息(しそく)：指别人的儿子，「息子(むすこ)」指自己的儿子。这里的「～によくあるように」也是常见且好用的"套路"，意为"在……中常见的一种情况是"。

(17)修業(しゅぎょう)：注意这个词的读法。本意是修行，指为了成为某一类人（佛、武术家、企业管理层）而边当学徒边实践，常见用法如「修業中の身」「師のもとで修業する」「花嫁(はなよめ)修業」等。日本人有个习惯，家族企业的接班人（如创二代）在掌权以前，通常会被派到同业公司体验各种基层工作。中国相关部门也有类似的习惯，比如要重点培养的年轻干部，通常会被派到基层工作、锻炼几年。

(18)持病(じびょう)：指老毛病，一直治不好的病。

(19)打ち明ける：指对别人敞开心扉，说出心里话或秘密，常见用法如「悩みをうちあける」（对人倾诉自己的烦恼），「うちあけた話だが」（说句心里话）。

(20)隙(すき)を見せない：指做事严密，不漏破绽。

(21)お坊(ぼっ)ちゃん：注意读音。富二代的戏称，调侃富家子弟的说法。公子哥，纨绔子弟之意。同义的俗语还有「ぼんぼん」，正式一点的说法是「御曹司(おんぞうし)」。

(22)第三者割当増資(だいさんしゃわりあてぞうし)是我们说的定向增发，简称定增，即向特定的对象发行新股。

(23)膠着化(こうちゃくか)：指事态胶着，没有进展。

(24)乗り込む：此处是单刀赴会、杀入敌阵的意思。

(25)直談判(じがだんぱん)：是不经中间人介绍、直接与对方谈判，互亮底

## 第22章 惯用型(4)——并列事项的表达方式

牌之意。

(26)幸(さいわ)いというか:有些口语化的味道,表示"幸运的是"这样的意思,书面语多用「幸(さいわ)いなことに」。

(27)ハードル:在这里表示"门槛、难关"。此外,「ハードル」还可以表示障碍赛跑中的"障碍"。

(28)売上高(うりあげだか):营业收入,口语里简化成「売上(うりあげ)」。

(29)持分(もちぶん):指持股、股东权益。财务会计中用来计量对关联公司的股权投资的"权益法",在日语里是「持分法(もちぶんほう)」。

(30)システム障害(しょうがい):系统宕机。

(31)在日语里,电话总打不通说「電話はなかなかつながらない」。

(32)添削(てんさく):批改作业、修改文稿。

(33)这里的「さかな」写作「肴」、指下酒菜。当作下酒菜来谈论的话题是什么,用「酒のさかなに議論していたのは」来表示。

(34)しようと急いだ:急于想要怎样之意。

(35)自分への戒(いまし)め:对自己的告诫,自己要引以为戒。

(36)~の触(ふ)れ込(こ)みで:「触れ込み」指事前宣传。不要跟表示告密之意的「垂(た)れ込み」弄混。

(37)ブランドを研(と)ぎ澄(す)ます:「研ぎ澄ます」指把东西打磨得铮明瓦亮,使之更光亮、更有用之意,此处是指打磨、提升品牌(影响力)。常用的"套路"还有「神経を研ぎ澄ます」,也说「神経を研ぎ澄ませる」,指让自己的感觉更敏锐,以便不漏掉哪怕是微小的声音等。

(38)~に終わりはない:现成且好用的"套路",表示"……是没有尽头的,无止境的"。

# 下篇

回り道に見える近道、学校では教えてくれない日本語上達法

# 第 23 章
# 教科书里见不到的常用形容词

又到了秋天。日语里有「読書(どくしょ)の秋(あき)」的说法,源自唐代韩愈的一首诗:"时秋积雨霁,新凉入郊墟,灯火稍可亲,简编可卷舒。"这首诗讲的是到了秋天,天晴气爽,夜间变长,正适合挑灯读书。

本章当中,我们聊聊几个实际生活中很常用但教科书里却不常见的形容词、形容动词。

✱ すげえ＝すごい

表示"厉害!"之意的「すげえ」在口语里经常出现,常常以「すげえなあ、すげえや、すげえじゃない?」这样的形式表示感叹。另一个方便之处在于,它有「すげえいい」「すげえうまい」这样的用法,直接后接其他形容词也可以。

✱ まずい

除了可以表示东西难吃,「まずい」更多的是用来表示"啊！坏了！这下糟了!"这样的意思,与「しまった」意思相近。

✱ かわいい・カッコいい

日语里用来形容女性的词,使用频率最高的无疑是"招人喜欢"之意的「かわいい」。"美女"这类比「かわいい」更高一个层级的,可以说「きれい」「別嬪(べっぴん)」「美人(びじん)」。反过来,不那么漂亮的,有「ブス」「不細工(ぶさいく)」等词,慎用!

而夸男生的词当中,「カッコいい」是最常用的,它可以用来表示颜值、着装、作派、动作等多方面的"帅"的意思,与之意思相近的还有「しぶい」。「しぶい男」可以包含很多意思:不扎眼、低调、深沉、有深度、有品位。

其他常用的说法包括"有男子气概"之意的「男前(おとこまえ)」,表示高颜值的「イケメン」「二枚目(にまいめ)」等。

✱ いまいち

也说成「いまひとつ」,"还差把劲,不怎么样,就那么回事儿"之意。

❀ ださい
多指衣着不够时尚，不讲究，土里土气。

❀ うざい
年轻人常用的词汇，「うるさい」「うっとうしい」「気持ちわるい」之意。烦人到有点令人光火的地步则说「むかつく」「腹立つ」。

而说人脸皮厚、厚颜无耻，可以说「ずうずうしい」「えげつない」「あくどい」。

❀ しんどい
形容劳累、辛苦到难以承受的地步。「家事は大変だよねえ。しんどいでしょう」。

❀ みずくさい
千万别误解成水有味儿，虽然写成汉字是「水臭い」。这是"见外、过分客气"之意。「私とあんたの仲で、水臭いと思わんのか」——我们俩之间谁跟谁呀，你这么做太见外了吧。

❀ やかましい
通常表示"别多嘴，都别吵了"之意。

此外，形容人"唠叨"常用「くどい」，形容人说话"拐弯抹角，不直截了当"常用「まわりくどい」，形容人"爱管闲事、多嘴"常用「さしでがましい」，形容"强人所难，不容分说，爱把自己的想法强加给别人"常用「おしつけがましい」。

❀ 情（なさ）けない
形容"说不过去，不争气，不给力"常说「情けない」。

❀ しぶとい
形容经得起考验，经得起挫折，百折不挠，"打不死的小强"，"大心脏"（在比赛落后时不气馁不手软，能够反败为胜）这类意思，用这个词最合适。

❀「手」系列
「手頃、手厚い、手荒い、手薄い、手堅い、手軽、手厳しい、手強い、手狭い、手っ取り早い、手早い」等为数众多。加上了「手」的形容词，多指人做事方面……，比如「手薄（てうす）」多指工作存在"马虎、疏漏、薄弱"环节之意，而形容"给某人丰厚的待遇"可以说「手厚く処遇する」，说价格合适是「手頃（てごろ）」，说人做事严谨，说到做到是「手堅（てがた）い」，说对手实力强劲，不容易对付是「手強（てごわ）い」，说某种办法简便易行是「手（て）っ取（と）り早（ばや）い」，说不费事，非常方便，轻而易举是「手軽（てがる）」，比如「いつでも、どこでも、手軽に世界中の情報にアクセスできる」。

# 第 24 章
# 敬语：人际关系的润滑剂

多用敬语是日语的一大特色。对日语而言，敬语是沟通上必不可少的重要工具，也是人际关系的润滑剂。

需要注意的是，敬语并不仅仅是用来表示"尊敬"，即尊重对方，从而显示说话人懂礼貌、有教养，它还有一个功能是"敬远"，即敬而远之，与对方保持一定的距离。换言之，对"外人"才用敬语，我们与自己家里人或好友之间的对话，一般不会用到敬语。

包含日语在内的任何语言，表示同样一个意思，用的字数越多，听起来就越柔和，从而显得谦和有礼。这正是敬语的特点。大家可以通过下面的例子体会一下，同样是表达"你吃吧"之意，可以有很多种说法：食え（你给我把它吃下去）→食べて（吃呀）→食べてください（吃吧）→お召し上がり下さい（请您品尝）。

简单来讲，敬语主要用于以下三种场合：对上级、长辈、老师等年龄、地位比自己高的人；对外人（相对于自己家里人、同学、同事等"自己人"而言）；正式场合、公共场合（会议、电话、求人帮忙、道歉道谢、买东西等）。

敬语可分为三种类型：尊敬、谦让和「丁寧」（郑重）。

郑重，即在句末使用「です・でした・ます・ました」的所谓「です・ます」体，无须刻意去学。况且，通常尊敬和谦让也要求句末用「です・ます」。

|  | 尊敬 | 谦让 | 郑重 |
| --- | --- | --- | --- |
| 名词，形容词 | お〜<br>〜ていらっしゃる<br>例：お言葉、お名前、ご住所、お手紙、お忙しい、ご立派、お元気 | 例：わたしくども、拙著、弊社、小生、小職 | お〜<br>形容詞＋ございます<br>例：お茶、お店、お歳暮、お酒、お料理、お弁当、お化粧 |

续表

|  | 尊敬 | 谦让 | 郑重 |
|---|---|---|---|
| 动词 | お(ご)～になる<br>～(ら)れる<br>ご～なさる<br>お(ご)～くださる<br>お～です | お～する(致す)<br>お～申し上げる<br>～いただく<br>～ていただく | です<br>ます<br>ございます |
| 敬语专用动词 | なさる、いらっしゃる、おっしゃる、おいでになる、召し上がる、ご存知、ご覧になる | 致す、おる、伺う、参る、お目にかかる、申し上げる、存じ上げる、拝見、拝借、拝読 | |

掌握尊敬和谦让的用法，可以分两步走：先特殊，后一般。

先特殊是指首先应该掌握尊敬和谦让用法中的数量有限的特殊动词。

|  | 尊敬 | 谦譲 |
|---|---|---|
| する | なさる・される | 致す・申し上げる |
| いる | いらっしゃる | おる |
| 言う | おっしゃる | 申し上げる・申す |
| 行く・来る<br>（尋ねる・聞く） | いらっしゃる<br>おいでになる<br>お越しになる<br>お見えになる | 参る<br>伺う |
| 食べる・飲む | 召し上がる | いただく |
| 見る | ご覧になる | 拝見 |
| 知る | ご存知 | 存じ上げる |

之后，我们可以学习如何通过一般性的固定"套路"，把普通动词变换成为尊敬或谦让体。这里，我们会碰到一个难题：这种变换，通常存在两种以上的"套路"，特定情况下该用其中的哪一个呢？

回答这个问题的基本思路，我们曾经在前文中做过介绍。简言之，通常的动词，都有与之匹配的常用"套路"，搞不清楚的时候，尽量用你接触过的、有把握的用法，千万不要硬着头皮造词。

举个例子，动词的谦让体有「お(ご)＋動詞＋する(致す)」和「お(ご)＋動詞＋申

し上げる」两种构造方式,但后面一种通常只接跟说、写有关、且能作为名词的一些动词,如「ご説明・ご連絡・ご報告・ご案内・ご挨拶申し上げる」。

再比如,动词的尊敬体有「お(ご)～になる」、「(ご)～なさる」、「お～(ら)れる」等构造方式。通常的动词,用「お(ご)～になる」形式即可,如「お読みになる」、「お使いになる」、「お聞きになる」;而可以作为名词使用的动词,接「なさる」更简单更自然一点,如「ご運転なさる」、「ご愛読なさる」。还有一些词,比如「死ぬ・なくなる」,尊敬体通常以「亡くなられる」的形式出现,「お亡くなりになる」也可以,但不能接「なさる」。

此外,像「おっしゃられる」=「おっしゃる」+「られる」这种所谓双重敬语的问题,建议大家把它当作一个个人习惯的问题,不必深究语法上的所谓对错,能听懂、看懂就好。

## 精读 14　日本新年号的决策人

2019 年,按日本的年号来讲是平成 31 年。准确地说,平成 31 年是到 2019 年 4 月 30 日那天为止。

新天皇于 2019 年 5 月 1 日正式即位,并启用新年号「令和」。新年号于 2019 年 4 月 1 日发布,发布比实际启用只提前一个月,但就此一事,在部分保守派议员与日本政府之间还是发生了不少争吵。下面这篇文章,节选自「日経」的一篇专题报道,标题是「新元号 4 月 1 日発表、舞台裏の対立」。

顺便提一句,现行的法律框架下,日本的年号不是由天皇本人或其亲信、宗族来决定,而是基于「政令」。「政令」是内阁的命令,简言之,有权决定年号的人是内阁总理大臣。具体而言,就像文中提到的,日本政府会找数位博学之士提供备选方案,最后由首相拍板。

✤ 新元号の発表が4月1日に決まった。伝統を重んじる議員らは、新天皇の即位前に元号を決めたことは例がない、と反発していた。政府側が国民生活を混乱させないことを理由に押し切るまで、激しい駆け引きがあった。

✤ 「これはもう首相も了解済みのことですから」。杉田和博官房副長官は昨年 12 月 23 日の平成最後となる天皇陛下の85歳の誕生日を待って関係者

への根回しに動いた。保守系団体の幹部は「憲法改正で協力できなくなる」と反発してみせたものの、杉田氏が安倍晋三首相の名前を出すと渋々矛を収めた。

✼ 保守系団体が頼みにしていたのは衛藤晟一首相補佐官（71）だった。「新天皇の即位前に旧天皇の名で新元号を決めた例は過去に一度もない。伏してお願いしたい」。衛藤氏は首相官邸内で何度も杉田氏に詰め寄った。

✼ 保守層は首相の支持基盤でありむげにできない。「杉田さん、押し倒すようなやり方はだめだ。衛藤さんたちと話してうまくまとめてほしい」。首相はひとまず杉田氏に対応を一任した。

✼ 衛藤氏ら一部の議員は昨年夏ごろから会合を重ね、元号の公表と政令を官報に掲載する公布の時期を5案ほどのパターンにまとめて杉田氏らに示したが、政府側も1カ月前の公表を譲らず折り合いはつかなかった。

✼ 首相は「対立がこれ以上続くと『そもそも元号なんてもう要らない』となりかねない」と早期収拾を指示した。衛藤氏には首相自らが説得。4日の記者会見で「国民生活への影響を最小限に抑える観点」から4月1日に発表すると表明した。首相官邸と道路を隔てた向かいにある内閣府本府庁舎の地下1階。その一角にある皇室典範改正準備室には看板がなく、扉に赤い字で「関係者以外、立入禁止」と書かれた張り紙がある。新元号発表への準備はここで進められている。責任者は古谷一之官房副長官補（63）。「絶対に漏れないように。漏れたら替える」。皇位継承関連の会議日程が事前に流れただけで犯人捜しが始まる。天皇陛下の退位と皇太子さま（58）の即位まであと4カ月を切り、緊張感が強まる。元号案は漢籍の古典に通じた複数の有識者に考案を打診しており、政府内で3つほどに絞り込む。最も難しいのは「俗用されていない」という条件をクリアすることだ。政府関係者はインターネットの発達で「俗用チェックが多少楽になった」と語る。ネット検索で俗用例が見つかれば元号案から外す。伝統も新しい技術に支えられている。交流サイト（SNS）には「人工知能（AI）が新元号を選ぶ時期がいずれ来る」といった書き込みもある。

解说

（1）伝統（でんとう）を重（おも）んじる："注重传统、主张保持传统做法"之意，是一个相对固定说法，如果说「伝統を重視（じゅうし）する」，意思也通，但会显得索然无味。

## 第 24 章 敬语:人际关系的润滑剂

（2）議員（ぎいん）ら：日语中表示我们、你们、他们的"们"有「たち（達）」「ら（等）」「がた（方）」「ども（共）」等说法，这几个相互间可替代的场合不多。「たち」最常见的用法是「私たち」「ぼくたち」「こどもたち」「犬たち」「鳥たち」，偶尔也说「あんたたち」，但不说「彼（かれ）たち」。想表达"他们"可以说「かれら」「あの人たち」「あいつら」「あの連中」。有意思的是，如果想说"她们"，日语里最常用的表达方式是「彼女（かのじょ）たち」。「がた」是敬语，通常只用在「あなたがた」「先生がた」。与「がた」相反，「ども」通常只用在表示自谦的我们——「私ども」「手前（てまえ）ども」，或表示轻蔑的「がきども」（小屁孩儿们）、「野郎ども」（那帮家伙）。而「ら」的特点是"拉开距离"，它或是站在一个客观的第三方的立场上，不含敬意或贬义，但明显能感觉到"距离"，如「彼ら」「子供ら」「議員ら・社員ら」「これら」等；或是进一步拉开距离，使之含有强烈的轻蔑甚至敌意，如「お前ら」「てめえら」。

（3）押（お）し切（き）る：力排众议，不顾反对意见，强推某政策之意。

（4）駆（か）け引（ひ）き：博弈之意，即在部分受制于对方的条件下为自身争取尽可能多的利益。

（5）根回（ねまわ）し：指为了做成某事，事先与相关方面做非正式沟通，以寻求理解和支持，与之意思相近的说法还有「地（じ）ならし」「裏工作（うらこうさく）」「水面下（で）の調整」「裏から手を回す」等。

（6）伏（ふく）してお願いしたい：指趴在地上（觐见皇上的礼节）恳求，站在说话人自己的角度上，是"请无论如何帮我这个忙"之意。

（7）～に詰（つ）め寄（よ）る：指追着某人要说法、提要求或抗议。

（8）無下（むげ）にできない：意为"需要认真对待""不能随便、不当回事地处理"。与此意思相近，但更为常用的说法有：「等閑（なおざり）にできない」「蔑（ないがし）ろにできない」「疎（おろそ）かにできない」。此外还有语义偏"不可敷衍了事"的「おざなりにできない」及"不可以吊儿郎当、不走心"之意的「ぞんざいにできない」。

（9）まとめる：如果是关于报告等，「まとめる」是整合、总结之意，如果是关于事情（紛争、商談など），「まとめる」是协调各方利益、平息争端以达成一致的意思。

（10）一任（いちにん）：把某事完全托付、委托给谁来做，即全权委托之意。

（11）折（お）り合（あ）いはつかない：无法达成一致意见，谈不拢之意。

（12）そもそも～なんて要らない："干脆、索性就不要……、不搞……这套算了"之意。

(13)早期収拾(そうきしゅうしゅう):指尽快解决,尽快达成一致或妥协。
(14)説得(せっとく):说服。
(15)記者会見(きしゃかいけん):记者招待会,新闻发布会。
(16)～を最小限(さいしょうげん)に抑(おさ)える:"把……控制在最低限度内"之意。
(17)～と道路を隔てた向かいにある:"与……之间隔条马路、马路对面的"之意。
(18)立(た)ち入(い)り禁止:禁止入内。
(19)張(は)り紙(がみ):告示。
(20)～まであと〇カ月を切(き)る:"距离……只有不到……个月的时间了"之意。
(21)～に絞(しぼ)り込(こ)む:把备选方案的范围缩小到……,筛选到最后阶段只剩下……几个选项。
(22)～という条件をクリアする:指满足某条件。

# 第 25 章
「れる（られる）」——哪个是被动？
哪个是可能、自发或尊敬？

## 一、「れる（られる）」的四种用法

「れる（られる）」是个"助动词"，也就是动词的助手——帮助动词表达更多的意思。而且，它还是助动词里最常用、最重要的那一个。

举个例子，如果你只说「食べられる」，相信没有人能理解你到底想说什么。

如果你说「ワニに食べられるぞ」，那么这里的「れる（られる）」就表示"被动"——小心被鳄鱼吃掉！

如果你说「皮ごと食べられるバナナ」，那么这里的「れる（られる）」就表示"可能"——可以连皮一起吃的香蕉！

如果你说「先生、朝食を食べられましたか？」，那么这里的「れる（られる）」就表示"尊敬"——老师，您吃过早饭了吗？

算上"自发"，「れる（られる）」有四种用法：被动、可能、自发、尊敬。这就是「れる（られる）」让很多初学者感到困惑的地方。

让我们直奔要点。判别「れる（られる）」在句子中表示什么意思，要看具体的语境。

实际使用当中，绝大部分「れる（られる）」用于表示"被动"，其次是"可能"，再次是"尊敬"（多出现在口语当中），最少用的是"自发"。

这是专业人士通过对语料库进行检索、统计得出的结果。这个结果并不出人意料，因为，除了"被动"之外，其他的几个用法都有「れる（られる）」之外的表现形式。比如「見る」这个词，它的"可能"形式除了「見られる」，还有「見える」「見ることができる」，它的"尊敬"形式更常用「ご覧になる」。

## 二、「れる（られる）」的基本含义与辨别

「れる（られる）」的基本含义——"并非出于说话人自身意志"。

在讨论一个多义词的时候，笔者通常会首先总结出一个该词的"基本含义"，在此基础上进行推导——这个基本含义是如何延伸、演变出各种不同含义的。

「れる（られる）」的基本含义是"并非出于说话人自身意志"。这个基本含义，正是「れる（られる）」的四大用法之一"自发"所要表达的意思。其他三种用法，也包含这个意思。

（1）可能：表示客观情况允不允许，或能力上是否可以做到，这些都是"不以说话人自身的意志"而改变的。

（2）被动：既然是被动的，当然不是出自说话人自身的意志。

（3）尊敬：是别人的行为，也不是出自说话人自身的意志。

从辨别这个角度来说，"尊敬"简单明了，不易混淆。比较难分辨的是"自发""可能"和"被动"这三个用法；而难以分辨的原因，主要出在"自发"这个用法上。

自发用来表达"事件自然而然的发生，不以说话人自身的意志、意愿而转移"。笔者一直认为，"自发"这个语法用语本身，很容易造成误导。其实，它不是指说话人自身"自发、自觉地"……，完全不是。它指的是"不以说话人自身的意志、意愿而转移"的情况下，那个事情、那个情况"自然而然地"发生了、出现了。

实际上，具有这类自发用法的动词相对有限，且大部分是跟人的感情、认知相关的动词，比如：

✿ 思い出される、案（あん）じられる、偲（しの）ばれる、悔（く）やまれる、知られる、想像される、推定される、判断される、思われる、考えられる、見られる。

以「考えられる」为例。

✿ 考えられる原因と対処法は？

——可能＝考えることができる。

✿ 飛行機は墜落したものと考えられている。

——被动＝被认为是，被公众、相关部门等认为是。

✿ 複数による犯行と考えられる。

——自发＝自然にそういうふうに考える。

上例中自发的用法，有"这种情况下，让人不由得、不由自主地、让人不得不……"这样的意味，但这里的「考えられる」与它的原形「考える」没有本质区别，可以看作是「考える」的更婉转、更暧昧一点的说法。

"自发"的用法通常有这样几个外表上的特征：（1）后接「てくる」更自然，后接「ている」则变成被动的用法；（2）动作主体用「には」来表现最为自然，比如「私にはそう思われる」这样的形式。

第 25 章 「れる（られる）」——哪个是被动？哪个是可能、自发或尊敬？

日语里还有一些"自带"自发用法的动词，比如「思える」「笑える」「泣ける」等。如果我说「泣ける歌」，这是什么样的歌曲呢？语感上来讲，这指的是「泣かせる歌」「泣かせてくれる歌」「聞いたら思わず感動して涙してしまう歌」。

## 精读 15　按小时计的短租商办空间

本章的精读材料，节选自「日経」的一篇关于共享经济的文章，题为「不動産の隙間時間貸し」。文章中介绍的共享经济，对象是商办房地产，准确地说，是"空余时间"的商用、办公用空间和停车场。

日本的房地产，总体需求呈下降趋势。比如住宅，目前的空置率总体已经处于较高水平，随着总人口趋于减少，且劳动年龄人口在总人口中占比降低，今后的新房需求将面临逐步减少的局面。商办房地产也面临同样的处境，总劳动人口减少，同时在家办公等新的工作方式增加，需求未来趋于减少。

在此背景下，近来，日本的新兴企业开始与房地产公司合作，提供按小时出租的商办空间。

✻ 不動産大手がビルや駐車場の空きスペースを短時間から貸し出すシェアサービスに乗り出す。東京建物はスタートアップ企業に出資してビルなどの時間貸しに参入。野村不動産はマンションの交流スペースを外部に貸す。不動産は年単位の長期契約が中心だったが、「隙間」のスペースを時間貸しすることで収益源に育てる。人口減で不動産市場が先細る中、数年後に1兆円を超えるとの予測もある不動産シェアが離陸期を迎える。

✻ 「池袋駅から徒歩3分、80平方メートル、1時間2千円から」。2014年に設立したスペースマーケット（東京・新宿）のホームページには、1万件以上の不動産情報が掲載されている。パーティーや会議、個展開催など用途は幅広い。

✻ 不動産シェアは不動産の所有・管理者と利用者をネットで結び、短時間から貸し出すサービスだ。従来の賃貸契約は数年単位の長期間が中心なうえ契約も煩雑で、時間単位の利用には向かなかった。宿泊施設をシェアする「民泊」もその一つだが、宿泊用途だけでなく、ビルや駐車場など幅広い不動産をシェアする動きが広がり始めた。

✻ 東京建物はスペースマーケットに数％を出資。保有不動産の一部を時間単位で有料で貸すサービスを始める。時間貸しのノウハウをスペースマーケットから得る一方、貸し出す不動産情報をスペースマーケットの仲介サイト

に掲載する。まず東京都品川区のマンションのモデルルーム内にあるイベントスペースを休業日に一般に貸す。地域住民によるワークショップなどでの利用を想定し、料金は1時間あたり1万円前後を想定する。オフィスビルの空き室も時間貸しして有効利用する。

✲ 野村不動産は横浜市で20年に引き渡す分譲マンションで、内部の交流スペースを周辺住民らにも時間貸しする。通常は管理費を払っている居住者しか使えないが、野村不動産が保有して管理することで安全を確保しながら外部に貸す。収入は入居者と地域住民の交流促進などに活用する。

✲ 駐車場でも外部への時間貸しが広がる。三菱地所は駐車場予約アプリ運営のスタートアップであるakippa（アキッパ、大阪市）と提携。自社のビルや賃貸住宅に併設している利用者・住民向け駐車場を、15分単位で外部に貸している。月決め駐車場も空いていれば利用できる。阪急阪神不動産や近鉄不動産、京王不動産なども相次いでアキッパと提携している。不動産大手が相次ぎシェアに参入する背景には、不動産市場が縮小することへの危機感がある。オフィスビル空室率は東京都心5区で11月に1.98％（三鬼商事調べ）と低い。だが労働力人口の減少や在宅勤務の拡大もあり、中長期の賃貸を前提としたオフィス需要はある程度の縮小が避けられない。

✲ マンションなど住宅も着工戸数が30年度に17年度比で4割近く減るとの予測がある。これまで主力だった不動産の売買と中長期賃貸だけでは成長が見込めない。さまざまなスペースの「隙間」を広く外部の人と短時間からシェアすることで、パーティーや映画撮影など多様な需要を取り込む。情報通信総合研究所（東京・中央）の推計ではビルや住宅、駐車場などの空きスペースのシェアサービスの国内市場規模（収入ベース）は16年時点で6800億円。20年代には1兆円を超えるとみる。各社はシェアを商機とみて攻勢をかける。

✲ 不動産を多様な用途で短時間から貸す「不動産シェア」を可能にしたのはネットや電子決済などの技術革新だ。仲介サイトが貸し手と借り手を効率的に結びつける。既製のモノや空間などを占有せず必要な時だけ共用するシェアリングエコノミーは、自動車や宿泊など幅広いビジネスに地殻変動をもたらす。不動産シェアの普及に向けた課題の一つは安全性と品質の確保だ。不特定多数に貸すことへの周辺住民の不安を払拭し、無責任な借り手をどう排除するか。スペースマーケットは身元確認を済ませた登録会員のみが予約可能で、貸し手の身元も審査。貸し手と借り手は互いに5点満点で評価し合い、感想も投稿する。もう一つは知名度だ。不動産シェアは借りられる不動産が少なければ利用者が集まらず、利用者が少ないと貸し出す物件数も増えない。

第 25 章 「れる（られる）」——哪个是被动？哪个是可能、自发或尊敬？

「鶏と卵」の関係を脱しないとサービスの普及は見込めない。さらにシェアサービスは膨大な利用データを活用し付加価値を高めた企業が競争力を増す。国内勢ではスペースマーケットの物件数が1万件を超え、アキッパも会員数が100万に達するなど成長過程にある。今後、利便性を発信しながら実績を積み上げることが欠かせない。

✱ 鶏（にわとり）と卵（たまご）：指先有鸡还是先有蛋的问题，也可以说成「鶏が先か卵が先か」。

（1）～が～（サービス）に乗り出す：是开始某项新业务、拓展某个新领域的常用说法。这里用了「乗り出す」这个动词的原形来结句，是报刊新闻中常见的简洁用法，如果是一般人写的报告，用「乗り出している」更自然一些。

（2）収益源（しゅうえきげん）に育てる：常用来表示公司要把某新业务做大，使之成为一个重要的利润来源（収益源）。「事業の柱に育てる」也可以表示同样的意思，直译为"使之成为一个支柱产业"。

（3）～との予測もある：这个"套路"用来表示"有怎样的预测，或有人认为怎样"，这里没有特定是谁的想法、说法或测算。这里的「との」，可以用「という」来替代，但通常「との」更适合出现在书面语中。

（4）这里值得借鉴的是「（ホームページ）には、～が掲載されている」这个"套路"，表示"在（网站等）上有（或登载了）大量关于……的信息"。

（5）用途は幅広い：表示"用途广泛"。与「広（ひろ）い」相比，「はば広い」更适合指代抽象的事物，形容其范围宽，用途广，而「広い」更多用于具体的空间，特别是形容房间或地块面积很大。

（6）～には向かない：常用来指某人、某物从性格、属性上来讲"不适合"用在某方面。相反，比如说某人适合某工作的时候，可以说「こういう仕事に向いている」，这里需要注意的是，一定要用「向いている」这个形态，而不是「向く」或「向いた」。

（7）～動きが広がり始めた：这种用法，在提及一个新事物迅速普及的时候经常会用到，与之同义的还有「～動きが（急速に）広がっている」。

（8）料金（りょうきん）・代金（だいきん）：关于"收费，费用，价格"的最常用的词，比如，电费在日语是「電気料金（電気代）」，煤气费是「ガス料金（ガス代）」，水费是「水道料金（水道代）」，保险费是「保険料」，学费是「授業料」，餐费是「飲食代」。「～料」通常用在服务的价格上，「～代」通常用在物品的价格上。我们

常说的"收费标准"在日语里是「料金体系(たいけい)」或「料金メニュー」,网上购物时讲的"货到付款"(一手交钱一手交货)是「代金引換(だいきんひきかえ)」,简称「代引(だいびき)」。

(9)国内说的房子(住宅),绝大部分相当于日本的「分譲(ぶんじょう)マンション」,即开发商盖好房子以后按单元,按套来卖的这种。而国内说的别墅通常相当于日本的「一軒家(いっけんや)」,或者稍微正式一点叫「一戸建て(いっこだて)」或「戸建て」,连体别墅在日本叫「テラスハウス」,豪宅叫「豪邸(ごうてい)」。而日本的「別荘(べっそう)」,指的是平常不住、偶尔去住一下的那种建在景区附近的房子。

(10)引き渡す(ひきわたす):指交货、交房。

(11)用日语来表述"对于某事的危机感、危机意识"最合适的"套路"是「(こと)への危機感」。

(12)想表述某一趋势不可避免,最简单而又不会出错的方式是「～は～が避けられない」,如上文中的句子,可以简化成「オフィス需要は縮小が避けられない」。如果想表达得更委婉一点,可以将「避けられない(无可避免)」替换成「避けられそうにない(似乎在所难免)」。

(13)主力だった:是"曾经是主流的……"之意。商务日语中,表达"主要业务、主打产品、拳头产品"等意的时候,常用到「主力(しゅりょく)」一词,如「主力商品」。

(14)～だけでは成長が見込めない:这个"套路"非常适合用来表述"单靠(比如现有的某产品、某传统业务)无法进一步做大做强"这类意思。

(15)攻勢(こうせい)をかける:是"采取攻势,主动出击"之意。「かける」一词本书第5章有详细的分析,不再赘述。

(16)～に地殻変動をもたらす:这个"套路"可以表示"给(比如某行业)带来颠覆性影响"这类意思。注意读法:地殻変動(ちかくへんどう)。

(17)想表示在某事物的普及、推广方面还存在哪些问题、课题或障碍,「～の普及に向けた課題」这个"套路"非常管用,注意这里的「～に向(む)けた」的用法。还可以做个延伸,比如「～の普及に向けた取組(とりくみ)」。「取組」一词在商务日语中极为常用,指"致力于"某目标的达成。

# 第 26 章
## 「ことになる」与「ことにする」

本章当中，我们研究两个常见的惯用型「ことになる」与「ことにする」。关注这两个惯用型的另一重含义在于，很多人能看懂它们，但该用的时候，往往不会用。

从本质上说，「ことになる」和「ことにする」的区别，与「なる」和「する」的区别是一样的。

「ことになる」和「ことにする」都用来传达一种结果、结论或决定。如果这种结果或决定是基于你个人的意志，是你自己可以单方面决定的，应该使用「ことにする」。如果该事项是由"上头"、别人、社会，甚至是物理学原理决定的（总之不是你自己能够单方面决定的），则用「ことになる」。

先比较下面这两个句子。

❀ 来月はニューヨークに行くことになりました。
❀ 来月はニューヨークに行くことにしました。

「ことになる」——这种形式，重在表达"结果""结论"本身，即：我定于下个月去纽约。至于原因，总之是事出有因，可能是被公司派去工作，可能是之前计划好的去学习或生活，总之是有客观理由的。「ことにする」这种形式，强调去纽约这件事，是自己的决定。

所以，「ことになる」适合用来传达结果，而且不需要之前做铺垫。比如写邀请函，请朋友参加自己的婚礼，那么第一句就可以说「この度、A子さんと結婚することになりました」，接下来写时间和地点就好。

❀ 山形県に春から住むことになるかもしれません。
❀ 9月から、この建物ではタバコを吸ってはいけないことになりました。
❀ 来年から、日本で働けることになりました。
❀ 来春に、新しい家に引っ越すことになりました。
❀ バイト先の店長が、来月から変わることになったそうだ。

✲ 来月、会社の人たちとマラソンを走しることになりました。

✲ 今夜、クラスの友達と晩ご飯を食べることになりました。

✲ 毎週水曜日は、私が部屋を掃除することになりました。

✲ 大好きなミュージシャンが、日本に来ることになりました。

✲ 来週は会社に行かなくてもいいことになりました。よかった。

✲ 病院で検査をしたら、入院することになってしまいました。

✲ この4月30日をもって平成が終わり、5月1日から令和の時代が始まることになる。

正因为「ことになる」适合搭配“结果”“结论”，它常被用来表达包括法律规定在内的一些约定俗成的事情，比如「日本では、車は左側を走ることになっている」，下面的例子也都是这种用法。

✲ 男子寮には、女の人は入れないことになっている。

✲ 授業中は、携帯電話を使ってはいけないことになっている。

✲ 燃えるゴミは、毎週月曜日と木曜日に捨ててもいいことになっています。

✲ この薬は、1日に3回、ご飯の後に飲むことになっています。

✲ この図書館では2週間まで本が借りられることになっています。

✲ うちでは、ゲームは1日に2時間までしていいことになっていました。

✲ 家族の中なかで、一番早く起きた人が、新聞を取りに行くことになっています。

而「ことにする」则不同。首先，你能够“决定”的，通常只能是你自己这个范围内的事情，涉及别人的事情通常不是你一个人能够决定的。其次，你的这个决定，还需要做一定的铺垫，让人了解来龙去脉，或是针对特定的对象来说。

✲ 毎朝ヨガをすることにしました。

✲ 最近、朝起きられないので、夜は早く寝ることにしました。

✲ 健康のために、自転車で学校に来ることにしました。

✲ うちの会社は、新しいアルバイトを100人採用することにしました。

✲ 私は国に帰えらないで、日本に残ることにしました。

✲（体に悪いということで）明日からタバコを吸わないことにしました。

✲ ダイエットのために、ポテトチップスを食べないことにします。

✲ 疲れたから、今日は早く寝ることにします。

✲ 今日はラーメン屋が開いていなかったから、家に帰ってご飯を食べることにしよう。

第 26 章　「ことになる」与「ことにする」

✤ うちの会社は、アメリカに支社を作ることにしました。
✤ 1日に1回、野菜ジュースを飲むことにしています。
✤ 知らない漢字は、すぐに辞書で調べることにしています。

# 第 27 章
## 「ようになる」与「ようにする」

「なる」是个自动词,「する」是个他动词。对比日语和英语时,一个比较形象的说法是:日语是「なる」型语言,英语是「する」型语言。

的确,日语不太喜欢突出动作主体,一个比较显著的倾向是:能用自动词的地方就不用他动词。

下面,我们通过对比两个惯用型来展示「なる」和「する」的区别:「ようになる」和「ようにする」。关注这两个惯用型的另一重含义在于,很多人能看懂它们,但该用的时候,往往不会用。

从本质上说,「ようになる」和「ようにする」的区别,与「なる」和「する」的区别是一样的。

「ようになる」指从某种状态"自然地切换"到另一种状态,这种变化通常是伴随时间的经过而发生的一种自然的、渐进式的变化,所以它可以用来表示学会某种技能等。而「ようにする」则强调"有意识地做到怎样、刻意把一种状态转换到另一种状态"。

先对下面两组句子做个比较。

✿ 油をさしたら、ドアがスムーズに開くようになった。
✿ 油をさして、ドアがスムーズに開くようにした。
✿ 私は毎朝、朝食を食べるようになった。
✿ 私は毎朝、朝食を食べるようにしている。

「ようになった」是对状态变化的一种客观陈述,"上了油以后,开门顺畅多了""我现在每天都吃早饭",而且这种状态是中性或偏正面的陈述。而「ようにした」则更强调主观上刻意做了什么,所以才会出现某种效果。

✿ 楽器は習えば自然にできるようになるというものではない。
——乐器这东西,不是随便学一下就能掌握的。

## 第 27 章 「ようになる」与「ようにする」

❋ 日本語が話せるようになりました。
——我渐渐地会讲日语了。
❋ 納豆が嫌いでしたけど、今は食べられるようになりました。
——我以前不吃纳豆，现在也能吃了。
❋ 最近は、よく寝られるようになりました。
——最近，我的睡眠已经比以前好多了。
❋ 部屋でインターネットが使えるようになりました。
——在屋里已经能上网了。
❋ 最近は、スマホで日本語が勉強できるようになりました。
——现在已经能用智能手机来学日语了。
❋ もっと漢字が読めるようになりたいです。
——希望自己掌握更多汉字的读法。
❋ プールで3キロ泳げるようになったら、海に泳ぎに行きたいです。
——能在泳池里游 3 千米的话，我就想下海游泳。
❋ 最近、日本人の芸能人の名前が言えるようになりました。
——最近，我已经能说出很多日本艺人的名字了。

通过以上的例子我们可以发现：「ようになる」需要一个相对长期的过程，不是一蹴而就的。

比如我想说表达自己已经厌倦了现在正在做的事、或正在接触的人，我会说「もう、(この仕事に・あいつに)いやになってきた！」，而不会说「いやになるようになった」，为什么？

首先，这种想法通常是一次性的、临时性的，形成这种想法并不需要很长的时间和过程；其次，这是一种负面的、情绪化的说法，不适合用「ようになる」来表达。适合用「ようになる」来表达的，是一种相对客观的陈述，而且往往是结果中性或偏正面的陈述。

接下来看一组「ようにする」的例句。

❋ 毎日歩くようにしています。
——我现在每天都尽量多走路。言下之意可能是因为感觉自己有点发胖了。
❋ 毎日、新しい単語を10個覚えるようにしています。
——我现在每天坚持背 10 个新单词。话里话外，能感受到说话人的决心和坚持。
❋ 夜は9時に寝るようにしています。
——我现在每天晚上到九点就睡。以前可能经常熬夜。

✿ 朝は新聞を読むようにしています。
——我养成了每天早上看报纸的习惯。
✿ エスカレーターやエレベーターじゃなくて、階段を使うようにしています。
——我不坐电梯或扶梯，坚持走楼梯。

以下的例子都是用「ようにしている」的形式，表示自己刻意培养的习惯。尝试多读几遍例句，一旦找到那种语感，接下来你就可以自如地使用了。

✿ 肉だけじゃなくて、野菜も食べるようにしています。
——我现在除了肉还坚持吃蔬菜。
✿ 誰にも嘘をつかないようにしています。
——我现在是对谁都不撒谎。
✿ 使った食器はすぐ洗うようにしています。
——每次用过的餐具，我会马上洗干净。
✿ 読んだ本は、棚に戻すようにしています。
——我每次都把看完的书放回书架。
✿ 家を出る時は、電気を消したかどうかを確認するようにしています。
——我每次出门都要检查一下灯有没有关好。
✿ 友達に電話をする前に、メールをするようにしています。
——每次给朋友打电话之前，我会发个邮件问一下对方是否方便。
✿ 走る前に、準備運動をするようにしています。
——每次跑步之前，我都会尽量做足热身。
✿ 買った携帯電話は5年以上使うようにしています。
——自己买来的手机，我是每次都争取用上5年甚至更长。
✿ 毎日ニュースを聞くようにしています。
——我是尽量每天都听新闻。
✿ 食べ物を残さないようにしています。
——我吃东西尽量不剩下。
✿ タバコを吸わないようにしていたら、少し健康になったと思います。
——我保持不吸烟已经有一段时间了，感觉身体好了一些。
✿ 仕事のメールは朝、全部返信するようにしています。
——工作上的邮件，我会在早上一一答复。
✿ 朝、友達に会ったら、必ず挨拶するようにしています。
——早上，见到朋友我就会主动打招呼。
✿ 風邪をひいた時は、ビタミンをとるようにしています。
——感冒的时候，我会尽量吃含维他命多的食物。

✼ ゲームはやりすぎないようにしています。

——现在我是尽量克制自己,不花太多时间玩游戏。

✼ お酒を飲まないようにしていましたが、ストレスが溜まっている時はつい飲んでしまいます。

——之前一直尽量不喝酒,不过压力大的时候,还是会不小心喝一点。

✼ 道を渡るときは、右と左をよく見るようにしています。

——过马路的时候,我现在每次都会先看看左右有没有车。

✼ 車を運転する時は歩行者に注意するようにしています。

——开车时,我现在会非常注意行人。

✼ まな板を使った後は、毎回消毒するようにしています。

——我现在每次都会把用过的菜板消毒。

✼ テレビは大きい音で見ないようにしています。

——我现在看电视尽量不放大音量。

✼ 買い物をするときは、マイバックを持っていくようにしています。

——买东西的时候,我现在每次都会自己带购物袋。

✼ 教科書に出てきた単語は、ノートに書くようにしています。

——教材里出现的新单词,我现在每次都会记到笔记上。

## 精读 16　股东大会带来的商机

### 题 解

本章的精读素材分别节选自「日经」的三则报道。内容涉及因上市公司密集召开股东大会而受惠的行业,民宿管制放松,以及特斯拉被做空的问题。

### 一、股东大会密集期,酒店行业最开心

日本上市公司的决算期大多是 3 月底(即财务年度为每年 4 月到次年 3 月),年报发布集中在 5 月,而 6 月末则是召开股东大会最密集的时期。近年来,为了让投资人能够参与尽量多的上市公司股东大会,东京证券交易所要求各公司不要把股东大会日期安排得太过集中。

2018 年的股东大会高峰期,与往年相比会期安排相对分散,推升了相关的会务、宴请需求,对酒店行业而言,这真是个意外的收获。

✴ 今年の株主総会集中日は6月28日だ。この日、都内で株主総会開催を予定している上場企業は約400社。数年前から、東京証券取引所が株主との対話重視を強く"指導"したことで、集中日を避ける企業が増加している。結果、ホテル業界がほくそ笑んでいるのだという。「株主総会開催で、多くの企業から宴会場を利用していただいています。予約時に企業のお客様は割引は求めず、こちらの言い値をふたつ返事で了承してくれる。特に、不祥事を抱える企業は予行演習で開催日前日も会場を使ってくれます」。こう笑みをこぼすのは、都内にあるシティホテルの宴会部長だ。

（1）ほくそ笑（え）む：偷笑，表示不出声的笑的「にやにや」「ニヤリと笑う」也可以表示类似的意思。

（2）言（い）い値（ね）をふたつ返事で了承してくれる：「言い値」指卖家的报价，「言い値で買う」指买东西不还价。「ふたつ返事」指重复两次「はい」来回答，形容应承得很爽快。此处指上市公司对酒店的报价一口答应，连价都不还。

（3）笑（え）みをこぼす：笑逐颜开。

### 二、"民泊"放松管制，不过还是形式大于实质

2018年6月15日日本"民泊"正式解禁，手里有空房的人做个登记便可以把自己的房子供游客住宿。"民泊"与民宿不同，"民宿"是简易旅馆，经营要有牌照、招牌，还要配备人员。目前，到访日本的游客数量已达每年2 800万人，酒店房间不足、住宿费用高等问题有待缓解。但实际上，要想达到提高供给的效果，民泊制度还有很长一段路要走。

✴ 一般の住宅に有料で旅行者らを泊める「民泊」の届け出が低調だ。住宅宿泊事業法（民泊新法）が施行される15日に民泊は解禁されるが、西日本新聞が九州7県に取材したところ、6日現在で計103件にとどまっている。全国も同様の傾向で、背景には新法が営業日数を年180日と制限するなど、事業希望者にとって厳しい規制が足かせになっているようだ。民泊サイトにはこれまで全国で数万件、うち九州でも数千件が掲載されていたが、新法施行を前に削除が相次いでおり、営業断念するケースが続出しているとみられる。

（1）（规制）が足かせになっている：「足枷」本意是脚铐，但实际多用它的引申含义，即障碍、枷锁，「～が足かせになっている」是障碍在哪里的一个非常实用的"套路"。

（2）～が相次（あいつ）いでおり、～が続出（続出）している：这里的「相次いでおり」和「続出している」是同义词，如果有机会翻译领导发言里的各种排比句，类似的说法可以借鉴。

### 三、特斯拉被做空的逻辑

特斯拉所做的，包括电动车在内，基本上都是已经有一定技术可行性，但商业化是否可行尚未得到充分验证的生意。这种生意要成功，大量的资金投入必不可少。但近来的美国投资人显得越来越没有耐心，特斯拉曾一度成为美国市场上被做空最严重的股票。

做空的逻辑很简单：远大的目标越多，也许食言的次数就越多；食言的次数越多，做空的动力越强。

✤ 電気自動車（EV）メーカーのテスラに倒産や身売りの噂が飛び交っている。起業家イーロン・マスクが掲げる目標は多くが未達に終わり、ヘッジファンドに空売りの「好材料」を提供しているのだ。実際、テスラは電池の量産やコストダウンの壁にぶつかっており、自動運転技術の開発も足踏みしている。これに呼応して3月ごろからテスラ株への空売りは膨らみ続けている。4月にはゴールドマン・サックスがテスラの目標株価を切り下げ。米調査会社S3パートナーズによると、空売り規模は5月初め、米株式市場で最高の120億ドル（約1兆3000億円）に近づいた。

（1）身売（みう）り：卖身，这里指被别的公司收购。

（2）～噂（うわさ）が飛（と）び交（か）っている：「噂が飛び交う」是表达市面上盛传某消息，各种谣言满天飞之意的常用"套路"。

（3）マスクが掲（かか）げる目標（もくひょう）：马斯克提出的目标。提出目标，最简单的说法就是「目標を掲げる」。达成目标说「達成（たっせい）」，未达成目标说「未達（みたつ）」。

(4)ヘッジファンド:对冲基金。
(5)空売(からう)り:做空、卖空。
(6)量産(りょうさん):量产,大批量生产,也常说「量産化(りょうさんか)」。
(7)これに呼応(こおう)して:与此相呼应。
(8)目標株価(もくひょうかぶか)を切(き)り下(さ)げる:券商研报通常会对上市公司股价给出一个测算出来的合理估值,如果下调这个估值,就是「目標株価を切り下げる」。

# 第 28 章
# 不可思议的「と思う」

初学者都知道的「と思う」，实际应用上有很多不同的形态和表达方式。到了高级水平，仍有很多人弄不清楚「と思う・と思っている・と思われる・と思われている」之间到底有什么区别。

其实，很多人是把「と思っている・と思われる・と思われている」等形式当作是「と思う」的不同时态或变形，试图用语法规则这根线将这几个词串联起来。

这实际上是做不到的，如下所述，这几个词每一个都有自己特定的含义和用法，很多都不是靠语法能够"推理"出来的。

重申一下笔者推荐的方法：背单词很重要，但不要仅限于表面，记住单词在特定语境下的特定用法才是关键。如此才能做到学了能用，否则仅能学些似是而非的东西，关键时候根本派不上用场。

说回本章的主题：「と思う・と思っている・と思われる・と思われている」。请记住最关键的一点，这是四个不同的单词！

## 一、「～と思う」

「～と思う」是"我想，我认为"的意思，以「（私は）……と思う」形式大量出现在口语里。这里，表示主语的「私は」完全可以省略，因为「と思う」这种形式本来就只能是"我想"。

这一点跟用在句尾的「と見る」很不一样。「と見る」也能表示谁对某事怎么看，这里的谁可以是"我"，也可以是别人，所以用「と見る」前面一定要加上主语，表明这是谁的看法。

此外，作为一个特例，在向别人提问时，"我"以外的其他人也可以用「と思う」，比如「あなたはどう思いますか？」

## 二、「～と思っている」

「と思っている」有两种用法，其一是表示说话人自己的想法，其二是用来表示别人的想法。

✻ 林さんはパーティに参加したいと思っている。

上面例句中的「と思っている」，是表示"林さん"的想法，不是说话人自己的想法。

而同样表示说话人自己的想法，用「と思っている」和「と思う」有什么区别呢？

我们讲过「ている」的基本意思是"持续"。用「と思っている」来表示的"我想"，通常是之前就产生了的某种想法，隐含着"我这么想已经有一段时间了"，甚至是"这是我长期以来的观点"这样的含义，所以它不适合用来表示说话人临时产生的想法。比如，想表示"你还是赶快去吧"这样的意思，用「と思う」才自然。

✻ すぐ行ったほうがいいと思います。（○）
　 すぐ行ったほうがいいと思っています。（×）

想表示"自己将来想当老师"这样的意思，则用「と思っている」更为自然，因为这通常是要经过考虑才能形成的一个想法。

✻ 先生になりたいと思います。（△）
　 先生になりたいと思っています。（○）

下面的例子当中，表达"利用暑假出去旅游"这个想法，「と思っている」和「と思う」都可以用，但意思上有细微的差别。

✻ 夏休みに旅行しようと思っています。
　——计划了一段时间了，去哪儿、行程等方面可能已经做了不少功课。
✻ 夏休みに旅行しようと思います。
　——刚产生这个想法，大概率还停留在想的阶段。

## 三、「～と思う」与「～ように思う」

「思う」这个词除了「と思う」，还有「ように思う」这种形式。「ように思う」比「と思う」的确定性稍弱，显得更委婉，也不像「と思う」那样可以前面接续「したい・しよう・してほしい」等形式。

## 四、「～と思われる」「～と思える」「～ように思える」

「思われる」是「思う」的变形。需要注意的是，「と思われる」里的「思われ

る」是「思う」这个动词表示"自发"的变形,不是表示可能("可以认为"),也不是表示被动("被认为是")。

自发的含义是:根据已知的各种情况,不需要刻意做什么,自然而然地会产生这样的想法或感觉,自然而然地会这样认为。

从结论上讲,「と思われる」与「と思う」同义,只不过「と思われる」更多用于文章、论文等。

日语的文章或论文中如果出现大量的「と思う」,会给读者一种印象:这个作者要么不会写文章,要么太自以为是、过于主观。而用「と思われる」,则可以表示出"根据之前的分析,自然可以得出这样的结论"这样的语感。

此外,我们曾经提过,表示同样一个意思,可以有很多种说法,各种说法当中,越短的就越直接,主观性也越强(如「食え」「食べて」),越长就越柔和,越客观一些(如「食べなさい」「食べてください」「召し上がってください」)。这个道理同样适用于「と思われる」和「と思う」。

「と思う」的可能形式是「と思える」,与之意思相近的还有「考える」「見る」的可能形式「と考えられる」和「と見られる」。

记住一点:区分一个词是可能形式,还是与之外表完全一样的被动形式,抑或敬语形式,一个可靠的方法是看它能不能用「ことができる」来替换。

需要注意的是,「と思える」虽然是「と思う」的可能形式,但其用法、含义上非常接近「と思われる」。这两者通常要求在主语后面接「には」,即使用「私には、……と思える・と思われる」的形式。

❋ アジア経済が伸びた直接のきっかけは、日本と中国にあると思われる。
——笔者认为亚洲经济能够发展的直接原因还是在于日本和中国。

## 五、「と思われている」

「と思われている」指的既不是"我想,我认为",也不是"你想"或"他想",而是"大家这么想,社会上普遍这么认为"。这可以理解为「思う」的被动用法,即"被(大家普遍)认为是……"。

与此相近的被动用法,意思非常接近,有时可以互相替换的还有「と言われる」「と言われている」「と見られている」「と考えられている」「とされている」。

❋ 景気は間もなく回復すると思われる。
——我认为:经济用不了多久就会复苏。
❋ 景気は間もなく回復すると思われている。
——人们普遍认为:经济用不了多久就会复苏。

✤ 私はみんなから努力家だと思われている。
——大家都认为我很努力、很用功。

✤ この結論は正しいと思われているが、私はそうは思わない＝私にはそう思えない。
——这个结论被普遍认为是正确的,但我不敢苟同。

# 第 29 章
# 常用词攻略——多义、百搭的「かける」

本章研究以「～かける」结尾的复合动词，看看「かける」这个动词的原意（参见本书第 5 章）是否在其中得到了体现，具体又是如何体现的。

## 一、多彩的复合动词

在日本乘地铁，稍微留意一下可以看到站台、车门上贴着很多警示标志，上面写着「のりださない」（车辆进站时不要探出身子）、「立てかけない」（不要倚靠车门）、「かけこまない」（不要在关车门时抢着上车）、「立ち入らない」（不要站到警示线里面）等等。

日语里，绝大部分基本动词，都有不少由其构成的复合动词。比如「読む」的复合动词：読みあげる、読みあわせる、読み落す、読み返す、読みかける、読み聞かせる、読み切る、読みくだす、読みこなす、読み込む、読み捨てる、読み違える、読み散らす、読み飛ばす、読み通す、読み取る、読み流す。

再比如「書く」的复合动词：書きあげる、書き表す、書き入れる、書き写す、書き加える、書き終える、書き送る、書き起す、書きおろす、書きかえる、書き込む、書き記す、書き添える、書き損う、書き足す、書き出す、書き付ける、書き伝える、書き続ける、書きつづる、書きつらねる、書き留める、書き取る、書き直す、書きなぐる、書き並べる、書きなれる、書き残す、書きまくる、書きもらす、書き分ける。

## 二、「壊す」和「取り壊す」的区别

构成复合动词的两个（或以上）动词之间，往往有主副之分。复合动词与"主"动词之间，有时候意思上不容易区分。

比如「壊す」和「取り壊す」。在「壊す」前面加上「とる」，使这个词有了"人为的、出于某种目的（如重建）"的含义，所以，「取り壊す」多用来表示"拆掉"老旧

建筑物这类意思,比如「廃校を取り壊して跡地を公園にする」(把荒废的校舍拆掉,腾出来的地作公园)。而单说「壊す」就表达不了这层意思。

### 三、「かける」的基本含义和衍生含义

以「かける」为例来分析复合动词,真的再合适不过了。首先,「かける」一词本身有很多种用法,掌握起来有点难度。其次,以「かける」结尾的复合动词也很多。我们的目的是要做到「一石二鳥(いっせきにちょう)」。

具体做法上分两步走。首先,通过对「かける」的用法进行归类,我把它总结成基本含义和衍生含义,帮助大家理解这个词。接下来,我们分析「かける」的各类延伸含义,在复合动词中是如何发生作用的,以此来"批量"掌握复合动词。

先看一下「かける」的主要用法:
(1)出现形式:AはBにCをかける,或 AはCをかける。
(2)基本含义:某人 A 把某物 C "给到、放在、用在",某物 B。
(3)衍生含义:
①悬、架、放:A 把 C "固定到、悬挂在、放在、放进" B 上面。
②盖、浇、打:A 把 C "盖在、洒在、用在" B 上面。
③发出、施加:A 向 B "发出、施加"某物(或某种操作)C。
顺便补充两个关于「かける」的惯用语。

❈ 発破(はっぱ)をかける

「発破」本意是爆破,特别指工业方面的,比如为了采矿而进行的爆破。「発破をかける」常用来表示:比如领导通过激烈的言辞、或激昂慷慨的讲话,号召员工不睡觉也要完成公司的业绩目标。这里的「かける」,与「言葉をかける・声をかける」中的「かける」相似,可以理解为"发出",即向 B(员工们)"发出"有爆炸力的号召。

❈ 鎌(かま)をかける

通过使诈让对方在不设防的情况下说出自己想知道的信息,诱供、套话之意。为什么要用到「鎌」,语源已不可考。为了方便记忆,我们可以这么理解:用镰刀把对方"勾"过来,以达到自己的目的:套出真话。

### 四、复合动词「～かける」的两大类用法

**(一)基本含义的引申**

(1)表示"固定到、悬挂在、放在、放进"的「かける」
❈ はしごを壁に立てかける。
——把梯子搭到墙上。

✿ はしごを塀(へい)に寄(よ)せかける。
——把梯子搭在墙上。
✿ 電車の扉(とびら)に体を凭(もた)せかける。
——把身体靠在地铁车门上。
✿ ハンガーにタオルをひっかける。
——把毛巾搭在晾衣架上。
✿ 釘にひっかけて服を破る。
——钉子刮破了衣服。
✿ サンダルをつっかける。
——趿拉着拖鞋。
✿ 帽子を投げかける。
——把帽子摘下来扔给某人。
✿ わなを仕(し)掛ける。
——设圈套。
✿ 盗聴器を仕掛ける。
——装窃听器。
✿ 外国人を見かける。
——看到外国人。(这里的「見かける」的含义是：把C"放进"A视力所及的范围之内)

(2) 表示"盖在、洒在、用在"

✿ コートを着せかける。
——披上外套。
✿ 毛布を覆いかける。
——盖上毛毯。
✿ 父親が子供に傘をさしかける。
——父亲给孩子打伞。
✿ 冷や水を浴びせかける。
——泼冷水。
✿ 矢継ぎ早(やつぎばや)に質問を浴びせかける。
——不让人喘息，连珠炮式地发问。
✿ 息を吹っかけて手を温める。
——往手上哈气取暖。
✿ 無理難題を吹(ふっ)かける。
——给某人出难题，刁难某人。

❀ 法外(ほうがい)な値段をふっかける。
——漫天要价，开出天价。
❀ 塩を振りかける。
——做菜时撒盐。
❀ 他人に泥水をはねかける。
——开车时把泥水溅到别人身上。
❀ コップの水をひっかける。
——发飙时把杯子里的水泼到人身上。

(3) 表示"发出、施加、用在"
❀ 疑問を投げかける。
——提出质疑。把质疑"扔"向某人。
❀ 次郎に唾を吐きかける。
——朝次郎吐唾沫。
❀ 太郎が敵に矢を射かける。
——太郎把箭射向敌人。
❀ 英語で話しかけられる。
——有人用英语跟我搭话。

与「話しかける」类似的还有「語りかける、囁きかける、笑いかける、ほほえみかける、歌いかける」等等。

❀ 入会を誘いかける。
——劝诱对方加入成为会员。
❀ 署名(しょめい)を呼(よ)びかける。
——号召大家签名支持或反对什么。
❀ 物事(ものごと)に対してなぜ？を問いかける。
——凡事都要问个为什么。
❀ 喧嘩(けんか)を仕掛(しか)ける＝喧嘩を売る。
——主动挑起事端，找茬打架。
❀ 両国に働きかけて和平を実現する。
——通过干预或调停，推动、促成两国停战。
❀ 相談を持ちかける。
——就某事找某人商量。
❀ 幹事をやれとけしかける。
——煽动、撺掇、忽悠别人牵头做某事。
❀ 畳み掛けるような営業トークにうんざり。

——烦透了喋喋不休的推销话术。

(3)表示 A 本身的移动，A 有目的地向某场所(或某人 B)移动，B 是 A 的动作的目标

✻ 陳情に役所に押しかける。

——众人赶到相关部门讨说法。

✻ 祝い客が押し掛ける。

——客人不请自来，登门道贺。

✻ 報道陣が詰めかける。

——媒体记者大批赶到、蜂拥而至。

✻ 次から次へと報道陣が攻めかけてくる。

———批又一批记者蜂拥赶来。

✻ 買い物に出かける。

——出门买趟东西。

✻ 犯人を追っかける(＝追いかける)。

——追捕罪犯。

✻ 追(お)っかけ。

——追星族。

**(二)表示动作"中断"的「～かける」**

先看两个例子：

✻ ゆるく開きかけている赤い蕾。

——缓缓绽放的红色花蕾。

✻ 事故で死にかけたことがあった。

——曾因事故差点没命。

一些教科书会把上面两个例子中的「～かける」解释成"将要"。这种过分简化的解释存在两处不足：(1)「～かける」在这种场合，既可以是已经开始的动作，比如上面的第一个例子；也可以是还没开始的动作，比如第二个例子。(2)与单纯表示动作开始的复合动词「～始める」「～出す」不同，「～かける」表示的动作开始(或进行中)，往往由于某种原因被打断，并未进行下去。下面两个是这种"中断"的典型例子。

✻ 私は「～」といいかけたのだが、あわててその言葉を飲み込んでしまった。

——看情形不对劲，我急忙把到了嘴边的话又咽了回去。

✻ 友人の招きでカイロを訪問しかけたことがあった。

——有一次应朋友之邀访问开罗，但因故没去成。

表面上，这种表示"中断"的「～かける」，很难与「かける」的各种含义联系在一起。但回到我们总结的「かける」的基本含义"给到、放在"，这里面其实隐含着"接触、触达、到达"的意味。而动作接近于"触达、到达"目标的时候，因故没能继续下去，就是这里的「～かける」。如此看来，这种用法实际上与「かける」的基本含义仍是一脉相通的。

## 精读17　向计算机学习有效利用时间的方法

本章，我们选取了『ギガジン』网站上的一篇文章作为精读素材，原题为「コンピューターに学ぶ、時間をより効率的に扱う方法」。文章称，在有效利用时间方面，其实我们有很多地方可以借鉴计算机程序设计的方法论。

✸ 歯を磨きながらメールをチェックしたり、朝食を食べながら新聞を読んだりと、人間は日常的に複数のタスクを同時にこなしています。しかし、やりたかったことにチャレンジする時間をなかなか作れずにいるなど、うまく時間を管理できていないという人もいるはず。そんな人に役立ちそうな、コンピューターから学ぶ「時間をより効率的に扱う方法」を、TED－Edがムービーにして公開しています。

✸ 1997年、NASAのマーズ・パスファインダーが火星に着陸しました。このミッションの中で、マーズ・パスファインダーは約1万6 000枚という大量の写真データを地球に送信しました。しかし、数日でミッションは間違った方向へと向かっていくこととなります。なんと、通信が途絶してしまったのです。マーズ・パスファインダーには常にタスクが与えられていたのですが、重要なタスクを実行し損ねます。一体何が起こったのかというと、マーズ・パスファインダーのスケジューラーにバグがあったそうです。全てのOSはスケジューラーと呼ばれるものを備えています。このスケジューラーは、CPUが割り当てられたタスクに「どれだけの時間取りかかれば良いか?」や、「次にどのタスクに取りかかれば良いのか?」などを判断しています。このスケジューラーにバグがあったため、マーズ・パスファインダーは重要な仕事をやり損ねてしまったわけです。

第 29 章　常用詞攻略——多義、百搭的「かける」

✤ スケジューラーのおかげで、コンピューターは画像を開いたり音楽を聴いたりメールをチェックしたりと複数のタスクを同時に実行しても、優れた応答性を示してくれます。そんなコンピューターから時間管理の術を学んでみよう、というのがこのムービーです。

✤ コンピューターに習うべきひとつ目のポイントは、「タスクの優先順位付けに費やす時間は、それらのタスクをやり遂げるのに費やす時間ではない」ということ。メールのチェックを例にしてみると、メールボックスの中から「重要なもの」を選び、「内容をチェックするメール」として他と分ける人もいるかと思います。気の利いたメール管理術のように思えますが、これにこそ問題があるとムービーは指摘しています。なぜ問題があるのかというと、この方法でメールをチェックしていると、受信ボックス内のメールの数が2倍に増えると分類にかかる時間も2倍となり、「メールチェック」という作業全体にかかる時間は4倍になってしまうからです。Linuxのプログラマーも2003年に同様の問題に直面しています。プログラマーはLinuxのスケジューラーに実行すべきタスクをランク付けしてから処理するようにプログラムしていたそうですが、時にはタスクを実行するよりもランク付けを行うのにかかる時間の方が長くなってしまっていたそうです。これは人間においても同じで、どのタスクを優先してこなせばいいのかと考えているうちに無為に時間が過ぎていった経験があるという人もいるはず。

✤ そこで、Linuxのプログラマーは直感に反した解決方法として、「ランク付け」をやめて「限られた数の優先バケツを設ける」という方法を選択しました。これにより、システムは「次に何をすべきか?」についてはそれほど正確な回答を出せなくなってしまいますが、タスクを実行するための時間を多く用意できるようになるそうです。これをメール管理術に置き換えてみると、メールを仕分けすることが最も重要なタスクであるとしていると、肝心のメールをチェックしたり返信したりする時間が足りなくなってしまう可能性があるため、時間順もしくは完全にランダムにメールを返信していくことがオススメとのこと。意外にも、時には完璧な順序で物事を実行していくことをあきらめることが、タスクを実行する上での助けとなるそうです。そして2つ目のポイントは、現代社会においても頻繁に起こる作業の「中断」について。コンピューターがあるタスクから別のタスクへと移行する時、「コンテキストスイッチ」と呼ばれる機能を使い、1つのタスクで使う場所をブックマークし、古いデータから新しいデータにメモリの内容を入れ替える作業が行われます。

これらの作業にはそれぞれコストがかかり、生産性と応答性の間には基本的にトレードオフの関係があるため、どちらかを重視すればどちらかが犠牲になるという関係があります。

✼ この解決策は、重要なタスクを行う際などにはコンテキストスイッチ（別の作業への移行）を最小限にすることで中断を極力減らすことです。そして、重要ではないタスクをグループ化しておき、まとめて処理することで中断を最小限にすることが可能となります。コンピューターサイエンスにおいてこういったアイデアは「InterruptCoalescing」と呼ばれています。「どれくらいの中断タスクを保持しておく余裕があるか？」から逆算して、ある程度の中断タスクをまとめてグループ化し、まとめて消化するそうです。2013年にはこの「InterruptCoalescing」により、ノートPCのバッテリー寿命が飛躍的に伸びています。人間の時間管理においても「InterruptCoalescing」を取り入れ、重要なタスク以外をまとめて処理することで、現代社会において貴重となった「休息」をしっかりと確保できるようになるとムービーは主張しています。

（1）"向……学习○○的方法"这种意思，可以用「～に学ぶ○○の方法」这个现成的"套路"来表达。

（2）こなす："处理"的意思，但它不是普通的处理，需要一定的能力、技能，针对一件比较困难或很费工夫的事情，进行有效、妥善的处理。「どんな役でも器用にこなす」指的是"什么角色都能扮得像，干什么像什么"之意，「このロボット一台で100人分の仕事をこなせる」指的是"这个机器人能干100个人的活儿"。「数（かず）をこなす」指的是处理尽量多的事情，积累经验。「着（き）こなす」指的是"会穿，穿得体"，比如「和服を着こなす」。

（3）うまく～できていない人：指的是"不善于、做不好……的人"，比如「うまく時間管理・自己管理・健康管理できていない人」等。

（4）備（そな）える：这个词主要有两种用法：①「台風や地震に備えて、懐中電灯を買う」、「老後に備えて貯金する」这种用法，指的是为了应对某事而事先做准备。②「火災報知機を備えた部屋」、「スケジューラー（と呼ばれるもの）を備えている」这种用法指的是"已经备齐、备好、具备、装上了……"之意。

（5）やり損ねる：没做成某事之意。以「～損（そこ）ねる」结尾的复合动词，表示"没干成，搞砸了……"之意，比如「今日も昼を食べ損ねた」是指今天也没吃上午饭，「世紀の見物（みもの）を見損ねてしまった」是指"没看成这个百年一遇

的盛典"。

(6)这里的「～というのが、このムービーです」涉及「が」以及同类的「のが」「というのが」的用法。简言之,这里的「～というのが」与针对「どなたが田中さんですか」这个提问的回答——「私が田中です」中的「が」是同一种用法。

(7)做计划、划重点也是要花时间的,如果这上面花的时间太久,那还不如不划重点。

(8)これにこそ問題がある:「こそ」是强调的意思,"问题就出在这里"。

(9)なぜ問題があるのかというと、～からです:"为什么说这样做有问题,是因为……"。

(10)メールを仕分(しわ)けする:「仕分け」是分拣、分类之意。

(11)トレードオフの関係:指的是"无法两全,此消彼长"的关系。

(12)快节奏的现代社会,时间是人最宝贵的资源。计算机程序带给我们的启示是:处理重要事情时,因临时处理其他事情而造成的中断要尽可能避免。不那么重要的事情,可以稍微积攒一些以后,再批量处理,这样做比"有计划"地做事更高效,因为做计划本身,常常要花费很多时间。

# 第 30 章
## 复合动词之王——「～込む」

以「込む」结尾的「～込む」是为数最多的一类复合动词,总数不下几百个。

「込む」这个动词本身,表示混杂、复杂,是个偏"静态"、偏"横向"的词,通常让人联想到那种地铁里挤满上班族、道路上塞车的场景,像一张照片。然而,一旦出现在复合动词中,「込む」通常表示"深入到(某场所)、深入地(做某事)"这类意思,让整个词像一段小视频,变得"动态"和"纵向"。

以「込む」为关键词批量掌握复合动词还有一个附带的好处,即可以借此掌握一些复合动词的名词形,它们往往有特殊的、固定的含义,且不容易找到能完全替换它的词。「～込む」系复合动词的名词形是「～込み」,「～込み」系名词当中,很多带有特殊含义,比如「座り込み」指静坐示威,「飛び込み」指运动项目的跳水,「駆け込み」指考前的临阵磨枪(或遇到急事时临时抱佛脚)等等。

### 一、「込む」的基本含义

「込む」作为一个单独的动词,意思并不复杂,常用的只有两个。

一是因很多人或物"进入其中",让这个场所变得混杂、拥挤。「ラッシュアワーで電車が込む」指早晚上班高峰时段的地铁很拥挤。「道路が混む」也是类似的意思,指路上很多车(或人)。

二是因很多因素"掺杂在其中",让一件事变得复杂。「手の込んだ仕事」指这是个需要花很多工夫、很费心思的活儿。

### 二、复合动词的"王様"「～込む」

以「込む」结尾的复合动词「～込む」,可以粗略地分为两大类。

一类表示"进入、深入到某场所、某状态当中、并停留在那里、保持那种状态"。

另一类表示"反复地、充分地、深入地做某事,以期达成某种目的或效果"。

## （一）进入、深入到……

✲ 雨が吹（ふ）き込む。

——淅雨，雨通过窗户刮进屋里。

✲ 手紙が舞（ま）い込む。

——直译是信飞舞进来，飘进来，指意外地收到一封来信。

✲ プールに飛（と）びこむ。

——跳进泳池。

与上面几个例子类似的还有：乗（の）り込む、入（はい）り込む、流（なが）れ込む、駆（か）け込む、逃（に）げ込む、踏（ふ）み込む、忍（しの）び込む、染（し）み込む、紛（まぎ）れ込む等等。

✲ 庭に埋（う）めこむ

——埋到院子里。

✲ 過剰なストレスをため込むと、心の病へ陥ってしまう可能性がある。

——积淀过多的压力有可能发展成心理疾病。

与上述例子类似的还有：植え込む、ため込む、呼び込む、しまいこむ・詰め込む、書き込む、投げ込む、運び込む、流し込む、追い込む、おり込む、取り込む、誘い込む、押し込む、持ち込む、抱え込む、吸い込む、飲み込む、抱き込む等等。

✲ テレビの音がうるさいといって隣人に怒鳴（どな）り込まれた。

——电视声音大了，邻居找上门来吵闹。

✲ 男が言いがかりをつけて暴（あば）れこんできた。

——一个男的找茬，还找上门来了。

上面几个例子中「〜込む」有找上门来之意。

而下面的例子当中，「〜込む」的含义是"进入并停留在某一状态"。

✲ だまり込む。

——直译为进入并停留在不说话的状态，默不作声、一言不发。

✲ すわり込む。

——坐下不动了。这个词的名词形「座り込み」是静坐示威的意思。

✲ 住み込む。

——打工者住在雇主家里、学徒住在师傅家里的"住家"的意思。国内比较常见的住家保姆是「住み込み家政婦（かせいふ）」。

✲ 老（ふ）け込む。

——直译为进入并停留在显老的状态，指垂垂老矣、老态龙钟。

✿ 冷(ひ)え込む。
——急剧降温,可以指天气,也可以指身体或双边关系。

✿ 咳(せ)き込む。
——直译为进入并停留在咳嗽状态,指咳个不停。

✿ 眠(ねむ)り込む。
——直译为进入并停留在睡眠状态,指酣睡、睡得很沉。

✿ 思(おも)い込む。
——直译为一直那样认为,进去就出不来了,指固执地认为,对某事抱有成见。

✿ 思い込んだら命懸け。
——这里的「思い込む」指下决心,一旦下了决心就拼了命也要去完成。

✿ 考え込む。
——深入地思考,指陷入沉思。

✿ 会社に泊まり込んで仕事をする。
——不回家,住在公司里忙工作。

✿ 話し込む。
——聊天聊得兴起,停不下来,忘了时间。

✿ 着(き)込む。
——指套了好多层衣服、穿得很厚。

**(二)反复地、长时间地、深入地(做某事)**

✿ 十分に教(おし)え込む。
——反复教。(教到学会为止。)

✿ 読(よ)み込む。
——反复读书。(读到懂、读到成为自己的东西。)

✿ 頭に叩(たたき)き込む。
——砸进脑子里,指牢牢记住。

✿ 煮(に)込む。
——煮透、炖烂。

✿ 十分に走(はし)りこむ。
——反复练习跑步。(言外之意是:达到的效果是速度、状态等都得到提升。)

✿ 歌(うた)いこむ。
——反复练习唱歌。(言外之意是:达到的效果是唱功等得到提升、歌唱得越来越好。)

## (三)几个常用名词

❀ 落(お)ち込み。

——行情、指标、情绪等低落。

❀ 申(もう)しこみ。

——提交申请。

❀ 見(み)こみ。

——预计、估计。

❀ 使(つか)い込み。

——挪用公款。

❀ 思い込みが激しい。

——固定观念很强,不顾事实,认为自己想法绝对正确。

❀ 座り込み。

——静坐示威。

❀ 飛び込み。

——体育项目中的跳水。

❀ 飛び込み営業。

——事先不打招呼,到不认识的公司或个人家里上门推销产品。

## 三、纠正几个常见错误

❀ 紙以外のものをトイレに(流さないで○)ください。(流し込まないで×)

——不要把纸以外的东西冲入马桶。

❀ かっこの中に適当な言葉を(埋めて○)ください。(埋め込んで×)

——请在括号当中填入适当的词。

❀ 今晩は友達のアパートに(泊まります○)。(泊まり込みます×)

——今晚我住朋友的公寓。

❀ どこの家だって10年も(住んだら○)、ものは山ほど増える。(住み込んだら×)

——谁家都一样,住上10年,家里的东西就会堆积如山。

❀ ビールは十分(冷えている○)。(冷え込んでいる×)

——啤酒已经足够冰了。

# 第 31 章
「のだ」的正确打开方式

如果说能否正确使用「は」和「が」是日语高级水平的一个标志,那么另一个重要标志必然是能否正确使用「のだ」。

这里讲的高级水平,不是以通过某某考试为标志,而是在各种实际场景下使用日语的能力,特别是说和写的能力。在这个意义上讲,通过日语能力测试一级,顶多还只能算是中级水平。

## 一、「のだ」的含义:解释、说明

初学者对「のだ」容易抱有畏难情绪,因为不知道「のだ」在哪些场合该用,在哪些场合不该用。先看下面这个对话。

✼ A:どうして遅れたんですか。(どうして遅れた?)

B:ごめんなさい。事故があって電車が運転中止になったんです。(電車が運転中止になった。)

A问B"你怎么来晚了",B说"对不起,地铁出了点事故,停运了"。括号里,笔者把这段对话进行了简化,简化后的句子是这段对话的基本意思。通过简化可以看出:即使不用「のだ」(在本句中以口语化的「んです」形式出现),也并不影响A和B之间进行最基本的沟通。

由此可以推断:「のだ」不改变句子的基本意思,只是在基本意思之上附加了一层含义。搞清楚「のだ」能附加什么含义,就可以把「のだ」的用法弄得一清二楚了。

「のだ」添加给一个句子的附加含义是"解释、说明",注意这不是一般性的客观的说明、讲解,而是就特定的事情、情况进行的说明、解释,通常还会包含一定的感情色彩。

最简单的一种解释、说明是"因为……所以……"这样的因果关系,就像上面的例句那样,提问者A要求B对其迟到一事(特定的事情、情况)做出解释、说明

时用了「のだ」，而B就迟到的原因做出解释、说明时也用了「のだ」。

## 二、新信息与旧信息

❋ A：どうして遅れたんですか。

❋ B：ごめんなさい。事故があって電車が運転中止になったんです。

还是前面使用过的例句。这次换个视角，观察一下「のだ」前面的句子是否是新的信息。

如果是旧的信息（双方都知道的事情），通常下面一句的内容涉及要求对方就某一情况做出说明，或请求对方做什么事。比如：

❋ どうしてこんなことをしたんですか。（要求说明）

❋ 何時ごろ空港につくんですか。（要求说明）

「のだ」前面更常见的是新信息。这类新信息当中，既有对已经发生的事情、情况的解释、说明或推测，也有放在句首提起一个新话题，为后续的话题展开做铺垫的用法（可以理解为就对方事先完全不知情的事情进行的一种说明），比如：

❋ 田中さんは時々大阪弁を使いますね。大阪に住んでいたんですか。

——"你是不是曾在大阪生活过？"。这并不是一个单纯的提问，而是说话人的推测，是说话人自己对这个事情的一种理解（对方说话常用大阪方言，所以推测对方是在大阪居住过），并把自己这种理解抛给对方，希望得到对方确认。

❋ 駅前で個展をやってるんですが、よかったら見に来てください。

——告诉你一个事儿（特定的事情、情况），我呢，正在站前搞一个个人作品展（引入话题）。希望你有空过来看看（后续展开）。下面的例子也是这个构造。

❋ ちょっとお話があるんですが、今よろしいですか。

——有个事跟你说，你现在方便吗？

❋ テレビの音が大きいのですが、音を小さくしていただけませんか。

——电视声音太吵，能不能把音量调小一点。

❋ 午後、病院へ行きたいんですが、かまいませんか。

——下午我想去趟医院，可以吗？

## 三、小测验

下面的例子当中，有的用「のだ」，有的不用，为什么？

❋（自我介绍）Aと言います。中国の上海から（a. 来ました。b. 来たんです。）今、日本語学校で日本語を（a. 勉強しています。b. 勉強しているんです。）

——这是自我介绍的场面，与对方是初次见面，对自己的介绍、说明是一般

性的,谈不上解释,所以不用「のだ」。

✿ (看到窗外路上有人打伞)あ、雨が(a. 降っている。b. 降っているんだ。)

——表示自己的发现或者推测,是说话人对当前情况的一种解释;如果仅是注意到外面在下雨,说「あ、雨が降っている」即可。

✿ (拿着九州的土特产去看朋友)A:これ九州のお土産です。B:そうですか。九州に(a. 行きましたね。b. 行ったのですね)

——B从土特产上面推测A去了九州——这是对特定的事情、情况的B的一种解释,所以用「のだ」。

✿ (看到B出门)A:Bさん、こんな時間にどこへ(a. 行きます。b. 行くんです)か。もう遅いですよ。

——这里有这么晚还要去哪儿这种刨根问底、一问究竟的意思在里面,所以用「のだ」。如同汉语里单问"你去哪儿?"和"都这么晚了,你这是要去哪儿呀"的区别。

✿ この本を読んでください。いろいろなことが(a. わかるでしょう。b. わかるんでしょう。)

——对简单的因果关系的陈述,不用「のだ」。

✿ もし敬語がわかれば、目上の人と話すのも簡単に(a. なるかもしれません。b. なるのかもしれません。)

——对简单的因果关系的陈述,不用「のだ」。

✿ 彼は失敗を経験したから、人の気持ちがわかるように(a. なったでしょう。b. なったのでしょう。)

——说话人从"他经历过失败"这么一个特定情况出发,做出推断说"他现在变得能够领会别人的心情,所以用「のだ」。

✿ (妈妈提醒孩子)a. 10時半のバスに乗るから、早く支度しなさい。b. 10時半のバスに乗るんだから、早く支度しなさい。

——此处两种说法都是成立的,但含义有区别。a. 是妈妈(第一次)告诉孩子十点半要坐车;而b. 的语境是妈妈已经提醒过好几次(十点半坐车是双方都知道的事情),但孩子还在磨蹭,没有给予足够重视,所以妈妈用「のだから」来强调和引起注意。

✿ (留学生跟老师临时请假)用事があるんですから、早めに帰りたいんですが。

——这是误用「のだから」的例子,会让老师很恼火。与前一个例子相同,「のだから(=のだ+から)」前面必须是双方都知道的事情才说得通。但这个例

子当中，留学生说要早退去办事，"他有事要办"这件事对老师来说事前是无从知道的。

### 四、「のだ」的特殊用法

除了上面提到的，「のだ」还有表示命令、激励、劝诫的用法，但这类用法比较简单，通常不会与其他情况发生混淆，故不做进一步说明。

✜ さっさと帰るんだ。
——你赶紧走吧！
✜ 君は大学生なんだ。もっと勉強しなさい。
——你别忘了自己是大学生，能不能学习上多用点心！

# 第 32 章
「ものだ」——从原理到应用

日语最难的部分在句尾。

日语之所以有时候被西方人戏称为魔鬼的语言,是因为不到句尾,你甚至连肯定还是否定都不知道。换句话说,说话人可以根据情况,随意改变整句话的意思。

日语的句尾集中了太多的重要元素:肯定或否定,时态以及说话人想在基本架构和语义上附加的包括感情在内的各种要素。

关于基本语义上的添加剂,上一章当中我们分析了「のだ」,本章我们聚焦另一个常见"套路"「ものだ」。

「ものだ」及其扩展和变形是个"大家族"。概略地讲,「ものだ」有四种含义,可以区分为两大类:从理应如此/理所当然,引申到忠告、规劝以及愿景,这是第一大类;从回忆、怀旧,引申到感慨、感叹,这是第二大类。

### 一、理应如此

看下面这个例句,「ものだ」这个"理应如此"的含义应该很容易理解。

✿ 人の性格はなかなか変わらないものだ。
——人的性格是轻易不会改变的。

这里有两点需要注意。首先,这句话的主结构是「人の性格はなかなか変わらない」,去掉「ものだ」也不影响句子的基本含义。

但增加了「ものだ」这个"调味料",这句话的语义变得更丰富了:"唉,人啊,性格是改变不了的!"这里的「ものだ」,给整个句子增加了"……就是如此,就是那么回事儿"这样的附加含义。

另一个需要注意的点是:理应如此的「ものだ」,是针对某一类事情整体而言的。如果你想评论某个特定的人或事,用「ものだ」就不自然了。比如,下面这两个例子就是典型的误用。

�֍ 彼はくいしん坊で何でも食べるものだ。（×）
——他这个人嘴馋，没有他不吃的东西。
�֍ このたぐいの話はよく聞くものだ。（×）
——类似这种事儿我经常听人说起。

下面是表示理所应当之意的「ものだ」的例句，通过这些例句，体会一下我们上面提的这个用法的特点。

✤ 人はお互いに、助けあって生きるものだ。
——人活着本来就要靠互相帮助。
✤ 人はだれでも間違いをするものだ。
——是人就会犯错儿。
✤ 冷蔵庫はあけたら、すぐに閉めるものだ。
——冰箱这东西，用完以后要马上关上才行噢。
✤ 日曜日は自分のために使うものだ。
——周日的时间本就是留给自己的。
✤ 大学に入るのはお金と時間がかかるものだ。
——上大学本来就是个花时间、花钱的事儿。
✤ いくら大変な仕事でも、若いうちは一生懸命働くものだ。
——不管多难的工作，人嘛，年轻的时候就是应该挑战自己、努力工作。
✤ 初めての事はなんでも怖いものだ。
——第一次经历的事情，担心这个害怕那个是难免的。
✤ 子どもは泣くものだ。
——小孩子嘛，哭是很正常的事。
✤ 二日酔いのつらさが分かっていても、人はまた飲んでしまうものです。
——人就是这样，明知道喝醉以后第二天难受，但还是会喝，生性如此没办法。
✤ 一人でぼーっとしていると、色々なことを考えてしまうものだ。
——一个人独处发呆的时候，就是容易胡思乱想。
✤ 頑張ろうと思うと、力が入りすぎて失敗してしまうものだ。
——一心想把事情办好，就容易过度紧张，反而把事情搞砸。
✤ 好きな人と一緒にいると、時間があっと言う間にすぎるものだ。
——跟自己喜欢的人在一起，时间过的就是快。

## 二、忠告、劝诫和愿望

从理所当然可以引申出「ものだ」的另一个含义——忠告、劝诫。这里面的逻辑是：我认为这是理所当然的，是常识，所以你要……（提出忠告）。

✿ 子どもは勉強するものだ。

——小孩子一定要好好学习！

✿ 誰かに本を借りたら、汚さないようにして読むものだ。

——借别人的书看，不可以弄脏的。

✿ 目上の人には、礼儀正しくするものですよ。

——对尊长一定要有礼貌。

✿ 食べたら片付けるものだ。

——吃完了要收拾干净才对。

✿ 母親は大切にするものだ。

——人都应该对自己妈妈好。

“因为常识是……，所以希望你不要……，不应该……”，表示这类劝诫的意思，常用「ものだ」的否定形式「～ものではない」。

✿ こんな時に笑うものではない。

——这种场合要严肃，不可以笑的。

✿ 人にうそをつくものじゃない。

——不应该说谎。

✿ あんな嘘の人と、約束をするものじゃないよ。

——跟那种爱说谎的人，就不应该约定任何事情。

✿ お金の無駄遣いは、するものじゃないですよ。

——钱不应该乱花。

✿ 悲しい時に、こんな暗い映画を見るものじゃない。

——难过的时候，本就不该看这种让人心情沉重的电影。

✿ 道に落ちている食べ物を拾って、食べるものじゃありませんよ。

——路上捡到的事物是不能吃的。

✿ 他の人の嫌がることをするものじゃない。嫌われてしまうよ。

——别做让人不愉快的事，那样会招人讨厌。

✿ 未成年がたばこなんか吸うものではない。

——未成年的人，怎么可以抽烟呢。

✿ 子どもは遅くまで起きるものではない。

——小孩子不可以熬夜的。

✿ 子どもは家でゲームばかりするものではないよ。

——小孩子整天在家玩游戏是不可以的。

✿ お菓子やジュースなど、要らない物を買うものではない。

——零食呀果汁什么的，不需要的东西就不应该买。

忠告,劝诫是对别人,对说话人自己,可以用「～たいものだ」的形式,表示愿望,意为「～したいなぁ」(真想,真希望……)。比如:

✽ いつか家を買いたいものだ。
——真想有一天能买套房子。
✽ 将来はアメリカに住みたいものだ。
——真希望将来能到美国生活。

注意:用「～たいものだ」来表示的是"愿望、愿景",是长期的、实现起来有一定难度的想法。所以,诸如「のどが渇いた。水が飲みたいものだ(×)」之类,口渴了想喝点水这种简单的愿望就不适合用「～たいものだ」。

## 三、回忆、怀旧

「ものだ」还可以用来表示回忆、怀旧。这类意思的「ものだ」有一个非常明显的特征:前接表示过去的「た」,句首有表示过去某段时间的「昔」或「あのころ」,句中常出现表示经常之意的「よく」。

✽ あのころは、どこの家でも酒を作っていたものだ。
——从前那阵子,每家每户都酿酒。
✽ 小学生の頃はよく兄とけんかしたものだ。
——我上小学那时候,经常跟我哥打架。
✽ 昔はこの川で子どもたちが泳いだものだ。
——从前,这条河里还有小孩子游泳呢。

下面这个句子是误用「ものだ」的例子,看得出错在哪里吗?
✽ おじがやさしくしてくれたことをいつも思い出すものです。

首先「ものだ」的前面没有表示过去的「た」。其次,「ものだ」本身就表示回忆过去发生的事情,用「思い出す」便是画蛇添足了。

## 四、感慨和感叹

「ものだ」还常用来表示感慨/感叹。但需要切记的是:「ものだ」所表示的感叹,不能是对眼前发生的事件做出的即兴的感叹。如果你想表达对眼前的杂技表演的感叹,说「わー、すげぇ」就足够了,说「わー、すごいものだ」就很不自然。如果你一定要说,可以说「よく練習しているだけあって、すごいものだ。」

「ものだ」所表示的感叹,是一种事后的感叹,比如:
✽ 一人でケーキを100個も食べたの？よく一人で食べられたものだ。
——一个人吃了100个蛋糕?太厉害了,一个人能吃那么多!

✿ 彼はまた学校を休んだの？2週間も休むなんて、よく休むものだ。
——他又没去上学？要休息两周，服了他了，他可真能休！
✿ 3か月も入院していたのに、ずいぶん元気になったものだ。
——刚住院了3个月，真看不出来，你现在精神头多好啊！
或是总结、归纳性质的，比如：
✿ 人生はすばらしいものだ。
——活着真好！
✿ 便利な世の中になったものだ。
——现在真比以前方便多了。
✿ 頭がいい人ほど、少し変わっているものだ。
——越是聪明的人，通常性格会比较怪异。
✿ 日本語には、面白い言葉があるものだ。
——日语里有意思的词还真不少呢。
✿ 親が知らない間に、子どもは大人になっていくものだ。
——孩子就是这样，父母不知不觉当中孩子就长大了。
✿ パソコンは、五年も使えば壊れてしまうものだ。
——电脑这东西就是这样，顶多用5年就不行了。
✿ 食べ過ぎると、お腹が苦しくなるものだ。
——吃得太多，肚子不难受才怪。

## 五、总结

「ものだ」的含义比较多，各个含义彼此之间跨度不小，似乎很难简单地用一条线把它们串起来。

但是通过上面的例句，我们可以看出：「ものだ」几个意思之间，还是有不少共同之处，比如都是针对"长期"（不是短期的、即兴的）和"整体"（不适合针对个案、特例），所以，天然地带有归纳总结的意味在里面。

从这些共同点出发，我们可以层层递进式的，用一条线把「ものだ」的这些含义贯穿起来，方便学习和记忆。

✿ 昔はこの川で子どもたちが泳いだものだ。
——怀旧：回忆过去，那时候小孩还能下河游泳，但现在已经不是这样了。
✿ 経済成長だけが優先されると、環境は悪くなるものだ。
——感叹：在上面的怀旧的基础上发出感慨，如果只顾着经济增长，就会面临破坏环境的沉重代价。

✤ 自然・環境は大切にするものだ。
——总结应该怎样做才对：感慨之余，冷静地做个总结，并得出结论——应该保护自然环境。
✤ ごみはきちんと分別して出すものだ。
——忠告：基于上述结论，给出忠告——垃圾要分类！
✤ 企業には環境を守ることを心がけてほしいものだ。
——愿景：最后提出长期愿景。给自己描绘愿景是用「たいものだ」的形式，给别人提出希望用「てほしいものだ」的形式。这里的提出的愿景是：企业应该时刻不忘保护环境，经营企业需要有环保意识！

## 六、「ものだ」的近亲和远亲们

「ものだ」是个大家庭，这个大家庭里有很多分支。

本章的最后，我们介绍其中最重要的 8 个分支，这 8 个分支涵盖了绝大多数「ものだ」的近亲和远亲。而且这些都是很常见的用法，是日语中级水平向中高级、高级进阶的必经之路。

初学者可能不容易理解其中的细微差别。不过不要紧，还是那句话，会用就行！看得懂听得懂，能说会写才是真的，否则都是浪费时间。

(一) 〜ものか(もんか)

以反问形式表示强烈的否定，意思是"不可能，怎么会呢"。

✤ あいつの言っていることなんか本当なものか。
——他说的话你也相信？他说的话根本不能相信的！
✤ 負けるものか。
——我会输给你？我怎么会输！
✤ あんな奴ともう二度と一緒に組むものか。
——我再不会跟他那种人一起合作了。
✤ もう絶対にディズニーに行くものか。一つ乗るのに1時間も待てるものか。
——我再也不要去迪士尼了。玩什么都要等上一个小时，真受不了。
✤ 彼が遅刻するものか。毎日授業の1時間前には教室にいるのだから。
——他怎么会迟到！他每天上课前一个小时就到教室了。

(二) 〜ないもの(だろう)か

表示希望，希望事情朝着某个方向发展，可以译成"能不能……，如果能那样就好了"，或"难道就不能……吗？"

✼ 仕事の時間をもう少し減らしてもらえないものだろうか。
——工作时间能不能稍微短一点？

上面这句话当中，如果把「もの」去掉，跟去掉之前相比，会有什么语义上的差异吗？

答案是，有细微的差异。有了「もの」，说话人便是站在一个相对客观的立场上在提出希望。比如有某公司员工因为工作时间过长而病倒，给这位员工看病的医生评论这件事时，会用上面例句中的说法。而如果是生病的员工本人，站在当事人的立场上，说「仕事の時間をもう少し減らしてもらえないものだろうか」就不自然了。

✼ なんとかいい点がとれないものか。
——你就不能再努把力，拿个好一点的分数吗？
✼ 母の病気がなんとか早く治らないものか。
——妈妈的病能早一点康复就好了。

(三) ～ものだから

表示理由，与「ので」「から」相近。用「ものだから」表示的理由，有时候会有点找借口，强调客观的意味在里面。与「ものだから」相比，类似的「わけだから」听上去更客观，而「のだから」听上去更主观，「ものだから」正好介于这两者之间。

✼ バスが遅れたものだから、遅刻してしまった。
——巴士晚点，所以迟到了。
✼ いつもは敬語なんか使わないものだから、大勢の前に出ると緊張する。
——平常不怎么用敬语，一下子面对很多人有点紧张。
✼ 今週は忙しかったもので、返事するのがつい遅くなってしまいました。
——这周挺忙的，回复晚了。
✼ わたしは新人なんもで、ここでは知らないことが多いんです。
——我是新来的，在这儿还有很多东西不懂。

(四) ～ものなら

表示假定，但这个假定是不可能或不现实的。「ものなら」的特征是，它前面通常接表示可能的动词（如できる），或表示意志的「う・よう・まい」的形式。

✼ そんなことでいいものなら、だれにでもできます。
——如果这样就行，那谁都可以干。意为不可能这样就OK 的。
✼ できるものなら、やってみなさい。
——我说这个行不通，你偏说行，那好呀，你给我做一个看看。

✿ 歌えるものなら、歌ってごらんなさい。
——你不是说你能唱吗，来，唱给我听听。（这么高难度的歌）我就不相信你能唱的了。
✿ 生まれ変われるものなら、生まれ変わりたい。
——如果能再活一次就好了。
✿ 悪口を言おうものなら、すぐに仕返しをされるだろう。
——你可别说他坏话，说了立马就会遭到报复，不信你试试。

(五)～ものの

表示转折，意为"虽然……，可是……"。有时以「ようなものの」或「とはいうものの」这样的惯用型出现，与「とは言いながら」意思相同，表示"虽说……"。

✿ 道具を買うには買ったものの、使い方がわからない。
——工具是买好了，但不知道怎么用。
✿ 痛みはとれたものの、はれがまだひかない。
——疼倒是不疼了，但还没消肿。
✿ けがですんだからいいようなものの、気をつけてよ。
——这次受点伤就完事了还算好，下次可要注意啊。
✿ あの人はおとなしいからとはいうものの、気を許してはいけない。
——那个人虽说看上去挺老实的，但也不能不防。

(六)～というものだ

对某个东西进行说明时可以用「というものだ」，这种用法其实是「という＋もの＋だ」。

✿ これはエアーバッグというもので、安全のためすべての車についています。
——这个叫做气囊，所有车上都会装，保证乘车人安全用的。
✿ 巷(ちまた)では三連休というものだそうですが、私にはまったく関係ありませんね。
——据说坊间管这个叫三连休，但跟我没任何关系。

「というものだ」还有一种表示"就是如此，就应该如此，没什么可商量的余地"的用法，含有强烈的主观成分。这种用法其实是「という＋表示理所当然的ものだ」。

✿ 友達が困っている時に助けるのは当然というものだ。
——朋友有难，帮忙是理所应当的。

✿ 家で家事をするのが女性というものだ、という考え方が昔はあった。
——女人就应该在家里从事家务,这种想法从前是有的。

✿ 部下が失敗をしたら、責任を負うのが上司の責任というものだ。
——下属把事情搞砸了,领导理应承担责任。

✿ デート中はお金を払うのが男ってものでしょ？
——约会的时候,就该男方花钱,难道不是吗?

✿ それが人の魅力というものだ。
——那不就是人的魅力之所在吗。

✿ それが公正というものだと思う。
——我认为,这个就叫公正。

✿ アートとは自己表現であるというものです。
——艺术的本质,说到底,不就是自我表现吗?

✿ 一度倒され、修行し、強くなる！それが主人公というものだ。
——曾一度被打倒,然后去苦练,最后练成了(绝世武功?),电影里的主角都是这样的呀!

(七)～というものでは(も)ない

「というものではない」是部分否定,意为"不见得,并不是,说不上一定会……",与「とはいえない」的意思相近。需注意:它不是「というものだ」的否定型。

✿ 楽器は習えば自然にできるようになるというものではない。
——乐器这东西,不是随便学一下自然就能掌握的。

✿ ネットリテラシーって長年ネットやっていれば身につくというものでは全然ない。
——基础的网络运用能力,绝不是说长年上网就能自然而然掌握的。

✿ 数が増えすぎると大変なので増えればいいというものではない。
——数量太多会有问题,并不是越多越好。

✿ 正論であれば、犠牲をかまわず断行してよい、というものではない。
——只要是方向正确就要不惜任何代价去执行吗,我看不是那样。

✿ 部下の失敗はただ叱れば良いというものではない。
——下属的失误可不是随便训斥几句就能解决的,事情没那么简单。

(八)～もの(もん)

这是「ものだ」家族里一个特殊成员,注意:这一个单独的用法,不是「ものだ」的简化。

# 第32章 「ものだ」——从原理到应用

「〜もの(もん)」基本含义是在句末表示理由,意思接近表示理所当然之意的「ものだ」,但附加了各种情感因素,如不满、撒娇、申诉、辩驳、自我辩护等。

❋ だって、仕方がないんですもの。
——我也是没办法呀,你说又能怎么样呢。

❋ なるほど、それはきみの専門だもんな。
——原来你是搞这个专业的,怪不得这么厉害!

❋ よくおわかりでしょう。前に行ったことがありますもんね。
——现在知道了吧,我们以前去过那里的呀。

❋ 子供だもの、無理はないよ。
——这也怨不得他,还是个孩子嘛。

❋ ゆくゆくは社長となる人ですもの、しっかりしているわ。
——怪不得他显得很沉稳,人家将来是要当社长的。

❋ そんな顔してどうしたの?
A:だって、眠いもん。
B:だって、眠いんだもん。

针对"你怎么了?脸色不好"的问话。上面A、B两种答复意思都是"我都困成这样了,脸色能好看吗?"。两者之间的区别非常细微。B句里的「んだもん」是「のだ」+「もの」的口语形式,即B句比A句多用了一个「のだ」。

「のだ」的基本含义是解释、说明,后面又接了一个表示理所当然的理由的「もの」,使B句显得更柔和,更客观(我困成这样的原因是:比如在公司加班等客观原因),而A句里只说「眠いもん」,困的原因可能是熬夜看球等说话人自己造成的。

上面这个例子,也再一次显示出我们曾经提到过的一个日语的特征:表示同样一个意思,整个句子越长,语义就越柔和、委婉,主观意志也就显得不那么强烈。

## 精读18 "我的履历书"

题 解

本章的精读内容,选自「日経」的著名专栏——「私の履歴書」。该专栏始于1956年,每月介绍一位日本名人,具体形式是请日本各界的名人以简版自传的形

式讲述其经历。该栏目2018年9月的主角是横川竟，连锁餐饮企业"すかいらーく"的创始人。

由横川家兄弟四人创立的"すかいらーく"，在上世纪70年代的日本餐饮业当中开创了一个全新的业态——ファミリーレストラン，简称ファミレス。ファミレス的特点是，原料食材在中央厨房（工厂）统一加工成半成品，以实现上菜速度快，同时菜品相对丰富，价格低廉。

"すかいらーく"旗下的连锁餐饮店主要包括简易西餐厅「ガスト」和「ジョナサン」、和食「夢庵」、意式餐厅「グラッチェガーデンズ」、中餐连锁「バーミヤン」。他们在海外开店不多，国内很少有人知道。日本ファミレス行业在中国市场做的比较成功的，目前还只有「サイゼリヤ（萨莉亚）」。

"すかいらーく"发展史上，有过盛极一时的辉煌，但更多的是各种波折。目前，创业者一族已经退出公司经营，也早已不再是公司大股东。

✽ 今からちょうど10年前の2008年8月。僕は兄弟で作り上げた日本最大のレストランチェーン、すかいらーくの社長兼最高経営責任者（CEO）を解任された。正確に言うと自ら解任の道を選んだわけだが。

✽ 2006年にすかいらーくは当時、国内最大のMBO（経営陣が参加する買収）を実施し、社長としてすかいらーくの再生に挑んだ。1人世帯や2人世帯などが増え、もはやファミリーレストランの時代ではない。質を重視した新しいレストランを作ろうと意気込んだが、野村証券などMBO後の大株主と経営路線を巡り、ぶつかってしまった。

✽ 「東京・新宿に部屋を設け、車や収入、秘書も用意するので顧問として残ってほしい」と和解案も提示された。だが新生すかいらーくの再生に歯を食いしばってがんばってきた社員に対して、自分だけぬくぬくとするなんて申し訳ない。和解案は拒否し、最後まで抵抗した。もはや解任の道しかない。

✽ 自宅には1通の解任状が送られてきた。内容はこうある。「告知書平成20年8月12日に開催された当社臨時株主総会の決議により、貴殿は当社取締役を解任されましたので、お知らせします」。すかいらーくを4兄弟で昭和45年（1970年）に創業し、本当に辛酸をなめながらここまで育て上げてきた。それがこんな文面一つで終わり。はかないものだ。

✽ 解任の前日、東京・武蔵野市の本社で社員を激励し、翌日は療養のために温泉へ向かった。健康には自信を持っているが、楽天家を自任する僕もさすがに血圧が上がってしまった。その後も別の金融機関などから「徹底抗戦」を持ちかけられたが、これ以上の混乱は社員に迷惑がかかる。すかいらーくと

はそのまま距離を置いた。

✤ のっけから殺伐とした話で、読者の皆様は面食らっているかもしれない。履歴書を通じて過去の恨み言を言いたいわけではなく、年齢も80歳。自分にとっていいことも都合の悪いことも包み隠さず話していこうとの気持ちからだ。

✤ 振り返ると七転び八起きの人生だった。商売の原点は東京の台所、築地だ。奉公先の問屋で10代後半から20代初めに商売の基本をたたき込まれた。「商売は嘘をつくな。いいものを売れ、余分にもうけるな」だ。24歳、4人の兄弟で小さな食料品店を始めた後、すかいらーくを創業。軌道に乗るまで何度も破綻の危機に追い込まれた。

✤ 外食チェーンとして一時は日本一になったが、最後はMBO、解任劇……。普通はここで引退するが、僕はあきらめが悪い。築地で学んだ商売の理想は実現できていないとの思いが強かった。失敗を重ねながら、今も新しい外食作りに取り組んでいる。13年、75歳の時に始めたカフェチェーンの高倉町珈琲（東京・新宿）がようやく日の目を見た。今年7月に20店になった。

✤ もっと店を増やしたい。そのために食材を供給するセントラルキッチンを作る計画を進め、20年の東京五輪を目標に株式上場も視野に入れている。最高齢で株式上場を成功させた起業家になろうと夢見ている。それでは長野から徒手空拳で上京してきた4兄弟による汗と涙のレストラン物語にお付き合いを。

✤ 山梨県近くの長野県境村（現・富士見町）で昭和12年（1937年）に生まれた。男4人、女1人の5人兄弟で、僕は三男だった。温厚でまじめな人の多い一族だが、父方と母方の祖父を巡るエピソードをふり返ると、時に好戦的な一面もある。

✤ 父方の祖父は下級武士出身で、諏訪郡四賀村（現・諏訪市）の村長を務めていた。政治的に言うと保守系だ。一方、庄屋をしていた母方の祖父は革新系。2人は選挙で争い、母方が次の村長になる。何でも父方は"ダメ村長"だったそうだが、母方の話なので真相は分からない。ちなみに父方は負けたあと、隣の村長にくら替えした。

✤ 父は理想主義者で、地元の代用教員。あるとき、「このままじゃ、日本が心配だ」と国を憂（うれ）えて満州（中国東北部）の開拓団に加わろうと決めた。政府から資格を得て、約250人の「横川中隊」を結成。そして昭和16年、家族ともども黒竜江省寧安県へ赴いた。幼かったが、その風景は今でもはっきりと

覚えている。見渡す限り原野で、自分の背丈より草が高い。冬はマイナス35度まで下がるが、家の作りは頑丈で、寒くはない。中隊長の息子だったので、どこへ行くにも団員が付き添う。トラクターに乗ったり、豚の世話をしたり、のびのびと幼少期を過ごした。ところが昭和19年、小学生に上がる頃、横川家は暗転する。6月24日、父が腸チフスで突然死んだのだ。まだ子供で死への想像力が欠如していたからなのか、悲しい感情は湧いてこない。8月、家族全員で団員の付き添いのもと、日本へ帰国した。まずは母親の実家に転がり込んだ。今でもその日の食事を覚えている。久しぶりの白米で、本当においしかった。「いつかは食の仕事に就きたい」という考えがぼんやりと浮かんだ。田畑もあり、食には困らなかった。村長だった祖父と一緒に畑仕事を手伝う日々で、つらい戦争の記憶はない。ただし、いつまでも甘えていられず、空き家だった牛乳集配所に住むことになる。長兄が牛乳を近くの乳業会社まで運ぶことを条件に家賃はただになった。

❀ もっとも生活は最悪だった。雨漏りはするし畳もぐちゃぐちゃ。PTA会費も払えないありさまだった。次兄の亮（たすく）は茅野という伯母の家に養子に入ることになった。母は反対したが、経済面を考えると仕方のない決断だった。姉も呉服屋で住み込みを始めた。僕は小学3年生の時から地元の夕刊紙の配達をした。

❀ 牛やヤギの飼育のほか、落花生の栽培も始める。堆肥を積んだムロにタネをまくと芽が早く育ち、収穫も早かった。そこで市場に出回る時期より早く出荷すると、高く売れた。農家のやり方を改良しただけだが、この頃からどうすれば高く売れるかを考えるようになった。

❀ 仕事はしたが、勉強ができないので、学校では悪さばかり。あるとき、同級生を引き連れ、集団脱走をしたら「50年の歴史で一番悪いやつ」と校長から一喝された。本人はそんなワルのつもりはなかったが、第二精工舎（現在のセイコーエプソン）に勤めていた長兄の端（ただし）に毎日のように叱られた。そして僕が中学校に入学した当日の夜、端から「そこに座れ」と言われる。いつもと雰囲気が違っていた。

## 解 说

(1) 今からちょうど～年前の～：距今刚好……年前的某年某月。
(2) ～で作り上げた（会社名）：由……一手创建的公司。
(3) （社長）を解任された：从某职位上被赶下台，被下课。

(4)自(みずか)ら～の道を選んだ：自己主动选择了某种道路。

(5)もはや～の時代ではない：已经过了流行……的时代，……的好时候已经过去了。

(6)～をやろうと意気込んだ：干劲十足地想做某事。

(7)～を用意(よい)するので～てほしい：给你准备好……，希望你能……

(8)～に歯(は)を食(く)いしばって頑張ってきた：为了……咬紧牙关不懈努力。

(9)もはや～の道しかない：除了……已经别无选择。

(10)会社を辛酸(しんさん)をなめながらここまで育(そだ)て上(あ)げてきた：饱尝辛酸好不容易把公司做到今天这个地步。

(11)はかないものだ：真是世事难料。这里用了表示感叹的「ものだ」。

(12)楽天家(らくてんか)を自任する僕もさすがに～：连自认为是乐天派的我都禁不住……

(13)～とは距離(きょり)を置(お)く：与……之间保持距离，这里指关系上的距离。

(14)のっけから：从一开始。

(15)殺伐(さつばつ)とした話(はなし)：随时可能发生激烈的矛盾冲突，让人不由得感到紧张，或氛围上让人觉得瘆得慌的事情。

(16)面食(めんく)らう：被吓了一跳，被吓住了。

(17)包(つつ)み隠(かく)さず話す：原原本本、不折不扣地讲出来。

(18)七転び八起き(ななころびやおき)の人生：命运多舛。

(19)奉公先(ほうこうさき)の問屋(とんや)：在一家批发商当学徒、打工。

(20)基本をたたき込まれた：「たたき込む」是让人学会的意思，不管你愿不愿意不会不行的那种。

(21)破綻(はたん)の危機(きき)に追(お)い込(こ)まれた：被逼到了要破产的边缘。

(22)あきらめが悪い：死脑筋，死心眼，放不下，想不开。

(23)～に取り組んでいる：致力于……

(24)日(ひ)の目(め)を見る：得见天日，也可以用于形容长期被埋没的人或作品终于得到认可。

(25)～になろうと夢見ている：梦想着成为……

(26)～にお付き合いを(お願いします・お願いできないか)：请别人一起做什么的时候常用的"套路"，这里是请读者随我一起见证一下这段历史之意。

(27)父方(ちちかた)と母方(ははかた)の祖父(そふ)：日语里亲属的称谓

没有汉语区分得那么细，需要加定语才能准确区分：爷爷是「父方の祖父」，姥爷、外公是「母方の祖父」。

(28)～を巡(めぐ)るエピソード：有关……的轶事。

(29)～を務(つと)めていた：当过……（干部）。

(30)何でも～：这里是据传、听人讲……的意思，跟どうやら一样，表示说话人不确定传闻内容是否属实。

(31)～に鞍(くら)替(が)えする：「鞍替え」通常指换工作，换地方。表示从三板转到主板上市等的"转板"也可以用这个词来表示。

(32)～に転(ころ)がり込(こ)んだ：「転がり込む」有两个意思，一是因经济原因住到别人家里蹭饭吃，另一个是意想不到的收获。这里是前者。后者的例子，比如「思わぬ大金(たいきん)が転がり込む」。

(33)今でも～を覚えている：现在还记得……

(34)いつまでも～ていられず：不能总是……，总不能长期……

(35)～も払えないありさまだった：「ありさま」指窘境，落到某种田地、地步之意，这里指穷的连……都付不起的状况。

(36)住み込み：指住在雇主家里打工。

(37)市场に出回(でまわ)る：指产品上市，是比较固定的说法，与「発売(はつばい)」意思相近。

(38)出荷(しゅっか)：指发货、出厂。出厂价是「出荷価格」。

(39)～を考えるようになった：「ようになる」表示变化，这种变化通常是伴随时间的经过而发生的自然的、潜移默化的变化。

(40)悪さばかり：这里是「悪さばかりしている」的略语，「わるさをする」指孩子调皮干坏事之意，「ワル」跟这里的「悪さ」意思相近。

(41)毎日のように～：指几乎每天都会……

(42)端(はし)から：从头，从一开始就……

(43)いつもと(～が)違っていた：那天的……跟平常很不一样。

# 第 33 章
## 「あなたのことが好き」与「あなたが好き」

「ことだ」与「のだ」「ものだ」一样,对整个句子来说是"添加剂""调味料",用来传达说话者的情绪。

「ことだ」用在句末,通常有两种意思。一是表示忠告,或者说间接的命令,另一个是表示吃惊、感叹、同情。

### 一、忠告、间接的命令

说话人认为在某方面,什么才是最重要的,怎样做才妥当。相当于「～ことが一番大事だ、だから、そうしたほうがいい」。

这个用法只能出现在上级对下级这样的关系当中,所以它适合用来做"说教"。

✾ 風邪を引いた時は、温かくしてよく寝ることだ。
——患了感冒要做好保暖,保证睡眠充足。
✾ レポートは今月末までに提出すること(＝今月末までに提出のこと)。
——本月底之前要提交报告。

注意:上面的例子是书面语的用法,常出现在老师给学生布置作业,或试卷中的注意事项,诸如必须用哪类笔、哪个型号的计算器等。此类用法中,「ことだ」可以缩略成「こと」。「提出すること」当中,如果把「提出」当作名词来接「ことだ」,可以用「のこと」的形式。

✾ 大学に入りたいなら、もっと勉強することだ。
——要考上大学,你要多用功才行。
✾ いい文章をたくさん読むことですよ。
——(想要写好文章)要尽量多读好文章才行。
✾ とにかくゆっくり休養することです。
——(想要尽快康复)总之要慢慢调理、注意保养。

✿ （肌が荒れて困っている人に）夜更かしはしないことですよ。
——劝告皮肤变粗糙的人：别熬夜就行了。

表示忠告的「ことだ」的否定形式不是「ことではない」,而是「ことはない」。

✿ 背が低いからといって、悩むことはない。
——虽说个子矮,那又怎么样？有什么好发愁的。

✿ 気にすることはないよ。後で取り返せばいいんだから。
——不用担心,（扳平比分,或挽回损失）以后扳回来就好。

✿ 遠慮することはない。どんどん食べなさい。
——不用客气,多吃点。

## 二、表示吃惊、感叹、同情

✿ こんなけがをして、よく命が助かったことだ。
——受了这么重的伤竟然没死,命真大！

✿ 自分で会社を興すとは、彼も立派になったことだ。
——这小子行啊！自己出来开公司了。

✿ 宝くじが当たるなんて、羨ましいことだ。
——买彩票中奖了？真羡慕人家。

✿ 買ったばかりの家が流されて、大きなショックだったことだろう。
——刚买的房子被大水冲走了,这事一定对他打击很大。

✿ 一度に両親を亡くすとは、どんなにつらいことか。
——一下子父母都没了,（那个孩子、那个家庭的境遇）太可怜了！

「ものだ」也可以表示吃惊、感叹,与这个意思上的「ことだ」有什么区别呢？主要区别有两个。一是表示惊讶,感叹的「ことだ」,前面多接续表示感情的形容词,如「残念・楽しみ・うれしい・嘆かわしい・恐ろしい・もったいない・うらやましい」等等,不能接动词。

✿ 家族みんなが元気で、ありがたいことだ。
——家里人身体都好,比什么都强。

✿ 毎月電話代に3万円も使ってるなんて、もったいないことだ。
——每个月花3万在话费上,太浪费了。

✿ 山田夫妻はハワイで正月を過ごすとか、うらやましいことだ。
——人家山田两口子多好呀,说这次跑到夏威夷过年。

✿ 100個のケーキを一人で食べたの？よく食べられたものだ。
——这里前面是动词,不能用「ことだ」只能用「ものだ」。

表示感叹的「ことだ」和「ものだ」的另一个区别在于，「ものだ」表示的感叹是关于某类事物整体的，是社会常识性的，而「ことだ」可以用来表示说话人自己的不同于社会常识的判断。

✿ 失敗するのはいいことだ。
——失败是好事啊。
✿ 時間が経つのは早いものだ。
——感叹时间过的真快这种情况，通常用「ものだ」，如果用「ことだ」，必须是基于特定情况下说话人自身的判断。

### 三、「ことだ」的变形

「ことだ」也可以用在句子中间，这时它以「ことに」的形式出现。较常见的比如「困ったことに・驚いたことに・嬉しいことに・不思議なことに・残念なことに」。

✿ 残念なことに（＝残念なことだが・残念ながら）、MUとの試合に負けてしまった。
——可惜的是，这次输给曼联了。
✿ 驚いたことに、80キロの力士が180キロの力士を倒した。
——令人吃惊的是，体重80公斤的相扑选手战胜了体重180公斤的选手。
✿ 困ったことに、あまりにもうまく演じすぎて、本当の自分の顔を忘れてしまっている。
——尴尬的是，他演得实在太好了，以至于把他自己本来面目都忘了。
✿ 嬉しいことに売れ行き好評とのことで増刷が決まった。
——可喜的是，据说销售火爆，已经决定增印。

### 四、「～ことにする」

用来表示说话人下决心做某事。
✿ 夏休みに国へ帰ることにした。
——我定了暑假回一趟老家。
✿ （夕飯は焼肉にするわ）じゃ、早く帰ることにするよ。
——OK,那我晚上早点回家。
✿ 毎朝ジョギングをすることにしています。
——我给自己定了规矩，每天早上跑步。这里的「ている」形式表示一种习惯。这种用法，通常前面会有一些铺垫，比如发现自己胖了以后，下决心每天跑步。

此外,「ことにする」还可以用「ことにして」这种形式,表示说话人想找借口,或让对方给自己打掩护。

✤ 母が病気だということにして、会社を休んだ。

——我今天没去上班,跟公司就说我妈病了。

✤ (内密の話をした後で)あなたも知らない(という)ことにしておいてね。

——你装作不知道好吗?你就当作还没听我说起过这事儿。

### 五、「～ことになる」

表示已经(或即将)确定下来的某事,是由外部原因决定的。

✤ 日本へ出張に行くことになりました。

——我要到日本出趟差。

✤ このたび、本社からX支店に転勤することになりました。

——日本公司经常会有人事调动,这种例行转岗的时候,当事人通常会用上面这种形式发邮件通知其客户:我这次调动到哪里,这几年多谢您的支持,以后也请多多关照。

✤ (結婚の挨拶状)このたび私たちは結婚することになりました。

——我们要结婚了。

在实际使用当中,「ことになる」表示的事情通常只是一个引子,后面才是说话人想表达的意图。试想结婚这种事,只能是当事人自己的决定,但这里不说「結婚することにした」,而是说「結婚することになった」,一是把确定的结婚一事上升到一个由"外部原因决定的"这么一个高度,以示郑重,二来是要以此作为一个引子,引出下面的话题:已定好哪天在哪里办酒席,邀请您出席。

上面介绍了用在文末的「ことだ」,接下来我们看一下出现在句子中间的「こと」的各种形式。

### 六、「AことB」

这种形式用于书面语,与「すなわち」同义。

✤ 私こと山田太郎は、このたび市長選挙に立候補することにいたしました。

——本人、山田太郎决定作为候选人参加本次的市长选举。

顺便提一句,上面例句中还有一个值得注意的"套路"——表示"作为候选人参选"的「～選挙に立候補(りっこうほ)する」。

## 七、「～のことだから」

如果想就某个人、某类人在某种场合会怎样做进行推断时,「～のことだから」是个非常便利的"套路"。

✽ 彼のことを悪く言う人はいませんよ。
——他人缘很好,没人说他坏话。

✽ あの山田さんのことだから、きっとうまくやるよ。
——大家都知道山田很能干,如果他来负责这事儿,我看准没错儿。

✽ 子供のことだから、大目に見てください。
——小孩子不懂事儿,别跟他一般见识。

说话人做出推断或表明其观点的依据是,基于其对某人、或某类人的脾气秉性、能力等的了解。听者对这个人或这类人可能也有所了解,但不如说话人了解得深。

✽ 酒好きの彼のことだから、今ごろはきっとどこかで飲んでいるでしょう。
——他那么爱喝酒的人,不用说,这个点儿肯定在哪儿喝着呢。

## 八、「あなたのことが好き」与「あなたが好き」

这是日语教科书里没有,但想达到日语高级水平的人需要知道的。

同样是表示喜欢你,大部分日本人会说「あなたのことが好き」,而不是直截了当地说「あなたが好き」。为什么?

一个原因可能是日本人更喜欢含蓄的说法,我们曾反复提过:表达同样一个意思,用的字数越多,语气越柔和。

另外一个原因在于,「こと」可以比较模糊的显示与那个人有关的一切,即「あなたのことが好き」→「あなたに関することなら何でも好き」→「あなたのすべてが好き」这种味道。

类似的例子,比如表示忘不了她(他)的这种意思的「あの人のことが忘れられない」→「あの人のすべてが忘れられない」→「あの人と過ごした時間や、あの人との間のいろんなエピソードが忘れられない」。

同样,如果一个女生问你「私をどう思っているの?」,你可能会回答「きれい・頭いい・やさしい人だ」。但如果她问你「私のことをどう思っているの?」,这个你就要仔细考虑好再回答了,因为她想问你的是「私との将来をどう考えているの? 結婚してくれるの? それとも一時の遊びなの」。这里的「私のこと」是指「私との関係について」。

## 九、「～ことは～けど」

表示“做是做了，但是……”。

✽ 例のドラマは、見たことは見たが、そんなに面白いとは思ってません。

——看是看了，但没觉得那部电视剧有什么特别。

✽ 資料を読んだことは読んだけど、内容はまったく理解できていないよ。

——资料看是看过了，但没看懂。

## 十、「～ことだし」

「～し」在这里表示列举一个理由，加入「ことだ」则让这个理由显得更客观。

✽ 風呂はやめよう、風邪を引いていることだし。

——泡澡就算了，我得了感冒还没好。

✽ 給料も上がったことだし、このへんで結婚相手でも探してみてはどうか。

——反正现在你工资也涨了，该找个对象考虑结婚了吧。

## 十一、「～が言うことには」

「言う＋ことには」表示据谁说的意思，后面多接表示传闻的「そうだ」或「らしい」等等。

✽ 子供たちの言うことには、あの人が犯人らしい。

——据孩子们说，那个就是凶手。

✽ 先輩たちが言うことには、あの先生の授業はとても厳しいそうだ。

——据学长们讲，那个老师的课管得很严。

✽ 先生がおっしゃることには、今回は合格者が一人しかいなかったそうだ。

——据老师说，这次考试只有一个人及格。

## 十二、「～AないことにはB」

表示前项 A 是后项 B 的必要条件，两者之间是没有 A 就没有 B 的关系。

✽ 電気がつかないことには、何もできない。

——没有电什么事也做不了。

✽ 国会で予算案が通らないことには、復興支援に支障が出る。

——财政预算得不到国会通过，灾后重建就会出问题。

## 十三、「～ことから」

表示客观理由，是在新闻等书面语中出现频率非常高的一个"套路"。

✤ この辺は桜の木が多いことから、桜木町と呼ばれるようになった。
——因为附近有很多樱树，一来二去，这里就被称为樱木町了。

✤ 経営が不振(ふしん)なことから、工場が閉鎖された。
——因经营不善，工厂已经关门了。

## 十四、「～ことなく」

「～ことなく」是「～ことをしないで」的略语，表示"（关于未来的事）不要怎样"，或"（关于过去的事）没有经过必要的程序就怎样"。

✤ 彼は先生にも友達にも相談(そうだん)することなく、帰国してしまった。
——他没跟老师或朋友商量就回国了。

✤ 自分の目的を決して忘れることなく、最後まで頑張るんですよ。
——别忘了自己的目标，要坚持到最后。

## 十五、「～ということだ(とのことだ)」

**(一)听说，据说，引用别人的话或传闻**

✤ 足立区の事件の犯行グループの一人が逮捕されたということだ。
——据说，足立区那件案子，犯罪团伙里有一个被抓到了。

✤ 日本代表のウエアを着て繁華街へ繰り出したということだが、外で食事なんてドーピング検査に引っかかるリスクもあるのに危険すぎる。
——据说他们穿着日本国家队的队服跑到闹市区玩。先不说这个，光说在外面吃饭这件事，本来就有通不过药检的风险，这么做不是太冒失了吗？

相同意思的「とのことだ」通常只用在写信、邮件、通知等特定场合。

✤ 息子さんが大学に合格したとのこと、おめでとうございます。
——听说您儿子考上了大学，恭喜您了。

✤ 明日は必ず10時に集合するとのことだ。
——已经通知了，明天必须10点准时集合。

**(二)说话人的判断、意见或对某事下的结论**

意思上与「要するに」「つまり」接近。常用「～ということは、～ということだ」这种形式。

✽ SNSがこれだけ流行るということは、一定数の人間は発信欲のようなものがあるということだと思う。

——社交网络如此流行，我认为这说明有不少人有这个欲望，对外发信息展示自己。

✽ スルガ銀行は長期間に渡り、抜きんでた業績で高い評価を得ていたが、規制が厳しい業種でそのような業績を出すということは、裏があるということだ。

——骏河银行长期以来因业绩出众而获得很高的评价，不过，在监管严格的行业里取得如此好的业绩，这件事本身就隐含着背后有某种特殊原因的可能。

**(三)表示"意思是……（という意味だ）"。**

✽ 立入（たちいり）禁止はここに入るなということだ。

——禁止入内的意思就是请不要进来。

本章的最后，留几个小问题供大家检验自己的理解程度。

**【单选题】**

(1) 彼女の（　）、30分前に来ているはずだよ。
　　(a) ことから，(b) ことに，(c) ことだから，(d) ことなく

(2) 作品が認められるのを知る（　）、彼は死んだ。
　　(a) ことから，(b) ことに，(c) ことだから，(d) ことなく

(3) 不思議な（　）、同じ夢を毎晩見た。
　　(a) ことから，(b) ことに，(c) ことだから，(d) ことなく

**【语序问题】**

(1) 毛の色が白い（　）犬や猫は多い。
　　(a) ことから，(b) シロという，(c) 名前が，(d) つけられる

(2) 仕事の速い（　）すぐにやってくれるだろう。
　　(a) 頼めば，(b) こと，(c) 彼の，(d) だから

**【多选题】**

先月、震災被災地である東北地方に行く機会があった。東北地方では悲しい（①）、去年3月11日に大きな地震と津波が起こった。ニュースなどで聞いていた（②）聞いていた（②）、多くの場所にまだ震災の爪あとが残っていた。震災から約1年経った（③）、きっとかなり回復していると思ったが、そうではなかった。東北の人たちがおっしゃる（④）、復興にはまだまだ時間がかかるらしい。しかし、忍耐強い東北の人たち（⑤）、頑張っていかれることだろう。私は心から応援せずにはいられなかった。

(a)ことは～が，(b)のことだから，(c)ことに，(d)ことには，(e)ことだし，(f)こと

## 精读 19　异端的成长

　　本章的精读材料，节选自「日経」的一篇报道，题目是「孤高の成长企业、业界なんていらない」。

　　「孤高（ここう）」是孤独加清高，这里指不随大流、不落俗套之意。以硬汉派小说知名的作家大薮春彦曾写过一部随笔集，书名是「孤高の狙击手」。除此之外，「孤高」这个词还真的很少能碰到。

　　说回成长型企业的话题。以新的商业模式改变甚至颠覆传统产业的成长型企业，日本也有很多，如本篇中提及的「コスモス薬品」「ドン・キホーテ」「アイリスオーヤマ」「ユニクロ」等等。

　　✿ マツモトキヨシホールディングス(HD)とココカラファインが経営統合交渉に入るなど、成長中のドラッグストアにも再編の動きが広がってきた。この再編を誘発した一因が業界とは一線を画すコスモス薬品の攻勢だろう。

　　✿ 創業者の宇野正晃会長はメディアに登場することはなく、宇野氏本人は九州の経済界や業界団体とはかかわらない。実に謎めいた人物だが、8月末に福岡市のあるパーティーでわずかながら接触できた。

　　✿ 東日本の消費者にはなじみがないコスモス薬品。宮崎県延岡市の薬局だった同社がドラッグストアとして参入してきたのは1993年と遅い。宇野会長は薬剤師だが、ドラッグストアを目指さなかった。集客力に難があり、持続的な成長に不安を感じたからだ。そこでクスリも扱う「コンビニエンスストア×スーパー」の融合チェーンを独自で開発。売り場面積1 000～2 000平方メートルの小商圏型メガドラッグストアと称する。

　　✿ 売り上げに占める食品比率は60％近くで、1店舗当たりの平均集客数は1 000人超。同業の倍以上だ。コスモス薬品の勢力は東海、北陸にまで及び、ドラッグストアどころか進出先のスーパーも脅かす。まさに再編の発火点だ。

✿ コスモスだけでなく、小売業の成長組の経営者を見渡すと、業界の動きを顧みない孤高のアウトサイダーが多い。代表的なのはファーストリテイリングの柳井正会長兼社長だろう。柳井氏もまた、顧客や経済の先行きに関心は強いが、業界団体や経済界にはあまり興味を示さない。小売り、卸、メーカーと幅広い機能を備えるアイリスオーヤマという独自業態を作った大山健太郎会長もその一人。既存業界への関心は薄い。「何の会社ですか」と聞くと「ユーザーイン企業」との答えが返ってくる。ちなみに出版不況の中で元気な宝島社。ブランドとコラボレーションした付録など独自の戦略で部数を伸ばす。やはり業界団体に属さない。蓮見清一社長は自らを「アウトサイダー」と位置づける。

✿ 共通しているのは既成概念にとらわれないコンセプトを作ったことだ。作家のコリン・ウィルソン氏はデビュー作「アウトサイダー」で「事物を見とおすことのできる孤独者」と表現している。横並びの業界視点ではなく、「顧客が何を欲しているのか」を自ら突き詰めた問いかけこそが売れないデフレ時代に力を発揮した。小売業界と距離を置く人物と言えば、「ドン・キホーテ」を作り上げたパン・パシフィック・インターナショナルホールディングス(PPIH)創業会長の安田隆夫氏だ。ユニーなど小売りチェーンをのみ込む同氏のこんなセリフを耳にした。「僕は業態を作ったけど、業界は作らなかった」。

✿ 一世を風靡したミュージシャンの小室哲哉氏が結成したglobeのヒット曲「FACE」にこんな一節がある。「経験が邪魔をする……玄関のドアを1人で開けよう」。経験は大事だが、そこにとらわれていると身動きがとれなくなる。玄関は市場と読み替えてみよう。業界再編は加速するが、同じような会社がくっついてもいずれ消耗戦に陥るだけだ。それ以上に重要なのは顧客を起点とした産業や自社の「再定義」だ。団体を含めて業界の出る幕はいずれ消える。生産年齢人口が減少する30年までに強い個の力を育めるかが勝負になる。

解说

（1）～なんていらない：文章题目中的这个"套路"，表示"不需要……这类东西"之意。

（2）当你想用一个有代表性的例子，说明某种趋势已经出现的时候，可以用「～が～するなど、～の動きが広がってきた」这个"套路"，注意：这里的「など」前面接动词原形就好。

（3）～とは一線（いっせん）を画（かく）す：指与……划清界限，两者格格不

入、泾渭分明。

（4）本段的第一句话是个理解「は」的用法的很好的例子。这句话里用了三个「は」——「～会長は、～ことはなく、～本人は……」。第一个「は」用来提示主题，表示后面讲的都是跟「会長」有关的事。第二和第三个都是表示对比的「は」——他几乎不跟媒体打交道（但会参加别的社交活动），他本人不跟九州的商界打交道（但他的公司、下属会）。

（5）謎（なぞ）めいた人物（じんぶつ）：形容某人神秘，外界对其所知甚少。「謎めく」是「謎」+「めく」合成的，「～めく」用来表示像……一样的之意。

（6）～には、なじみがない：表示对……而言比较陌生这种意思，同义的说法还有「なじみが薄い」。

（7）同社が参入してきたのは、93 年と遅い：是指该公司进入这个行业比较晚的意思，这里值得大家学习的是「～と遅い」当中的「と」的用法，这里的「と」大致相当于「ということなので」的意思，前面引述事实，后面进行判断。

（8）Bに占めるAの割合（わりあい）：表示"A 在 B 中的占比"这类意思的最常用的表现形式，类似的"套路"还有「Bに占めるAの比率（ひりつ）」。

（9）日语说"平均或人均"，最常用的表现形式是「1～あたり」、「1～あたりの平均～」，如"人均 GDP"说「一人（ひとり）当たりGDP」，"人均收入"说「一人当たり所得（しょとく）」。

（10）～にまで及ぶ：指其势力范围、影响范围已经扩展到……。到……用「～に及ぶ」来表示，这里在「に」的后面加了「まで」来强调程度之深、范围之广。

（11）AどころかBも：这里是"何止 A，连 B 也……"之意。

（12）アイリスオーヤマ最初是一家塑料制品加工企业，目前涉足家电、LED灯等诸多领域，擅长基于消费者需求开发新产品。

（13）～を見渡（みわた）す：环顾，从高处看某一事物的整体情况。

（14）～を顧（かえり）みない：不顾，不顾及，不管。

（15）代表的（だいひょうてき）なのは～だろう：最有代表性的当属……

（16）～にはあまり興味（きょうみ）を示（しめ）さない：对……没什么兴趣。

（17）業界団体（ぎょうかいだんたい）に属（ぞく）さない：没加入，不隶属于行业协会等组织。

（18）既成概念（きせいがいねん）にとらわれない：不拘泥于传统观念的。

（19）自（みずか）ら突（つ）き詰（つ）めた問（と）いかけ：「突き詰める」是一问到底、深究、追查个究竟的意思，「問いかけ」是发问或发问的内容。

（20）ドン・キホーテ也是一家颇有特色的公司：六成的商品是统一采购的，

但另外四成则放权给每个店铺,根据当地消费者的需求单独决策。

(21)一世(いっせい)を風靡(ふうび)した:风靡一时的,注意这里要用「した」而不是原形的「する」。

(22)～にとらわれている:指过分拘泥于……

(23)身動き(みうごき)がとれない:指动弹不得。

(24)注意「消耗戦(しょうもうせん)」「陥る(おちいる)」的读法。「陥る」的过去时为「陥った(おちいった)」「陥っていた」。

(25)それ以上に重要なのは～だ:比(之前提到的因素)更为重要的是……

(26)～の出る幕(まく)はいずれ消える:「～の出る幕がない」指没有……出场、上场亮相的机会,也常用「～出る幕ではない」这个形式表示"这里不是你说话的地方"。「いずれ」这里是早晚、终归要之意。

# 第 34 章

# 全方位解析「ところ」

「こと」「もの」「ところ」是日语中最常用的几个词。把这些高频词学好、学扎实,无论是实际应用还是应对考试,都是最有效率的做法。

本章我们把目标锁定在「ところ」。看似简单的「ところ」,实际上有很多种意思和用法,本章将系统地(从词的基础含义出发,看它如何派生出不同的用法)介绍这些用法。

「ところ」写成汉字是"所",它最基础的含义是指空间上的"场所",比如住所。

就"场所"这个含义来说,它的基本功能在于"锁定一个点(或一个部分、一块区域)",就如同在平面上定义一个点的坐标$(x,y)$一样。从这个基本功能出发,可以演绎出很多含义,比如它可以用来表示"抽象的场所",也可以用来表示"时间"(时间轴上的一个特定的点)等等。

## 一、场所和时间

### (一)表示具体的场所

✽ おところとお名前を教えてください。

——请告诉我您的住址和姓名。(这里的「ところ」指住址、住所。)

✽ 印鑑を押すところを間違えました。

——印章盖错地方了。

### (二)表示抽象的场所

✽ 知り合いのところに発注する。

——把单子交给熟人做。(抽象的场所:熟人那里,熟人的公司。)

✽ 悪いところを直す。

——改掉不好的地方。(可能指的是坏脾气,也可能指工作上的不足。)

✲ 自分の信じるところを貫く。
——坚持自己的信念。(抽象的场所：指自己相信的"那个部分""那些内容"。)

✲ 見かけはおとなしいが、頑固なところがある。
——他表面上随和，其实脾气挺犟的。(抽象的场所：某人性格中有顽固、倔强的"地方"。)

✲ 調べたところでは(ところでは＝ところによると)、そんな事実はない。
——据我们调查，那并不是事实。(抽象的场所：指我"所调查到的"，"所调查过的范围内"。)

### (三)表示时间

✲ 今のところ、おとなしい。
——现在这会儿还算乖。(今のところ＝今は。表示时间："现在这段时间、这会儿"，言外之意，后面会怎样就难说了。)

✲ 今からシャワーを浴びるところだ。
——刚准备冲个凉。(动词原形＋ところ：表示动作正要开始这个时间节点。)

✲ もうちょっとでぶつかるところだった。
——差一点就要撞上了。(动词原形＋ところだった：表示差一点就要撞上了，这是对没有发生的事的一种假设。)

✲ 今シャワーを浴びているところだ。
——正在冲凉。(ている＋ところ：表示动作正在进行中这个时间段。)

✲ 今シャワーを浴びたところだ。
——刚冲完凉。(た＋ところ：表示动作刚刚结束这个时间点。)

表示动作刚刚结束之意，还有一种说法——「～たばかり」。「～たばかり」聚焦于「た」前面的事情，隐含的意思是：从该事情、动作的发生到现在，时间间隔还不长，至少对说话人来说还是记忆犹新的。比如，房子漏雨，我们可以说「3年前に建てたばっかりというのに」——刚盖好3年的房子就出问题了？！这样的语境中，不能用「～たところ」。此外，「～たばかり」可以后接名词，比如「先月買ったばかりの車」，「～たところ」没有这种用法。

## 二、「～たところ」

这里的「ところ」表示事态发展链条上的一个"节点"，即前后两个事态之间的接续点。「たところ」前面的部分可以看作是一个为了引出下文而预设的条件

或者铺垫，有了这个条件和铺垫，才会有下文中的新事态、新情况发生。当然，后面这个新情况可能是说话人希望看到的，也可能不是。注意：这里的前后两个事态，都是已经发生了的，比如「依頼したところ、断られた」（请某人帮忙，被拒绝了）这个句子，后半句不能改成「断られるかもしれない」。

✤ 訪ねたところ、不在だった。
——去了一趟，要找的人不在。
✤ 契約を申し込んだところ、3ヶ月待てと言われた。
——想用那家的服务，一问才知道要等三个月。
✤ 問い合わせたところ、締切は昨日までだった。
——询问了一下才知道，昨天是报名截止日。

## 三、「～(しようとし)たところに」

等于前面讲过的「たところ」＋表示时点的「に」。常用来表示正想要怎样的时候，发生了另一件事。注意：「ところに」与「ところへ」基本同义。

✤ 出かけようとしたところに、客がやってきた。
——正要出门的时候来客人了。
✤ 彼に電話をかけようとしたところに、その彼から電話がかかってきた。
——正要打给他，他先打过来了。
✤ ちょうどいいところに来た。手伝ってくれよ。
——你来得正好，快来帮忙。

## 四、「～たところで」

等于前面讲过的「たところ」＋表示动作发生的场所的「で」。「～たところで」用来表示前面的事情发生以后，接着发生了后续的事态，但与「ところに」不同的是：「～たところで」前后两个事项的动作主体是一个人。

✤ 最後の一行を書いたところで、気を失った。
——写完了最后一行之后晕了过去。
✤ ゴールに到着したところで、倒れてしまった。
——跑到终点以后就倒下了。
✤ 調子に乗ってきたところで時間切れになった。
——状态刚上来就到结束的时间了。

「～たところで」的另一个用法是后接否定形式，表示"即使……也于事无补，没有用"。

✿ 今更努力したところで(＝努力したって)大した結果は得られないだろう。
——如今再努力也没有什么大成效了。
✿ 急いだところで(＝急いでも)間に合わないってば！
——不是告诉你了吗？你现在赶过去也来不及了。
✿ 後悔したところで(＝後悔しても)もう遅いよ。
——现在后悔也没有用了，太迟了。
✿ 少し遅くなったところで(少し遅くなっても)問題ないですよ。
——稍微晚一点也没关系。

此外，在句子开头或中间，可以单独使用「ところで」，用来转换话题。

✿ 世の中、不景気で大変なことになっています。ところで、彼女は元気ですか。
——现在到处都不景气，日子不好过啊。对了，她最近好吗？

## 五、「～たところが」

等于前面讲过的「たところ」＋表示转折的「が」。表示事情的结果出乎意料。

✿ もう死んだと思われていた。ところが、彼は生いきていた。
——大家都以为他已经死了。没想到他还活着。
✿ 傘を持っていったところが雨は降らなかった。
——带了伞出门，结果没下雨。
✿ 無理だと思っていたところが、合格していた。
——我以为没戏了呢，没想到考上了。

## 六、「～たところを」

等于前面讲过的「たところ」＋表示动作对象的「を」。通常用来表示"干坏事的时候被发现"，或"雪上加霜"这样的消极含义。

✿ 地震が収まったところを、津波が襲った。
——地震刚消停，海啸又开始了。
✿ こっそりたばこを吸っているところを、父に見つかった。
——偷着抽烟的时候，被爸爸发现了。
✿ 泥棒が窓から逃げ出すところを、子供は見ていた。
——小偷从窗子逃走的时候，被小孩子看到了。
✿ 夜道を歩いていたところを、誰かに頭を殴られた。
——走夜路的时候，不知道被谁把头打了。

以下两个例句当中,「ところを」相当于「だが・のに」,表示转折。
✿ １０００円のところを、今日は半額の500円です。
——平常卖１０００日元,现在半价。
✿ いつもはまっすぐ帰るところを、その日に限って寄道したらしい。
——据说他平常总是一下班就直接回家,偏巧那一天,下班后他没回家去了趟别的地方。

## 七、「早いところ」

尽快,趁早。
✿ 早いところ仕事を終わらせて、いっぱい飲みにいこう。
——赶紧把手里的活干完,我们去喝一杯。

## 八、「ところ構わず」

不分时间、场合,无所顾忌。
✿ アメリカ人はところ構わずキスをする(か)。
——美国人接吻不分时间场合(的吗?)

## 九、「ところにより(ところによって)」

指个别地方,局部地区。
✿ 雨のち曇、ところにより晴れでしょう。
——雨转阴,局部地区会放晴。

## 十、「ところ狭し(と)」

形容空间不够用,挤满了人或物。
✿ 棚にはワインが所狭しと並べられている。
——架子上摆满了红酒。

## 十一、「といったところだ(というところだ)」

差不多,约莫是,感觉也就是……这个水平。
✿ 完成まで何日かかるの? あと２日といったところかな。
——还有几天能完成? 再有２天应该够了。
✿ あの車は300万円といったところだろう。
——那个车的价格估摸也就300万日元吧。

## 十二、「～どころか」

表示真实情况完全不同,或与前面的说法正相反。
* A:新しい先生はやさしい？
* B:やさしいどころか、とても厳しいよ…
——新来的老师怎么样？好说话吧。哪有！可严了呢。
* A:あの国は安全なの？治安はいいの？
* B:安全などころか、毎日のように殺人事件が起きているよ。
——那个国家治安没问题吧？别提什么安全了,每天都有杀人案发生。

## 十三、「～どころではない」

现在的状况、处境下,其他事情就别提了,根本顾不上。
* 病気になったので、旅行どころではない（＝旅行できる状況ではない）。
——得了病,还谈什么旅游？
* お母さんが入院したので、クリスマスどころではなかった（クリスマスを楽しんでいる場合ではなかった）。
——妈妈住院了,现在哪有心思过圣诞节？
* A:パーティーに行こうよ！B:毎日残業だから、それどころじゃないんだよ。
——去参加派对吧。别提了,我每天加班还加不过来呢。

## 十四、「～のところ」

* このところ＝最近
* ここのところ（ここんとこ）＝最近
* 今のところ＝今は、現段階では
* 現在のところ＝現在は、現時点では
* 本当のところ＝本当は
* 実際のところ＝実際は
* 実のところ＝実は、本当のことを言うと
* 結局のところ＝結局は

## 精读 20　日企高管和日本公务员的薪酬

### 题解

本章的精读材料，节选自六则影响较大的新闻，涉及体育、经济、科技、司法等领域。希望读者在学日语的同时，更多地了解日本社会的不同侧面。

#### 一、日本补时阶段遭逆转，世界杯遗憾止步 16 强

上届世界杯，作为唯一打进淘汰赛阶段的亚洲球队，日本队整体表现可圈可点，虽然最终遗憾地被比利时逆转。

日本人在使用、借用别人东西，包括租场地、租房子的时候，一个基本的习俗是「原状復帰(げんじょうふっき)」，即尽可能恢复到使用前的状态，这里面自然就包含着要带走属于自己的东西，包括垃圾。

✹ ロシアＷ杯決勝トーナメント第１戦の日本—ベルギーは２－３で惜敗した。前半は０－０で終えたが、後半に入ると一気にゲームが動き出した。同３分。柴崎のスルーパスを受けたＭＦ原口が右足一閃。サイドネットを揺らし、先制。さらに、同７分。ＭＦ乾が右足のミドルを鮮やかに沈め、リードを２点に広げた。同24分。ＤＦフェルトンゲンの頭の折り返しがＧＫ川島の頭上を越え、そのままネットを揺らし、１点差に。さらに５分後の同29分には左クロスからＭＦフェライニに頭で押し込まれ、同点。試合は振り出しに戻った同36分。西野監督は勝負に出る。柴崎→山口、原口→本田の２枚替え。その後は一進一退の攻防が続き、同ロスタイム４分にカウンターからＭＦシャドリに決勝点を献上。史上初の８強入りをつかみかけたが、惜しくも敗れた。（スポーツ報知）

### 解说

（1）Ｗ杯：指世界杯足球赛，按字面应该读作「ダブリューハイ」，但很少有人

这么念,大部分人还是说「ワールドカップ」。

(2)決勝(けっしょう)トーナメント:指小组赛之后的淘汰赛阶段。

(3)惜敗(せきはい)・惜(お)しくも敗(やぶ)れた:这里的「惜しくも」=「惜しいことに」,功亏一篑、离成功就差一点点之意。

(4)前半(ぜんはん)、後半(こうはん):指足球比赛的上下半场;传直塞球称「スルーパス」,打反击称「カウンター」,率先得分称「先制(せんせい)」,领先称「リード」,扩大领先优势称「リードを広げる」,主教练称「監督(かんとく)」,补时阶段称「ロスタイム」,一次换两个人称「2枚替え(にまいがえ)」。

(5)勝負(しょうぶ)に出る:指比赛形势落后时放手一搏,豁出去了,背水一战。

(6)振り出し(ふりだし)に戻(もど)る:指回到起点,此处意为双方重新回到平分状态。

(7)ネットを揺(ゆ)らす:进球的一个比较形象的说法。

(8)8強(はちきょう・はっきょう・ベストエイト)入りを掴みかけた:「掴(つか)む」是抓住、把握住的意思,后面接「かける」是差点、几乎就要抓住了之意。详见第29章关于"中断"的「かける」。

## 二、年薪过亿的上市公司高管超500人创新高

日本是个非常注重和谐的社会,上市公司高管与普通员工之间薪酬差距通常不会太大,但近年有向欧美和中国靠拢的趋势。

提起日本公司的高管薪酬,其实在2006年日本新公司法实施之前,高管薪酬在会计处理上跟分红一样,是利润分配的一部分,而不是作为费用来处理。即使到现在,在企业所得税的计算上,高管奖金大部分还是不能作为费用来处理。

在日企做高管,最开心的并不是年底发奖金的时候,而是退休或退离一线的时候。这时候公司发的退职慰劳金,通常会是一笔很大的数目。

✱3月期決算の上場企業で1億円以上の役員報酬を受け取った役員が初めて500人を上回り、過去最高を更新した。東京商工リサーチが2018年3月期の役員報酬の開示についてまとめたところ、6月29日までに1億円以上の役員報酬を受け取った役員は240社の538人にのぼった。前年より17社多く、72人増えた。いずれも過去最高を更新し、人数は5年前と比べて約1.8倍に増えた。最高額はソニー会長の平井一夫氏で27.1億円。代表執行役社長兼CEO(最高経営責任者)から代表権のない会長に退いたことで退職慰労金が上乗せされ、前年の9.1億円から3倍に増えた。前年の最高額はソフトバンクグ

ループ(SBG)元副社長のニケシュ・アローラ氏で約103億円だった。18年3月期も外国人経営者への高額報酬が目立ち、トップ50に11人が入った。(朝日新聞)

　　(1)～が～についてまとめたところ：表示"据某机构统计"，这样的"套路"在商业日语中经常会用到。

　　(2)～に上(のぼ)った：形容指标或数据很高的时候常用的"套路"，类似的还有「～に達(たっ)した」。

　　(3)いずれも過去最高(かこさいこう)を更新(こうしん)：多个指标同时创出历史新高时的表达方式。

　　(4)代表権のない会長：公司董事长，但不是公司法人，没有权力代表公司签合同。这个就是上面说过的退离一线，可以拿大把高管退职金的情况。

　　(5)ソフトバンクグループ(SBG)元副社長のニケシュ・アローラ氏：曾被孙正义当成自己的接班人来培养，培养费不菲，但现在已经离职。

### 三、日本公务员年中奖，连续6年增长

　　日本人办事一板一眼，到了6月底发年中(夏季)奖，到年底发年终奖，无论蓝领、白领还是公务员。

　　日本公务员2018年的年中奖平均达到65万日元。需要注意的是这个平均有个定语——不包括中层及以上干部。日本的中层干部通常是指「課長」及以上，大体对应中国的处级以上干部。

　　特殊职务的公务员当中，最高法院院长拿了535万日元(相当于人民币30多万)，首相安倍拿了375万日元(不含主动退掉的部分)。

　　✲ 全国のほとんどの国家公務員や地方公務員に6月29日、夏のボーナスが支給されます。内閣人事局によりますと、国家公務員のことしの夏のボーナスは、管理職を除く平均支給額でおよそ65万2600円で、去年と比べておよそ1万500円、率にして1%余り増えました。去年の人事院勧告に基づいて引き上げられた結果、平均支給額は6年連続の増加となり、平成15年にボーナスの支給が年2回になってから2番目に高い額となりました。また、特別職などにもボーナスが支給され、最高裁判所の長官がおよそ535万円と最も多く、次いで衆参両院の議長がおよそ496万円となりました。一方、行財政改革の推進で一部を返納している、安倍総理大臣はおよそ375万円、ほかの閣僚はおよそ

312万円でした。(NHK)

(1)～は、～の増加となり、過去○番目に高い数字となった：表示由于什么，某指标增长了多少，达到史上第几的高度。

(2)在「長官」和「議長」的部分用了两个「が」，表示单纯的列举；而在「総理大臣」和「閣僚」的部分用了两个「は」，这里的「は」有对比的含义。

### 四、优衣库的新代言人

2018年7月2日，世界杯比赛如火如荼的同时，温网也拉开帷幕。首日登场的费德勒，球衣上的耐克标志变成了优衣库的标志。

迅销(优衣库是其旗下的品牌)的夙愿是成为世界服装界的领跑者。为了实现这个目标，该公司不仅与厂商一起开发功能性面料，还加强了与国际知名设计师的合作，此外，请世界体坛名将代言也是重要的一环。

✲ サッカーワールドカップ(W杯)の日本対ベルギーに国民の注目が集まるなか、英国で同日開幕したウィンブルドン選手権の一幕も話題となった。前年覇者のフェデラー氏がセンターコートでの初戦に登場。着用していたウエアのロゴが従来の米ナイキからユニクロに変わっていたためだ。ユニクロは人種や国籍、性別を問わず、誰でも着用できる「ライフウエア」を追求してきた。高額だった衣料品を手の届きやすい価格で提供。1994年に発売した「フリース」が代表例だ。ファストリの18年8月期の連結売上高は2兆円を超える見通しだが、世界最大手で「ZARA」を擁するインディテックス(3兆円強)の背中はまだ遠い。悲願の世界一の達成には魅力的な商品に加え、もっと幅広い顧客を引き付ける必要がある。(日本経済新聞)

(1)ウィンブルドン選手権：温网，网球界4大赛事之一。大满贯赛(或取得4大赛事冠军的全满贯)统称「グランドスラム」，而高尔夫球4大赛事称「4大メジャー」。

(2)～を問(と)わず、だれでも～できる：是指不问条件怎样，谁都可以怎样之意的常用"套路"。

(3)Aを擁(よう)する～：指拥有A的……，类似的"套路"还有「Aを有(ゆ

う)する～」。

(4) 3兆円:3万亿日元。日语里万以上的数量级,是万进制,万万为亿,万亿为兆,当然这也是中国传统的用法。近代不知中国哪位师从体育老师的科学家把 Million 翻译成兆,现代汉语里兆变成了百万的意思。这个不求严谨统一、胡乱翻译的传统至今健在。

(5) 顧客(こきゃく)を引(ひ)き付(つ)ける:吸引顾客。

# 第35章
# 提升表现力的诀窍——活用象声词

拟声、拟态词统称象声词——オノマトペ，象声词丰富是日语的一大特色。

日语中的象声词，比如形容雨的下法，按雨势从小到大排列，大致是「しょぼしょぼ」→「しとしと」→「ぽつぽつ」→「ぱらぱら」→「ばらばら」→「ざあざあ」。这几个词当中只有「しとしと」没有其他含义，只用来形容下雨，语感上应该是那种"润物细无声"的小雨。

## 一、象声词丰富是日语一大特色

准确地讲，与英语、中文相比，日语的"显性"象声词更多。我们以"笑"为例加以比较。

I couldn't stop laughing.

❀ 私はおかしくて笑いが止まらなかった。

——出声笑。

The baby smiled at her mother.

❀ 赤ん坊は母親を見てニッコリ笑った。

——微笑。

He grinned when he saw me.

❀ 彼は私を見るとニヤリとした。

——咧嘴笑。

She was chuckling as she read the letter.

❀ 手紙を読みながら彼女はクスクス笑っていた。

——暗自发笑。

She giggles at everything.

❀ 彼女は何を見てもクスクス笑う。

——窃笑，偷笑。

She gave her teacher a simpering smile.

✻ 彼女は先生に向かってニヤニヤ笑った。
——傻笑。

日语里关于"笑"的基本动词不多,常用的有「笑(わら)う」和「微笑(ほほえ)む」。此外有一些复合动词,如「あざ笑う(嘲笑)」「たか笑い(狂笑)」「ほくそ笑(え)む(窃笑)」「おお笑い(大笑)」「爆笑」等,而更多的则是象声词,如「ゲラゲラ」「ケラケラ」「クスクス」「ニコニコ」「ニヤリ」「ニヤニヤ」「ヘラヘラ」等。

从上面的例子可以看出,日语的象声词以"显性"为主,比较直接和具体。而英语、中文里的象声词,则以"隐性"为主,比较间接和抽象。

## 二、掌握以下常用象声词,自如应对多场景会话

活用象声词会让你的日语表达更加形象、具体,从而给人留下更深刻的印象。

日语里的象声词有近万个。全部掌握既不可能,也无必要。本章中列举了一些使用频率较高的象声词。

✻ あっさり(と)した味つけ。
——味道清淡爽口。

✻ 彼女は思い通りにいかないと、すぐにいらいらする。
——她遇事一不如意马上就显得很烦躁,不耐烦。

✻ 夜道(よみち)をうろうろ歩いていると怪(あや)しまれるよ。
——深夜在路上闲逛会让人觉得可疑。

✻ うっかりして会議を忘れていた。
——一不小心把开会的事给忘了。

✻ 何年も介護していると、うんざりする時もある。
——照看病人这么多年,有时候也会腻烦。

✻ がらがらな電車。
——车厢里空空荡荡的没什么人。

✻ 細かい事でがたがた言うな。
——别为一点小事就唠叨、抱怨个没完。

✻ 会社の中ががたがたしている。
——公司里一片混乱,已经乱套了。

✻ 試験に落ちてがっかりする。
——因考试没通过而垂头丧气。

✻ のどがからからだ。
——嗓子干得冒烟。

- ぎりぎり会議に間に合った。
——总算赶上了，差一点儿没赶上开会。
- 金貨がぎっしり（と）詰まった袋。
——塞满金币的袋子。
- 定刻にきちんと集まる。
——大家都在约好的时间准时汇合。（「きちんと」指认真负责地做好某事。）
- 12時きっちりに集合。
——12点整集合。
- きっぱりと断った。
——断然回绝了。
- 星がきらきら（と）輝く。
——星光闪耀。
- ぐずぐずしていたら時間に遅れるよ。
——再磨蹭下去又要迟到了。
- ぐっすりと眠る。
——睡得很香。
- 結果的にアプリの完成度はぐっと高まる。
——结果开发出来的APP的质量一下子提升了很多。
- 台本を読んだだけでゲラゲラ。
——只看了下剧本就哈哈大笑起来。
- 一日じゅう家でごろごろしている。
——整天待在家里无所事事。
- 旧市街はごちゃごちゃしている。
——老市区乱糟糟的。
- こっそり（と）抜け出してきた。
——蹑手蹑脚地溜出来了。
- ころころした子犬。
——圆滚滚、胖乎乎的小狗。
- 会社の方針がころころ変わる。
——公司的经营方针总是变来变去。
- 雨がざあざあ降る。
——大雨哗哗地下。
- さっさと仕事を片付ける。
——干脆利索地把活干完。

## 第35章　提升表现力的诀窍——活用象声词

✤ 駅までざっと一キロある。
——到车站大概有一公里。
✤ 思う存分泣いたのでさっぱりした。
——痛快地大哭一场，感觉清爽了许多。
✤ 劣勢をじりじりと盛り返す。
——把劣势一点一点扳回来。
✤ 子供がしくしく（と）泣く。
——孩子抽抽搭搭地啜泣。
✤ 下着が汗でじめじめする。
——出汗以后内衣湿乎乎的。
✤ 足腰もまだしっかり（と）している。
——腿脚还结实。（「しっかり」有踏实、可靠、稳重等多个意思。）
✤ 腰を据えてじっくり（と）話し合おう。
——让我们坐下来平心静气地聊一下。
✤ 相手の顔をじっと見つめる。
——目不转睛地看着对方的脸。
✤ そんなにじろじろ（と）人の顔を見るな。
——别那样盯着别人看。
✤ すっかり忘れていた。
——忘得一干二净。
✤ 頭がすっきりする。
——头脑很清爽。
✤ 英語をすらすら（と）話す。
——英语讲得很流利。
✤ 私の席の周りにはずらりと（＝ずらっと）偉いおじさんが並んでいた。
——我周围坐了一大排重量级人物。
✤ 有名人のそっくりさん。
——跟名人长相酷似的人。
✤ そろそろ出かけよう。
——我们这就出门吧。（或：我们差不多该动身了。）
✤ 会議がだらだら（と）長引く。
——会总也不结束。
✤ ちゃんとした職業につく。
——找个靠谱的工作。

❋ つるつる(と)した肌。
——皮肤光滑。
❋ 胸がどきどきして、とても歩きにくかった。
——因紧张不安,连走路都觉得吃力。
❋ その夜に限ってふだんは格別上手でもない私が嘘のようにどんどん勝つのです。
——水平一般的我,那天晚上竟一个劲儿地赢,简直不敢相信这是真的。
❋ にこにこ(と)笑う。
——笑眯眯。
❋ 納豆のねばねばが嫌いだ。
——我不喜欢纳豆粘糊糊的感觉。
❋ のんびり(と)湯につかる。
——放松地泡在浴缸里。
❋ 食べ過ぎて腹がぱんぱんだ。
——吃得太多肚子都鼓起来了。
❋ お祭りの準備でばたばたしている。
——因为准备节庆,忙得不可开交。
❋ 街角でばったり(と)出会った。
——在街角邂逅。
❋ はらはらしながらサーカスを見る。
——看马戏表演时的感受:惊险、刺激、捏一把汗。
❋ みんなの気持ちがばらばらだ。
——大家想法不一致。
❋ 急に肩をたたかれてびっくりする。
——突然被人拍了一下肩膀,吓了一跳。
❋ 床をぴかぴかに磨く。
——把地板擦得锃亮。
❋ あなたにぴったりの保険。
——正适合你的保险。
❋ 熱があるのかふらふらする。
——可能有点发烧,走路摇摇晃晃的。
❋ その辺をぶらぶらしてくる。
——我到附近随便走走。

❋ おなかがぺこぺこだ。
——饿坏了,肚子饿瘪了。
❋ 日本語ぺらぺらの外国人。
——日语说得很溜的外国人。
❋ 心身ともにぼろぼろ。
——身心俱疲。
❋ 仕事を終えてほっとする。
——工作完成了,总算松了一口气。
❋ めちゃくちゃな話。
——胡来、乱来、怎么会这样。
❋ 筋肉がもりもりしている。
——肌肉发达。
❋ 後でゆっくり話そう。
——有空我慢慢跟你说吧。
❋ わくわく(と)しながら、登場を待つ。
——既期待又紧张地等待出场。

### 三、补充两个经济用词

火锅、涮羊肉在日语里说「しゃぶしゃぶ」。与此相近的是「じゃぶじゃぶ」,如果说「お金をじゃぶじゃぶ供給する」,是央行放水、大水漫灌之意。

企业经营方面比较常用的一个词是「トントン」。如果说「経費削減で収支トントン」是指凭借成本控制实现了"收支相抵",即达到了盈亏平衡点。

# 第 36 章
# 听力和口语——记者与高中生店员

本章节选了 FM 西东京的一段广播节目作为素材,时长约 6 分钟。如果你有听不懂的地方,抑或听清了但还不理解为什么这么说,可以参照以下的文字内容和注释,先理解语义,然后反复听,直到能完全跟上节奏。

此外,你也可以边听边看文字,跟着一起说,这对提升日语口语能力非常有帮助。这里,需要多留意的地方主要是日语句子的节奏(在哪里停顿,在哪里连读,连读的地方可以作为"套路"整个记住)和单词的重音。

本篇的内容,是记者采访一家熟食店的店员,地点在西东京田无车站附近的专门店街 Asta。记者的名字是"原志保",在节目中她被亲切地称为"ハラショー"(与其名字的发音相似)。采访对象是在这家店里打零工的高中生。从采访内容可以知道,在女记者的调侃面前,高中生显得生涩拘谨。

总体上,本篇内容涉及很多地道的口语表现形式,希望大家能熟悉并掌握这些表现形式。

✽ 主播:さあ、ということで、お待たせ致しました。ハラショーの街角レポートのコーナー。田無駅北口にあります、アスタ専門店街の情報をお届けいたします。西司(にしつかさ)、「ASTA 色の風景」に乗せて、レポーターのハラショーを呼んでみましょう。ハラショー!

✽ 記者:はい、先ほどは外からレポートしたんですけれども、あまりの寒さに、温かい建物の中に入ってきました。(あ、よかった)はい、中はぽかぽかです。(よかった、よかった)はい、場所がですね、田無駅の北口、アスタの地下一階になります。

✽ 記者:(はい)今日ご紹介するのは、しのみやチキンというお店です。(はい)。場所でいうと、エスカレーター降りてすぐ右側、以前ご紹介した「まるご製菓」のとなりになりますね。なので、となりからものすごい威勢のいい声が聞こえてきまして。で、こちらの「しのみやキチン」もですね、ちょうども

う夕食時ということで、あの買い物する方、非常に増えてきまして、あの、ものが並んでいるところに立つと、ちょっとね、お客様の邪魔になってしまうので、私はですね、あの、裏方の部屋に今きてまして、あの窓越しにお客さんの様子は見えるんですけれども、私がいる場所は、あの、大きな秤（はかり）があったりとか、大きなボウルがあったりとか、あと水道、ですね。流しがあったり、あとなんか、シフトの勤務表が貼ってあったりとか、ええ、そういったところに今立っております。（なかなか、貴重な、ねぇー）そうですね。え、この場所から、窓越しにお客さんを見ながらですね、お話を進めていきます。

❋ 記者：それではですね。今日、お店をご紹介してくれる方、奥のほうで、手洗ってんですかね。タイセイ君、出番です。（タイセイくん）出番です。（タイセイくん？）ちょっと待ってくださいってゆって、なんかスイッチを押してきたんですか、今。

❋ 高中生店員：あのう、お湯を止めてきました。

❋ 記者：それでは、もう本番始まってますんで、え、自己紹介をお願いします。

❋ 高中生店員：西野タイセイです。

❋ 記者：はい。え、「しのみやチキン」の西野タイセイ君、タイセイ君と、君づけしてしまいましたが、おいくつですか。

❋ 高中生店員：18歳です。（ああ）

❋ 記者：18歳ということは、え？何年生ですか。

❋ 高中生店員：高校三年生です。（おー）

❋ 記者：店長さんですか。

❋ 高中生店員：や、バイトです。

❋ 記者：はい、アルバイト歴はどれぐらいですか。

❋ 高中生店員：えーと、ここに入って、一年半ぐらいです。

❋ 記者：なるほど、そんなですね、西野タイセイ君、ここに来てまだ一年半という、そんな男性にですね、「しのみやチキン」のお話を伺っていきます。めちゃイケメンなんで、あの、誰に似てるって言われます？（え、楽しみ）

❋ 高中生店員：工藤あすかさん、に似てるといわれます。

❋ 記者：あの俳優の、おとうさんがプロ野球選手の、工藤投手の息子さんですね。

❋ 高中生店員：そうです。（見に行こう、絶対！）

❋ 記者：まつ毛もめちゃ長いね。

❋ 高中生店員：よく言われます。

❋ 記者:眉毛もきりりとしてるね。
❋ 高中生店員:それ、あんまり言われないです。
❋ 記者:スタイルがパッチリだね。
❋ 高中生店員:ありがとうございます。
❋ 記者:ちょっと鼻のあたま、なんかケガしてない？大丈夫？
❋ 高中生店員:はい、えっと、ニキビです。痛いです。すごく痛いです。
❋ 記者:お年頃ということで、そんなタイセイ君にお話を聞いていきます。えっと、まずですね、お店のこと聞く前に、タイセイ君、そもそも、なんでここでバイトしているんですか。
❋ 高中生店員:えっと、かあさんがここでバイ……働いているので、それの勧めで入りました。
❋ 記者:ええ、じゃ、おかあさんと一緒に働いているの？
❋ 高中生店員:そうです。一緒です。
❋ 記者:なんか思春期というか、そういう男の子って、おかあさんといっしょにいるのって、いやじゃない？
❋ 高中生店員:いや、結構なんでも話せるので、いやではないです。
❋ 記者:ちなみに、今日は、お母さんは働いてますか。
❋ 高中生店員:今日は休みです。
❋ 記者:でも、一緒に働く時間、重なるときもある？
❋ 記者:はい、よくあります。
❋ 記者:そういう親子でね、やっているということなんですけど、えーと、「しのみやチキン」、お店の名前、チキンってついてますけど、ここはどういうお店なんですか。
❋ 高中生店員:えーと、お惣菜、とか、お弁当をたくさん売っています。
❋ 記者:なるほど。お惣菜は大体どれぐらい売ってますか。
❋ 高中生店員:120種類ぐらいです。
❋ 記者:台本(だいほん)通(どお)りですね。そして、あの、このしのみやチキン、本当にね、お客さん、今賑(にぎ)わってますけれども、この120種類の中で、売れ筋ランキング、ベストスリーということで、さきほどね、タイセイ君とお話をしまして、この中から三つ、ちょっとあげるの大変なんですけど、順番にね、ご紹介していきましょう。えっ、まず、しのみやチキン売れ筋ランキング、第3位を教えてください。
❋ 高中生店員:はい、第三位は油淋鶏(ゆうりんち)です。
❋ 記者:それ、彼女の名前ですか。

❋ 高中生店員:ぜんぜん、違います。
❋ 記者:油淋鶏って何ですか。
❋ 高中生店員:はい、唐揚げに、南蛮のたれ、餡かけのようなものをかけたものです。
❋ 記者:これは、あまい辛い、でいうと、どっちなんです。
❋ 高中生店員:少し辛いです。
❋ 記者:さっき、あの私、ちらっと、売ってるところ見てきたんですけど、やっぱ酸味があってビールのつまみにお勧めって書いてたんですけど、タイセイ君はそうか、ビール飲まないから、おつまみの感覚がわからないですね。
❋ 高中生店員:分からないです。
❋ 記者:はい、油淋鶏は食べたことがありますか?
❋ 高中生店員:はい、あります。いや、結構、柔らかくて、おいしかったです。はい。
❋ 記者:これ、ちなみに、おいくらなんですか。
❋ 高中生店員:えーと、小パックで200円になります。

（1）日本电视、广播及新闻等刊物上的栏目、节目叫"コーナー"。西司是一位作曲家的名字,他为"アスタ専門店街"写的主题曲(节目开头的配乐)的名字是"ASTA色の風景"。

（2）あまりの寒さに:这里的"に"可以认为是表示原因,也可以理解为「寒さに耐(た)えきれなくて」的缩略语。「になります」在这里与「です」「にあります」意思上没什么区别,但更有临场感,适于向不知道的人做介绍时使用。

（3）ぽかぽか:热烘烘、暖融融。

（4）日语口语中,有很多常用的口头语,如「えー」「えっと」「あの」「ですね」「なんか」等等。

（5）口语当中,经常出现一句话没说完就开始下一句的情况。此外,口语中"を"经常被省略,如「エスカレーター(を)降りて」。

（6）窓越(まどご)しに:指隔着窗子。

（7）裏方(うらかた):这里指在店内的工作人员。

（8）ボウル:指餐饮店里常用的铝制的盆。

（9）流(ながし):洗碗池,水槽,水池子。

（10）シフトの勤務表:指倒班的人员安排表。

(11)手洗ってん：手（省略了"を"）洗ってん（"る"发音成"ん"）。

(12)出番（でばん）です：意为"该你出场了"。

(13)ってゆって：是「と言って」的口语形式，口语中"と"经常说成"って"，"言（い）って"经常发音成"ゆって"。

(14)お湯を止めてきました：指把热水关了，这里的「てきた」是去了一下（关了热水）又回来了。

(15)君（くん）づけ：意为"叫你～君"或"以～君相称"。通常应该称被采访对象为"～さん"，但这里，女记者看到高中生店员年纪很轻，故用了对小朋友的称呼。

(16)どれぐらい：既可以表示多长时间（此处），也可以表示"多少种类"等。

(17)や：是「いや」的略语，是「いいえ」的口语形式。

(18)イケメン：意为帅哥。

(19)まつ毛：睫毛，「眉毛（まゆげ）」是眉毛。谈论长相时，日本人有个习惯，那就是喜欢说这个人长得像哪位名人（特别是体育界、演艺圈）。

(20)ぱっちり：形容轮廓清晰，通常指眼睛、眼形清晰好看。

(21)きりりとして（い）る：形容紧凑精干；总体来说，有点中文里的"眉清目秀"的意味。

(22)にきび：粉刺。

(23)お年頃（としごろ）：在这里与「思春期（ししゅんき）」意思相近，都是指要成年未成年的，十几不到二十岁的大孩子。注意：这里高中生店员称自己的妈妈为「かあさん」，如果是一个成年人，多半会称自己的妈妈为「はは」或「おふくろ」，因为说「かあさん」或「母ちゃん」有可能被理解为是指他的太太。

(24)いや：作为语气词，可以缩略成「や」，在被人问到什么的时候，有些人喜欢先说个"いや"，就像本例中的高中生店员，"いや"可以说是他的口头语。

(25)お店の名前、チキンってついてます：指店名里带有「チキン」（鸡肉）字样。

(26)お惣菜（そうざい）：指副食，做好的现成菜品。

(27)ちょっとあげるの大変なんですけど：这个句子中省略了"は"，即「あげるの（は）大変」，意为从100多种里面列举三个可能不容易。这里，大家可以留意到日语口语的特点，即经常省略助词。

(28)売れ筋（うれすじ）ランキング：指畅销商品排名，日本的超市、家电卖场里常常张贴此类排名来促销。

(29)唐揚げ：炸鸡块。南蛮（なんばん）：指葡萄牙、西班牙等最早与日本进行贸易的西方国家，这里的"南蛮"指的是"南蛮漬け"，在炸好的食物上浇汁。

（30）たれ：指蘸料。

（31）餡かけ（あんかけ）：浇汁，浇头。

（32）女记者说高中生店员不懂"おつまみ（下酒菜）"的背景是：日本禁止向不满20岁的未成年人销售烟酒，而高中生店员18岁，应该还不懂得喝酒，所以也不知道什么是下酒菜。

# 第 37 章
## 听力和口语——駄洒落だらけの福袋

　　本章的听力练习素材（链接见本章末附注），节选自日经广播的一档节目「日経 Trendy」。节目中两位主播介绍了 2019 新年"ロフト"发售的几款新奇的福袋。

　　"ロフト"是一家经营日用品的连锁店，从资本关系来讲，隶属 7&i 集团。7&i 集团旗下有很多大型零售企业，如 711 便利店，超市的伊藤洋华堂，百货业的崇光、西武等。

　　从内容上来说，本篇并没有太多需要特别注释或介绍的（除了解说中的 3 个词）。希望大家留意的主要是两点：(1)其中一位主播口头语非常多，诸如「まあ、えー、ですね、ということです」等等。(2)语速较快时有吞音的现象，这点和英语类似，而适应这一点正是提高听力的关键所在。

　　✾ 週間日経トレンディ、最新トレンドをコンパクトにチェック、ウィークリートレンドキーワーズです。

　　✾ 日経クロストレンドの吾妻（あがつま）編集長と、番組がピックアップしたキーワードを分かりやすく解説いたします。このコーナーのご案内役は、この方です。

　　✾ こんにちは、AIアナウンサーの荒木ゆいです。それでは、早速行ってみましょう。今週のキーワード。

　　✾ 銀座ロフト、平成最後の福袋は、ダジャレだらけ。

　　✾ 平成最後がパスワードになる中、銀座ロフトが平成最後の福袋を売り出します。バブル・泡、ドローン・泥、ユーチューブ・チューブなどと、なぜかダジャレ連発です。

　　✾ ほんとう、なぜかダジャレ連発ですね。そうですね。

　　✾ ロフトの福袋はですね、全店共通なんですけども、え、平成最後の福袋はまあ、初売り限定企画、ということで、えー銀座と渋谷の2店舗のみで展開す

ると、（はい）いうことなん（で）すよね。はい。

✲ そもそも、なぜダジャレをね、こんだけ連発したんでしょうかね。

✲ はいあの、銀座ロフトのえー、田中由紀子次長はですね、こう仰ってまあ、昭和から平成への移行と違い、まあ平成最後って、まあ周知の事実ですと。事前に決まっているものだからまあ、寂しさはなく、ありがとうという気持ちで、こうイベントとして盛り上げられるし、えー、ユーモアにもできると、いうふうに仰ってますね。テーマはですね、絆、おもてなし、それからありのままで、いうことですね。え、まあ、平成にまつわるたくさんのテーマの中から、こう明るくポジティブなものを選びましたと。（それが絆、おもてなし、ありのままで）そうですね。ということで。ただまあ、価格はですね、平成31年にちなみ、すべて3100円と、（3100円）、はい、税込みですので、だそうです、はい。なんで、これらのテーマをもとにして、まあ各売り場の担当者が、えー、サブキーワードを設定して、商品をセレクトしたと、はい。

✲ 多分、ロフトに限らず、ほかの店もこの3100円っていうのは、来年の福袋多い感じいたしますけれども、はい。では、実際の中身を教えてください。

✲ はい、ありがとう平成福袋ありのままで、のドロ〜ンというのが、なんか、ありがとう平成福袋、ありのままでのドロ〜ン。はい、えー、というテーマはですね、まあ、例えば、モロッコの天然泥とか、ガスール粉末や、まあ、クレージュダメージヘアケア3点セット、ということで、えーまあ、泥炭石けんなどですね、まあ泥にまつわる人気商品の詰め合わせ、というのがあるそうですね。

✲ （ドローンが、ドロ〜ンと泥とかけて、そのダジャレなんですね。はい。これがラジオだとなかなか伝わらないんですけれども）文字分かりやすいんですけれども、ドロ〜ン。

✲ どろ、〜（ほにゃらら）、ん、ですね。はい、ほかには、

✲ はい、ほかにはですね、えー、ありがとう平成福袋バブル、というのがあって、これはバブルに浸るセットと、（なんとなく分かりやすい）いうことで、これはわかりやすいんですけども。まあ吸着泡洗顔とか、こう炭酸パックとか、泡スキンケア、とかですね、入浴剤みたいなものがあったり、泡の出る商品のみをセレクトしています。こりぇですね、えー、まあありがとう平成福袋・絆、というテーマでまあ、チョコミントですね、に贈る、チョコミント福袋というのがあるみたいですね。

✲ まあチョコミントブームっていうのがあります、それに引っかけたわけですけども、かわいい、ミントブルーのペンケースとか、デザインノート、それから弁当箱、なんかを集めたと、いうことで、はい、ほかにはですね、えー、まあ

これ、ありがとう平成福袋ありのままで、ということで、今度は映え、ビッグスマイルセットということですね。これはまあ、インスタ映えにかけてんのかな。えー、えー、はい、だと思いますけれども、えーまあ、直径30センチメートルで、まあ税込み6万円、のまあ、超巨大スマイルマグカップオブジェ、(マグカップオブジェ、直径30センチ)、はい、それから、まあブランケットを3100円で大奉仕すると、(あー、確かに、インスタ映えはしそうですね)ことなんで、インスタ映えですね、おそらく、これは。はい。

❀ はい、それからですね、えー、ありがとう平成福袋ブーム、これユーチューバーセット、ユーチューバーね、で、まあお助け腹筋ローラーとか、チューブスリマーとか、いわゆるユーチューブじゃなくて、チューブに絡んだ商品。(そうだ、ユーチューバーとチューブね)。チューブに絡めた。これ面白い。これ、ちょっとおもしろいかな、ということのようですね。(これ、どっかで使おう)。

❀ まあいろいろ、こう、ダジャレ頑張ってるなーというところ、またさっきね、あの銀座ロフト田中次長も言ってましたけども、ほんとね、楽しく、盛り上げようという意味でね、ユーモアだと思うので、はい。

❀ あの、まあ流行ものに乗っかって、ダジャレを織り交ぜたラインナップ、なんですけども、まあほんとうに欲しいものをキーワードにですね、商品を選んだ新春大サービス企画と、いうことなので。(確かにそうですね。みんな実用的なもの)、なんかほしそうなもの結構ありますからね、ほしいやつがね。まあ、どの福袋もまあ人気商品とか、話題になった商品ばかり集めて、まあ通常の販売価格の3倍以上相当額というような商品が詰め込まれているということですね。およそ1万円ぐらい入ってて3100円。あ、これはお得かもしれないですよね。はい。

❀ なんで、まあ、どの福袋もまあ、キーワードへふりかえはしてますけれども、基本は今でも販売している商品なんで、まあ売れないものがまあ、淘汰されるんですけども、まあ平成とかね、昭和のまあ、ロングセラーって、ずっと愛され続けていて、まあ時代に合わせてこう生まれ変わってますと、でまあ、今回は、そういったロングセラー商品ではなくて、まあワクワクしながら、福袋を純粋に楽しんでもらいたいと、いうことだそうですね。はい。

❀ (福袋はね、ほんとうね、楽しんで、その一年をね、どんな年になるかというのを、ワクワクしながら、選ぶものなんで)、はい非常にいい企画、(非常に面白いじゃないですか)思いますね、はい。

## 第 37 章　听力和口语——駄洒落だらけの福袋

解　说

（1）ほにゃらら：用～或○或……来代表，或隐去某人某物的名称时，这里的"～/○/……"在日语中可以读作「ほにゃらら」。

（2）インスタ映え：该词曾获 2017 年日本流行语大奖。「インスタ」是社交 APP「インスタグラム（instagram）」的简称，「インスタ映え」指投在 instagram 上的照片受欢迎，能获得很多点赞。

（3）駄洒落（ダジャレ）：是指用双关语来开玩笑，这是日语日常会话的一个重要组成部分，如「ドナルド、嫌！と、怒鳴（どな）る土井（どい）や」。

# 第 38 章
# 听力和口语——これを覚えて一人前！電話対応基本フレーズ

关于工作电话的礼节，有两条不成文的规矩。首先，在电话响三声之内必须接听。其次，说完以后，尽可能等对方先挂断再轻轻放下话筒。

本章我们梳理一下打电话时的常用"套路"。

### 一、场景：接电话

通常是接电话的一方最先发话。不论工作电话还是私人电话，日语里接电话的第一句永远是——「はい！」

第二句是自报姓名。如果电话来自内线，知道对方是公司的同事，可以说「B部のXです」。如果是外线电话，对方是陌生人，可以说「A社のB部です」或「A社（会社名）です」或「A社・担当のXでございます」。

第一句和第二句之间，视情况可以插入「お電話有難うございます」或「お世話になっております」或「大変お待たせしました」，以示礼貌。

### 二、场景：打电话找人

打电话的一方可以用「（もしもし）お世話になります（いつもお世話になっております）」做开场白，当然，这句话视具体情况也可以省略。

之后要自我介绍。「わたくし、Xというものですが」或「（わたくし）A社のXですが（Xと申しますが）」。

接下来表明要找谁。「Yさんはいらっしゃいますか」或「恐れ入りますが、Yさまはいらっしゃいますでしょうか」。

打电话的一方如果没有报上姓名，接电话的一方通常会问「恐縮ですが、お名前をお伺いできますか」或「恐れ入りますが、お名前をお伺いしてもよろし

いでしょうか」。

### 三、场景：打错电话

如果明显是对方打错了电话，可以像下面这样善意地提醒对方「こちらはA社でございます。失礼ですが、何番に(へ)お掛けでしょうか」或「お間違いではないでしょうか」或「お掛け間違いのようでございますね」。

这时打错电话的一方可以说「さようでございますか。大変失礼致しました」。

### 四、场景：自己就是对方要找的人

如果电话是找自己的，可以说「はい、わたくしです」或「はい、Xです」。

如果是陌生人或客户的来电，可以说「C社のY様でいらっしゃいますね。(こちらこそ)いつもお世話になっております」。

如果是自己的同事或上级的来电，可以说「お疲れ様です」。

### 五、场景：说明致电目的

通常可以用下面这种形式表明打电话一方的意图：「～の件についてちょっとお尋ねしたくて(＝お聞きしたくて＝お伺いしたくて)お電話したんですが」。或者常见的电话意图——アポ取り(约时间见面、拜访)——的时候可以说「～の件でお目にかかりたいのですが、ご都合はいかがでしょうか」。

### 六、场景：转接给别人

如果是找别人的电话，或者遇到自己解决不了需要找同事、上级接电话时，可以说「(かしこまりました)担当の者に代わりますので、少々お待ちください」或「Zでございますね。只今電話をお取次ぎ致しますので、少々お待ち頂けますでしょうか」。

接下来就可以口头或通过内线把电话转接给同事。「Zさん(Z課長)、Y様からお電話です」或「担当はZなので(担当のZに)電話を回します」或「お疲れ様です。代表電話にY様よりお電話です」。

### 七、场景：对方要找的人不在

告知对方要找的人不在，可以说「申し訳ございません。Zは、只今席を外しております(外出しております、あいにく他の電話に出ております、本日休み

をいただいております）。T時に戻る予定となっておりますが、いかがなさいますか」或「時間がかかりそうなので、こちらから折り返しお電話させていただいてもよろしいでしょうか（こちらからお電話を差し上げましょうか）」或「差し支えなければ、折り返しお電話を差し上げるよう申し伝えますが、いかがでしょうか」。

这时，打电话的一方如果说等一下再打过去，可以说「（結構です）こちらからかけ直します」。

### 八、场景：留言

请接电话的人转达留言最基本的说法是「伝言（でんごん）をお願いできますか」，更客气一些的说法是「お戻りは何時ごろのご予定ですか……それではお手数ですが、お戻りになりましたらお電話いただけるようお伝えいただけますか」。

### 九、场景：接受留言

这时首先应该说「かしこまりました」，然后表示「伝言を承（うけたまわ）ります」或「では、Zが戻りましたら（戻り次第）、お電話をいただいた旨申し伝えます。本日は私、Xが承りました」，或者请对方留下联系方式「恐れ入りますが、ご連絡先をお願い致します」。

### 十、场景：电话信号不好

电话信号不好，听不清楚，希望对方重新打一次，可以说「恐れ入ります。お電話が少々遠いようですので、もう1度お願いいたします」。这里表达"电话信号不好"也可以说成「少々、電波の状況が悪いようです」。

### 十一、场景：电话结束

最基本的说法是「それでは、失礼致します」。更郑重一些的说法是「お時間をいただきましてありがとうございました。それでは、よろしくお願いいたします。失礼いたします」。

### 十二、说明自己意图前的铺垫

需要让对方花时间等候，或者再打一次电话或亲自跑一趟的时候，可以使用下面的说法做铺垫：「恐れ入りますが（のちほど、お電話頂けますでしょうか）」

第38章　听力和口语——これを覚えて一人前！電話対応基本フレーズ

「ご面倒ではございますが（こちらへお越し頂けますでしょうか）」，此外还有「お手数お掛けしますが……、ご迷惑とは存じますが……、ご足労おかけいたしますが……、お急ぎのところ……、お忙しいところ……、ご面倒ですが……」等等。

向对方提问，想了解对方来电的目的时，可以使用下面的说法做铺垫：「失礼ですが……、失礼と存じますが……、お差し支えなければ……、よろしければ……」。

无法满足对方的要求、与对方有不同意见或拒绝对方时，可以使用下面的说法做铺垫：「申し訳ございませんが（しばらくお待ち頂けますでしょうか）」「お力になれず申し訳ございませんが（私では判りかねます）」「勝手を申して恐縮ですが（私どもではそのような事はできかねます）」「せっかくではございますが（課長は只今不在のようです）」或「あいにくでございますが……、身に余るお話でございますが……、大変勝手を申して恐縮ですが……、せっかくお電話いただきましたが……、お言葉を返すようですが……」。

# 第 39 章
## 口语中如何做到精准表达？

口语和书面语的最大区别在于口语表达更加自由。因为口语中可以做出很多省略。正确的省略，不影响意思的表达。因此，口语通常比书面语更简练。很多要求简练的书面语，如文章或 PPT 的大小标题，总是更接近于口语。

口语里可以做出省略的主要有两个地方：一个是连接词与助词（包括日语里比较难掌握的は和が等），另一个是部分语句，是指口语里经常把话说到一半就可以，而不必把每句话都说得很完整。

本章我们借用动漫『ちびまるこちゃん：まるこちゃん、たまちゃんちにお泊りするの巻』里的部分对话，看看口语表达中的几个常见"套路"。

**(一)人がテレビ見ているときに、掃除機なんかかけないでよ**

(1)日语里表示一般意义上的"别人"，最常用的是「人(ひと)」，其次是「ほかの人」，不会用「別(べつ)の人」，「別(べつ)の人」指另一个人(另有其人)。

(2)テレビ(を)見ている：此处省略了「を」，但对句子的意思没有任何影响。

(3)日语口语里的命令形，即要求别人做什么(或别做什么)的时候，最常用的是「て」的形式，如本句中表示别用吸尘器的意思用了「掃除機なんかかけないでよ」。比起相对完整的说法「かけいないでくれ」或「かけないでください」做了省略。

(4)「なんか」有其特定的用法，而不仅仅是「なにか」的口语化。此处的「なんか」表示列举，意思是说别人看电视的时候，不要摆弄那些有噪声的东西，像吸尘器之类。

**(二)言いがかりはやめてよ。だいたい、こういうのは早い者勝ちなのよ**

(1)言いがかり：指挑衅、找别扭、找麻烦。类似意思的说法还有「因縁(いんねん)をつける」。

(2)だいたい：基本意思是大体上来讲，大概。本例中是它的另一个意思：本来，按说。比如指责这件事是对方先挑起来的，可以说「だいたい、言い出したの

は君だよ」。

(3)早い者勝ち(はやいものがち):指先下手为强,先到先得。

**(三)私**つくづく、この**家**がいやになったね。うちのお**母**さんってば

(1)口语中第一人称(我)很多时候可以被省略掉,大部分情况下说到「私」就够了,除非必要,不用说「私は」或「私が」。

(2)自己的妈妈也称「お母さん」,有时为了避免混淆,像本例中那样,称「うちのお母さん」。

(3)「てば」源自「と言えば」。某人的名字、称谓之后接「ってば」,是嗔怪某人不理解自己的想法、不听自己的话的意思,可译为"简直无语了""怎么说他好呢"等等。

**(四)**さあ、**散**らかってるけど、どうぞ。そんなことないよ

(1)形容房间里比较乱,没有收拾得干净整齐,用「散らかって(い)る」。

(2)そんなことないよ:对方说了表示自谦的客套话,这时候对此加以否定的最自然的说法是「そんなことないよ」,"怎么会呢,你太客气了"之意。当自己得到别人夸奖而需要自谦一下的时候,也用这个"套路"。

**(五)食事中**はカメラ**禁止**って、いつも**言**ってるでしょう

(1)~中は……禁止(きんし):表示某种场合不许做……

(2)很多人在学习日语的时态上碰到麻烦,最典型的例子莫过于「言った、言っている、言って(い)た」该如何区别。简单来讲,本例句中的用法就是「言っている」最典型的用法(意为"我说过很多遍了")。而比如,有 A、B 两个人对话,对话中双方各自说了什么用「言った」;B 把不在场的 C 说的话转述给 A,则用「言ってた」,表示说这个话的人是 C,而不是 B 自己。

# 参考文献

［1］日本語文法学会.日本語文法事典［M］.東京:大修館書店,2014.
［2］菊池康人.敬語再入門［M］.東京:丸善ライブラリー,1996.
［3］久野暲.日本文法研究［M］.東京:大修館書店,1973.
［4］三上章.象は鼻が長い——日本文法入門［M］.東京:ひつじ書房,1960.
［5］寺村秀夫.日本語のシンタクスと意味Ⅱ［M］.東京:くろしお,1984.
［6］寺村秀夫.日本語のシンタクスと意味Ⅲ［M］.東京:くろしお,1991.
［7］庵功雄,高梨信乃,中西久実子,等.中上級を教える人のための日本語文法ハンドブック［M］.白川博之監修.東京:スリーエーネットワーク,2001.
［8］庵功雄,高梨信乃,中西久実子,等.初級を教える人のための日本語文法ハンドブック［M］.松岡弘監修.東京:スリーエーネットワーク,2000.

# 常见词汇索引

**【あ～お】**

相次（あいつ）いで……精读13,精读16

足かせ……精读16

足を運ぶ……精读4

扱う……精读11,精读17,精读19

あらわにする……精读12

あれ……第7章,精读5,精读8,第15章,第17章,第21章,第22章,第32章

いい……第2章,第6章,第7章,精读2,精读3,第10章,精读4,精读7,精读9,第17章,第18章,第20章,精读12,第22章,精读13,第23章,第26章,第28章,第29章,精读17,第32章,第33章,第34章,第36章,第37章,第38章

如何に……精读12

一過性の……精读3

違和感……精读1,精读2,第15章

曰く……精读12

うちに……精读13

うまい具合に……精读12

売れている……精读1

売れる……精读1,第8章,精读18

お世話……第1章,第19章,第38章

思っている……第15章,第19章,第28章,第33章

**【か～こ】**

かける……第5章,第6章,精读1,精读6,精读7,精读12,精读15,第29章,

駆（か）け引（ひ）き……精读14

語る……精读2,精读12,精读14

から……第20章

気が合う……第9章

気が置けない……第9章

気が変わる……第9章

気が利く……第9章

気が気でない……第9章

気が済む……第9章

気がする……第9章

気がつく……第9章

気が向く……第9章

気に入る……第9章

気に食わない……第9章

気になる……第9章

気を失う……第9章

気を配る……第9章

気を付ける……第9章

具合……精读12

クールビズ……精读1

傾向は認められない……第2章

戸建て……精读15

267<<

ことだ……第5章,第8章,精读9,精读11,第21章,精读14,第33章,精读19,第37章

ことで……第1章,精读1,精读7,精读9,第17章,第18章,第19章,精读12,精读14,精读15,第26章,精读16,精读17,第32章,第33章,精读20,第36章,第37章

こともあり……精读3,精读7,第19章

困った……第5章,第33章

困る……第5章,第19章,精读12

## 【さ～そ】

逆手に取る……精读12

さておき……第2章

ざるをえない……精读9,精读13

仕返し……第32章

仕掛け……精读9,第29章

次第によって……精读7

したがる……精读7

周到……精读9

しようとする……精读6

知らない……第5章,第7章,第15章,精读9,第20章,第21章,精读13,第26章,第32章,第33章

知る……第5章,精读3,精读13,第33章

するなどして……精读12

そんな……第5章,第7章,精读6,精读9,精读10,第17章,精读13,精读17,第32章,精读18,第33章,第34章,第35章,第36章,第39章

## 【た～と】

代金……精读15

だけでは……精读5,精读8,第19章,精读11,精读15

ちょいと……精读12

調子……精读12

つつ……精读12

強気……精读2

ていく……精读1,精读9,精读9,精读12,第27章,精读17,精读17,第32章

提携……精读7,精读13,精读15

ている……第15章

てきた……精读8,精读12

てくる……精读9,精读7,精读10,精读12,精读13,第25章,第29章,精读19,第35章

出てきている……精读7

では……精读5,精读8,精读12

ということを……精读8

というのを……精读8

というものは……第2章

と思いきや……精读12

どころではない……精读8,第34章

とする……第1章,精读2,第9章,精读4,精读6,精读13,精读9,精读12,精读13,精读18,第35章

とともに……精读3,精读6,精读9

となった……第3章,精读5,精读9,精读10,精读12,精读17,精读20

となる……第1章,第3章,精读2,第11章,精读5,精读10,精读11,精读14,精读17,第32章

との考え……第1章

との予測もある……精读 15
とは……第 7 章,精读 1,精读 2,第 9 章,精读 3,精读 6,精读 7,精读 9,第 17 章,精读 11,精读 12,第 21 章,第 22 章,精读 13,精读 14,精读 16,第 32 章,精读 18,第 33 章,精读 19,第 36 章,第 38 章
とは一線（いっせん）を画（かく）す……精读 19
取り上げる……精读 12
トレードオフ……精读 17

【な～の】

なじみ……精读 3,精读 4,精读 9,精读 19
夏場……精读 1
～に難色を示す……精读 4
何でも……精读 18
においては……精读 5
に限っていうなら……第 2 章
に関していうなら……第 2 章
に共鳴する……精读 11
にしたって……第 21 章
にしては……精读 1,第 21 章
にしても……第 21 章,第 22 章
に象徴される……精读 6
似た……第 5 章
について……第 1 章,第 2 章,精读 3,精读 4,精读 5,精读 7,精读 8,第 15 章,第 19 章,第 20 章,精读 12,第 21 章,精读 17,第 32 章,第 33 章,精读 20,第 38 章
に使われるのは初めて……精读 4
似ている……第 5 章,第 13 章

になる……第 3 章,第 6 章,精读 1,精读 3,精读 4,精读 6,精读 7,第 15 章,精读 9,第 20 章,精读 12,第 21 章,第 24 章,第 25 章,第 26 章,第 27 章,精读 17,第 32 章,精读 18,第 33 章,精读 19,第 37 章
二の舞いを演じる……精读 3
には向かない……精读 15
に満（み）たない……精读 13
似る……第 5 章
のが……精读 5
ので……第 20 章
のではないか……精读 8
のは……精读 5

【は～ほ】

ハードル……精读 7
運びとなりました……第 3 章
働く……精读 1,第 32 章,第 36 章
羽目……精读 12
ふたつ返事……精读 16
振付……精读 7
分譲……精读 15
文脈……第 1 章
別として……第 2 章
保護者……精读 7
募集……精读 2

【ま～も】

任せる……精读 6
まとめる……精读 14
万引き……精读 16
見込み……精读 2,精读 11
みたい……第 2 章,精读 7,第 32 章,第

37章
見映え……精读7
未満……精读13
無念……精读12
無念(むねん)のうちに……精读12
もとより……精读16

## 【や～よ】

優勝……第2章,第16章,第21章
ゆえ……精读12
ようとする……精读13
ようにしている……精读16

## 【ら～ろ】

らしくない……第2章,第16章

立地……精读2
料金……精读15

## 【を】

を受け……第1章,精读1,精读3,精读4,第11章,精读5,精读6,精读7,精读9,精读10,精读11,精读13,精读20
をきっかけに……精读1
を規定する……精读12
を承知で……精读9
を使った……精读4
を満たさない……精读13